Heinz Kuhberg

Die Zeichen mehren sich

Heinz Kuhberg

DIE ZEICHEN MEHREN SICH

Die logische Verbindung ungewöhnlicher Phänomene

SILBERSCHNUR

ISBN 3-931 652-90-4

1. Auflage 2001

Lektorat: Silva Jelen, Herrenberg
Covergestaltung: XPresentation, Boppard
Druck: Finidr, s.r.o.

Verlag »Die Silberschnur« GmbH · Steinstraße 1 · D-56593 Güllesheim

www.silberschnur.de
e-mail: info@silberschnur.de

I N H A L T

Vorwort

Die außergewöhnliche Lungenkrebsheilung eines jungen Mannes sollte zum Ausgangspunkt für dieses Buch werden. Damals konnte ich noch nicht wissen, dass die Angelegenheit zu einer Art Reise werden sollte, zu der ich die Leserinnen und Leser nun herzlich einladen möchte.

„Haben wir ein deutsches Lourdes?" Der Fall des jungen Mannes ist nur einer unter (inzwischen) vielen. Seit 1992 häufen sich in einem scheinbar unscheinbaren Ort im Hochsauerland (Nordenau bei Winterberg) in spektakulärer Weise Heilungen bei unterschiedlichsten Krankheiten. Bis hin zu Krebs. Und bis auf den heutigen Tag.

Was in Nordenau geschieht, geht weit über übliche Heilquellen hinaus.

Die Fernsehsender ZDF, WDR, NDR, MDR, HR, Sat1 und RTL berichteten bereits über die Heilungsphänomene von Nordenau. Auch lokale und überregionale Zeitungen vermeldeten höchst Erstaunliches. Der „Focus" und der „Spiegel" schenkten der Sache ebenfalls ihre Aufmerksamkeit. Und der Journalist Guido Brandenburg bezeichnete das Wasser in dem Nordenauer „Tommes-Stollen" in „Bild" (7.1.1999) als „Wunderwasser".

Doch werde ich in dem vorliegenden Buch noch weitere Zusammenhänge aufzeigen, die weit über die deutschen Medienberichte hinausgehen. Es sind Zusammenhänge, die nicht mehr zufällig sind und eine globale Logik zwischen den einzelnen Wundern erkennen lassen. Darüber ist in dieser Weise noch nie in den Medien berichtet worden. Wunder wurden bislang immer isoliert betrachtet. Damit wird man den weltweiten Vorkommnissen seit 1988 jedoch nicht mehr gerecht.

Ich lade die Leserinnen und Leser nach Nordenau ein, aber auch dazu, einen Blick über den deutschen Tellerrand hinaus zu werfen.

Heinz Kuhberg
Frühjahr 2001

Teil 1

Das heilende Wasser von Nordenau

(Hochsauerland)

Kapitel 1

Wie alles anfing

Die junge Frau, die in mein Büro kam, berichtete mir ganz aufgeregt von der schweren Erkrankung eines jungen Mannes, der uns beiden gut bekannt war. Von Krebs war die Rede – Lungenkrebs. Ich konnte es nicht fassen. Gesund und voller Lebensenergie, das war das Bild, das ich von ihm hatte. Ich hatte ihn einige Wochen nicht mehr zu Gesicht bekommen. Nun kannte ich den Grund. Die näheren Einzelheiten hörten sich so an, als ob man das Schlimmste befürchten müsste. Als ich wieder allein war, fiel mir etwas ein, was ich zwei Tage zuvor gelesen hatte. Es war da die Rede von einem Ort im Hochsauerland – Nordenau. Dem Informationsblatt war zu entnehmen, dass es dort eine Quelle mit besonders heilwirksamem Wasser gäbe. Aber was sollte es, wenn auch direkt aus der Natur, gegen Krebs ausrichten? Schon kam es zu den üblichen Gedankengängen: „Die Ärzte lachen dich aus." „Das kannst du niemandem erzählen." „Das ist wissenschaftlich nicht vertretbar." „Das entspricht doch gar nicht deinem eigenen wissenschaftlich-rationalen Weltbild." „Du bist doch ein medizinischer Laie!" Aber andererseits war in dem bereits erwähnten Informationsblatt von zwei weiteren Orten mit ungewöhnlichem Heilwasser die Rede – außerhalb Deutschlands. Überhaupt schienen mir die Verfasser ein Hintergrundwissen zu haben. Dennoch blieb ich mehr als skeptisch. Den Ausschlag für meine Entscheidung, am folgenden Wochenende nach Nordenau zu fahren, gab das, was ich einen „plötzlichen Impetus des Helfenwollens" nennen möchte. In dem Moment schob ich meine zahlreichen Bedenken beiseite. Ich hatte einfach das Gefühl, dass es bei dem jungen Mann (Paul S.) um Leben und Tod ging.

So fuhr ich also mit dem Zug nach Winterberg. Von dort aus nahm ich einen Bus nach Nordenau. Der Ort ist wunderschön gelegen, im Hochsauerland inmitten einer waldreichen Mittelgebirgslandschaft. Rasch erfuhr ich von dem „Tommes-Stollen“ (bzw. Schieferstollen „Brandholz“), in dem zwei Phänomene Heilungen begünstigen sollen: positive Erdstrahlen und Quellwasser – beides im Inneren des Stollens. Ich befand mich im eigens erbauten Warteraum und betrachtete still die anderen Menschen, die dort ebenfalls warteten. Sie kamen fast alle aus dem Ruhrgebiet. Eine besondere Atmosphäre empfand ich nicht. Für mich war die ganze Angelegenheit so etwas wie ein vorsichtiger „Test“ – trotz des Informationsblattes.

Dann wurden wir in den Stollen geführt. Im hinteren Stollenteil verweilten wir dann zwanzig Minuten. An jener Stelle ist der Stollen völlig trocken. Eine besondere Energie spürte ich nicht. Allerdings ist das bei einigen Menschen anders, wie ich später bestätigt bekam. Darunter waren sogar solche, die so skeptisch waren, dass sie damit überhaupt nicht gerechnet hatten. Sie waren dann doch überrascht. Im Stollen war die Luft angenehm frisch. Das empfand ich wegen der hohen Augusttemperaturen draußen als besonders wohltuend. Dann bekamen wir etwas von dem Quellwasser. Einige der Anwesenden mussten schon öfter im Stollen gewesen sein. Sie waren mit der Prozedur des Abfüllens von mitgebrachten leeren Flaschen mit dem Quellwasser völlig vertraut. So war und ist es möglich, sich eine gewisse Menge davon (im Regelfall zwei bis vier Liter) mit nach Hause zu nehmen.

Draußen vor dem Stollen sprach ich mit einigen Stollenmitbesuchern über ihre Erfahrungen mit dem Wasser. Ich erhielt eine erste „Trendmeldung“: Es schien tatsächlich Heilwirkungen zu haben, und das bei unterschiedlichen Krankheiten. Diese Menschen empfanden das Wasser als zusätzliche Hilfe und wollten es nicht mehr missen. Aber gleichzeitig verwiesen sie auf ihre üblichen medizinischen Behandlungen – ohne erkennbare „Wundergläubigkeit“ hinsichtlich des Wassers. Glaubwürdig, undramatisch und doch interessant.

Schließlich lernte ich auch Herrn Tommes kennen. Er stand vor seinem Hotel neben dem Stollen und genoss sichtlich das hochsommerliche Wetter. Er wirkte auf mich sofort sympathisch und unkompliziert. Wir kamen ins Gespräch. Sehr bald wurde mir klar, dass ihm die ganze Situation mit dem Stollen, der Erdenergie und dem möglicherweise tatsächlich heilwirksamen Wasser „zugefallen" war. Plötzlich war er mittendrin in etwas, was zumindest nicht ganz „alltäglich" war. Wie bereits erwähnt gibt es seit Anfang 1992 diese positiven Erfahrungen von Linderungen und Heilungen von Krankheiten verschiedenster Art. Ich war zum ersten Mal im August 1995 dort.

Dann verwies Theo Tommes mich auf eine erste Voruntersuchung eines Allgemeinmediziners aus Frankfurt namens Dr. Steinbrück. Dieser hatte einen Fragebogen erstellt, den Stollenbesucher freiwillig beantworten konnten. Das interessierte mich und Herr Tommes gewährte mir Einblick in die natürlich anonym ausgefüllten Fragebögen. Mich überraschte dabei die breite Palette der Krankheiten, bei denen Heilungen oder zumindest Linderungen eingetreten waren. Das ging weit über Atemwegserkrankungen hinaus: Neurodermitis, Multiple Sklerose (Aufhalten des degenerativen Prozesses), Augenkrankheiten, Magen- und Darmerkrankungen und sogar unterschiedliche Krebsleiden. Auch die Häufigkeit der Stollenbesuche wurde abgefragt. Hier schienen mir die Werte „achtmaliger/zehnmaliger Stollenbesuch" Schwellenwerte zu sein für bemerkenswerte Heilungserfolge. Eine Frau aus dem nördlichen Sauerland hatte den Nordenauer Stollen zweiundfünfzigmal besucht. Voller Dankbarkeit war sie dafür. Sie hatte Magenkrebs gehabt. Immerhin bestätigte die Durchsicht der Fragebögen das, was ich von einigen Stollenmitbesuchern gehört hatte: positive Wirkungen bei einer Reihe von Krankheiten. Und doch waren das nur erste Eindrücke. Mein Verstand ließ mich auch an einen möglichen Placebo-Effekt denken. Medizinisch würde sich nach einer solchen ganz bescheidenen Voruntersuchung – und mehr war es ja zunächst nicht – eine Reihe von Fragen ergeben. Außerdem hatte der Betrachter es mit zwei durchaus verschiedenen Phänomenen zu tun. Und welche Rolle sollte das Wasser in dem „Gesamtszenario" spielen?

Schließlich waren da ja noch die Therapien einer naturwissenschaftlich professionellen Medizin mit ihren wissenschaftsgeschichtlich atemberaubenden Fortschritten. Und doch sprachen die so positiven Erfahrungen der Menschen in Nordenau nicht gegen den „Tommes-Stollen“ als einer Stätte von Linderungen und völligen Heilungen, ja auch nicht gegen das Wasser als „Einflussgröße“.

Intuitiv, aber doch vorsichtig fragte ich beim Weggehen am ersten Aufenthaltstag Herrn Tommes, ob die Sache mit Nordenau noch eine tiefere Bedeutung habe. „Nein, rein wissenschaftlich“, beeilte er sich zu sagen – mit einem allerdings hintergründigen Lächeln.

Am nächsten Morgen betrat ich den Frühstücksraum meines Hotels. Er war bereits gut gefüllt. An einem Tisch war aber noch ein Stuhl unbesetzt. Der Hotelbesitzer ermunterte mich: „Setzen Sie sich doch zu diesem Herrn dort!“ Das tat ich. Wir kamen rasch ins Gespräch. Es war eine angenehme Unterhaltung. Aber sie nahm einen überraschenden Verlauf. Mein Gesprächspartner sagte zu mir: „Ich komme aus gesundheitlichen Gründen regelmäßig nach Nordenau. Ich kenne Herrn Tommes inzwischen ganz gut. Der Mann weiß irgendetwas Außergewöhnliches, das er für sich behalten möchte.“ Diese Aussage traf mich natürlich völlig unvorbereitet.

Ich besuchte noch zweimal den Stollen. Beim letzten Besuch ließ ich mir vier leere Flaschen mit dem Quellwasser abfüllen. Sie waren ausschließlich für den jungen lungenkrebskranken Mann bestimmt. Wieder hörte ich von bemerkenswerten Heilungen wie bereits am Tag zuvor. Und wieder waren Menschen darunter, die anfänglich mit großer Skepsis ins Hochsauerland gekommen waren oder einfach den Rat ihnen naher Menschen nicht ausschlagen wollten.

Vor meinem zweiten Stollenbesuch an jenem Augustsonntag des Jahres 1995 erlebte ich eine weitere Überraschung. Herr Tommes bat mich sehr höflich in sein Hotel. Er versicherte mir erneut, dass die gesamte

Angelegenheit keinen religiösen und spirituellen Hintergrund habe. Dann erwähnte er noch etwas von einem Journalisten, der in einem besonderen Zusammenhang recherchiert habe. Ich bekam in dem Moment das Gefühl, dass es sich möglicherweise um eine komplexere Sache handeln könnte. Aber ich ließ trotz dieser überraschenden Gespräche mit dem netten Herrn am Frühstückstisch in meinem Hotel und Herrn Tommes am Nachmittag desselben Tages die Dinge erst einmal auf sich beruhen. Der Grund meines Kommens war ja auch die Überlegung, einem Menschen in größter Not zu helfen, wobei mein Verstand hinsichtlich des Wassers noch immer sehr skeptisch war.

Auf der Heimfahrt im Zug dachte ich über das Erlebte nach. Mir war aber klar geworden, dass das Wasser als Einflussgröße eine Rolle spielen musste – nicht nur die Erdstrahlen. Ich erinnerte mich dabei an die Aussagen von Stollenbesuchern, die vor allem auch fern vom Nordenauer Stollen zuhause mit dem abgefüllten Quellwasser ihre positiven Erfahrungen gemacht hatten. Einige hatten auch den Mut, dies ihren Ärzten daheim zu berichten. Letztere sollen sich zum Teil sehr gewundert haben. Das ist absolut verständlich. Die Menschen, die dem Wasser infolge ihres eigenen verbesserten körperlichen Befindens positive Wirkung zuschrieben und es daher regelmäßig zu trinken begannen, waren dabei völlig unbeeinflusst von jenem Informationsblatt, das mir verfügbar geworden war.

Kapitel 2

Zurück daheim

Kurz nach meiner Rückkehr kontaktierte ich den jungen Mann. Er hatte bereits seine erste Chemotherapie hinter sich. Trotzdem hatte er nicht die üblichen Probleme mit seinem Magen. Es erging ihm in dieser Hinsicht offensichtlich besser als den meisten Krebspatienten, die man der Chemotherapie unterzog. Er hatte Glück: Sein behandelnder Arzt empfahl ihm eine radikale und sehr spezielle Ernährungsumstellung, was übrigens auch die „Gesellschaft für Biologische Krebsabwehr“ in Heidelberg tut. Er hatte damit bereits bei vielen anderen Patienten langjährige Erfahrung gesammelt. Nach meinem Besuch des jungen Mannes konnte ich feststellen, dass die Ernährungsumstellung sehr systematisch war und der junge Mann sehr konsequent die professionellen Ratschläge seines Arztes befolgte.

Fast dachte ich, dass das Wasser eigentlich keine Rolle spielen könnte. Und so packten mich wieder Zweifel. Aber dann erinnerte ich mich erneut an die vielen positiven Erfahrungen von durchaus nicht wundergläubigen Menschen mit dem Nordenauer Wasser und dachte dabei auch an den inzwischen recht langen Zeitraum von etwas mehr als drei Jahren, in dem es im Zusammenhang mit dem Wasser wiederholt und bei unterschiedlichsten Krankheiten diagnostisch nachweislich zu positiven Veränderungen gekommen war.

Das erklärte ich dann auch dem jungen Mann, der sehr „bodenständig“ war und ist und von seiner Gesamtpersönlichkeit her ebenfalls nicht mit „Wundergläubigkeit“ in Verbindung gebracht werden kann. Natürlich verband er angesichts seiner Lage Hoffnung mit dem Wasser – keine Frage. Aber ohne die guten Nachrichten aus dem Hochsauerland wäre es mir nicht möglich gewesen, ihn von einer regelmäßigen Einnahme desselben zu überzeugen. Das Informationsblatt (weit über Nordenau hinausweisend) hatte ich ihm nicht mitgebracht. Ich empfahl ihm, jeden Morgen nach dem Frühstück 0,1l von dem Heilwasser zu trinken. Die Flaschen mit dem Wasser sollte er in sicherem Abstand von elektromagnetischen Geräten hinstellen. Das hatte mir auch Herr Tommes empfohlen.

Die starke Persönlichkeit des jungen Mannes, die Chemotherapie, die Ernährungsumstellung nach den Ratschlägen seines Arztes und das Nordenauer Quellwasser hielten mich nicht davon ab, regelmäßig für den jungen Mann zu beten. Dies entsprach meinem mütterlicherseits geprägten katholischen Weltbild.

Inzwischen hatte ich von dem jungen Mann erfahren bzw. bestätigt bekommen, dass seine Lunge stark metastasiert war. Es war also wirklich dramatisch. Die junge Frau in meinem Büro hatte nicht übertrieben. Auch der mittlerweile eingetretene Haarausfall bei dem jungen Mann schockierte mich, auch wenn dies wohl eine Folge der Chemotherapie war. Ich bat darüber hinaus meinen Bibelgesprächskreis darum, für den jungen Mann eine Fürbitte an Gott zu richten, was dann auch zweimal geschah in jenen Monaten. Ich war aber selbst über die Intensität meines Betens doch überrascht. Eigentlich zum ersten Mal in meinem Leben sprach auch die Seele in mir und nicht nur der analytische Verstand. Es war eine ungeheuer tiefe Erfahrung. Dem jungen Mann sagte ich ganz bewusst und gezielt, dass ich für ihn regelmäßige Gebete sprach. Auch über die Fürbitten im Bibelgesprächskreis informierte ich ihn. Gleichzeitig zu seiner mir durchaus sympathischen lebensnahen Grundeinstellung hatte er Zugang zum Beten und betete selbst für seine Genesung. Warum auch sollten Beten und Realismus einander ausschließen? Auch waren ihm meditative Praktiken nicht fremd. So versuchte er über all das hinaus, zuhause ein wenig zu meditieren.

Kapitel 3

Zweiter Besuch in Nordenau

Eine mittelschwere Lebensmittelvergiftung hielt mich von einer geplanten Irlandreise ab. Nach meiner Entlassung aus dem Krankenhaus musste ich mich noch ein wenig ausruhen. Ich war sehr geschwächt. Als ich wieder bei Kräften war, unternahmen eine Verwandte und ich eine Reise nach Nordenau – für eine Woche. Meine Begleiterin hatte Monate zuvor an einer bakteriellen Infektion gelitten. Ihr höchst erfahrener langjähriger Hausarzt behandelte daher ihren linken Unterschenkel, der schlimm ausgesehen hatte. Seine strikt schulmedizinisch orientierte Behandlung hatte Erfolg. Wir waren sehr erleichtert. Nur das Infektionszentrum war äußerlich noch schwach erkennbar. Was den Stollen betraf, war meine Verwandte skeptisch, ja ablehnend. „Ich glaube sowieso nicht an den Quatsch", schmetterte sie mir entgegen. Ich sagte: „Geh einfach mal mit rein!" Mehr ein Appell als ein Argument. Und dann geschah etwas Bemerkenswertes, womit nicht einmal ich gerechnet hatte: Nach ziemlich genau zehn Minuten verspürte sie ein angenehmes „Kribbeln". Es zog am linken Bein hoch und hatte exakt an jener Stelle seinen Anfang genommen, wo die Infektion ihre schlimmsten Spuren hinterlassen hatte. Für sie und für mich eine Überraschung. Der Stollenbesuch ließ sich so als sinnvolle Ergänzung zur schulmedizinischen Behandlung auffassen.

Bei der Abreise nahmen wir einige Liter vom Stollenwasser mit nach Hause. Diesmal etwas mehr, da wir mit dem Auto abgeholt wurden, was unsere Transportmöglichkeiten nicht unbeträchtlich verbesserte. Meine Verwandte war inzwischen nicht mehr ganz so unwillig, aber dennoch nach wie vor in nicht unerheblichem Maße skeptisch. Jeden Morgen trank sie dann mit der typischen Haltung vorsichtigen Probierens 0,1l. Nach wenigen Tagen stellte sich dann etwas ein, was meine Verwandte am allerwenigsten erwartet hätte: Ihre Verdauung wurde angeregt. Das Wasser schien als natürliche Darmaktivierung zu wirken. Das bestätigte wiederum die Erfahrungen von anderen Menschen, die auf die eine oder andere Weise mit dem Nordenauer Wasser in Verbindung gekommen waren. Ich erinnere mich an einen älteren Herrn aus dem Ruhrgebiet, der mir im Warteraum des Stollens erzählt hatte, dass er seit dem regelmäßigen Trinken des Wassers keine Magenbeschwerden mehr hätte. In einem anderen Fall hatte sich der Blutdruck eines Mannes mit jahrelangem Bluthochdruck im Normalbereich stabilisiert, aber auch erst nach ständigem Trinken des Stollenwassers. Doch zurück zu meiner Verwandten. Sie hatte wochenlang von dem mitgebrachten Wasser profitieren können. Interessanterweise verschlechterte sich ihre Verdauung wieder wenige Tage, nachdem das Wasser zur Neige gegangen war und sie infolgedessen nicht mehr davon trinken konnte. Wir entschlossen uns daher zu einer neuerlichen Kurzreise nach Nordenau. Mit dem gleichen Resultat. Inzwischen empfiehlt meine Verwandte auch anderen Menschen das Wasser von Nordenau. Sie kennt auch die weitere Geschichte mit dem jungen Mann.

Kapitel 4

„Es ist ein Wunder!“

Nicht lange nach meiner Rückkehr aus Nordenau traf ich den jungen Mann wieder. Inzwischen war eine Menge geschehen. Und es war mehr als ich erwartet hatte. Die Chemotherapie war beendet worden – vorzeitig! Fünfmal war sie vorgesehen. Viermal war sie durchgeführt worden. Dann ergab die Computertomographie: Verschwinden des Primärtumors und der Lungenmetastasen bis auf eine Metastase, die aber auch geschrumpft war. Im Dezember war dann auch sie verschwunden. Alle medizinisch-diagnostisch wichtigen Befunde zeigten ein positives Gesamtbild und die Zurückdrängung einer Krebserkrankung, die einen ausgesprochen aggressiven Anfangsverlauf genommen hatte. Mir gegenüber zitierte der junge Mann den Radiologen: „Es ist ein Wunder.“ In der Tat muss der junge Mann für die behandelnden Ärzte der Thorax-Klinik ein medizinisches Erfolgserlebnis gewesen sein. Ganz alltäglich war das wohl nicht. Aber unverzichtbar waren ihnen selbstverständlich die regelmäßigen Nachuntersuchungen. So ergab sich eine Langzeitbeobachtung: Seit 1996 konnte keine Rückkehr des Krebses festgestellt werden! Der junge Mann hielt mich auf dem Laufenden. Inzwischen ist er gesunder Vater eines ebenso gesunden Sohnes.

Kapitel 5

Erkenntnisse über das Nordenauer Wasser – Über den Einzelfall hinaus

Ein wichtiger Punkt im geschilderten Fall des jungen Mannes ist die Tatsache, dass er selbst n i c h t im Stollen in Nordenau war. Die positiven Erdstrahlen scheiden als Einflussfaktor also aus. Das lenkt die Aufmerksamkeit natürlicherweise auf das Stollen w a s s e r. Und die zahlreichen Erfahrungsberichte im Zusammenhang mit der regelmäßigen Einnahme des Wassers deuten stark darauf hin, dass Besonderheiten über den Einzelfall hinaus vorliegen müssen.

Nachdem der Stollen im April 1992 für Heilungszwecke der Öffentlichkeit zugänglich gemacht worden war, gab es sehr bald erste positive Erfahrungen von Stollenbesuchern. Sie bestätigten die positiven Erfahrungen, die Theo Tommes selber in dem Stollen gemacht hatte. Ein Verkehrsunfall im Jahre 1980 hatte bei ihm Langzeitfolgen im Lendenwirbelbereich gehabt. Im Januar 1992 hatte ihn ein holländischer Feriengast, dem er seinen im Stollen gelagerten Wein zeigen wollte, auf eine besondere Energie im hinteren Teil des Stollens aufmerksam gemacht. Theo Tommes war allerdings zunächst skeptisch. Er fühlte die Energie nicht so stark wie der holländische Gast. Dennoch stellte er sich nach der Abreise des Holländers wiederholt in den Stollen, zumal dieser an der energiereichsten Stelle völlig trocken blieb, was ungewöhnlich ist. Tatsächlich hatten die Stollenaufenthalte für Theo Tommes so positive Wirkungen, dass er danach endlich wieder völlig schmerzfrei war und im März einen Skiurlaub in Österreich machen konnte. Das Problem mit seinen zwei gebrochenen Lendenwirbeln gehörte nun endgültig der Vergangenheit an.

Interessant ist dabei die Tatsache, dass die positiven Erfahrungen sowohl des Stollenbesitzers als auch der ersten Stollenbesucher zu einer Zeit gemacht wurden, als die Presse auf das Phänomen noch nicht aufmerksam geworden war. In der Tat dauerte es auch einige Monate, bis in der Lokal- und Regionalpresse die ersten Berichte zu lesen waren. Es folgten sehr vereinzelte Berichte in der überregionalen Presse. Erst später gab es Fernsehberichte von bis zu 15 Minuten Länge, wie bereits erwähnt im WDR, NDR, MDR, HR, ZDF und bei Sat 1 und RTL. Alle diese massenmedialen Präsentationen des Nordenauer Phänomens erfolgten vor Bekanntwerden japanischer Untersuchungsergebnisse im Mai 1998 und einer Spezialanalyse in einem Labor in Spanien im März 1999, die vor allem beim Wasser außergewöhnliche Ergebnisse zeitigten. Doch dazu später mehr.

In der Summe zeugen die Presse- und Fernsehberichte von Linderungen und Heilungen bei sehr unterschiedlichen Krankheiten. Mehrere Zeitungsberichte zeigen Bilder von Kindern aus dem Großraum Tschernobyl. Neun Kinder waren mehrere Wochen in Nordenau. Sie litten an Leukämie. Eine ukrainische Ärztin aus Kiew betreute sie medizinisch. Sie überprüfte leukämierelevante Blutwerte vor und nach dem Nordenauaufenthalt der Kinder. Die Blutwerte zeigten deutliche Veränderungen zum Positiven. Der Allgemeinmediziner Dr. Hussels teilte mir auf telefonische Anfrage im September 1995 mit, dass bei anderen ukrainischen Kindern dies nicht der Fall war, wenn sie seltener im Stollen waren, weil die deutschen Gastgeber weiter entfernt von Nordenau wohnten. Die neun erwähnten Kinder hatten den Vorteil, jeden Tag in den Stollen gehen zu können. Ihnen war wie gesagt ein Aufenthalt direkt im Hotel von Theo Tommes ermöglicht worden.

Von einem Fall las ich in einer regionalen Zeitung. Ein 18-jähriger Junge aus der Ukraine hatte eine Krebserkrankung der Thymusdrüse und Wasser in der Lunge. Er atmete schwer und hatte schon beim Treppensteigen große Probleme. Als er nach Nordenau kam, war er dem Tod näher als dem Leben. Spaziergänge in der herrlichen Mittelgebirgslandschaft des Hochsauerlandes waren ihm nicht möglich. Fünf Wochen lang ging er täglich zweimal in den Stollen und trank natürlich auch das Wasser. Während dieser Zeit besserte sich sein Zustand stetig. Und zum Schluss konnte er wieder gut laufen. Das Wasser war aus seiner Lunge verschwunden. Seine Blutwerte hatten sich normalisiert. Der Krebs hatte sich deutlich zurückgebildet. Am Ende seines Aufenthaltes kaufte er sich ein Mountainbike und fuhr damit durchs Hochsauerland. Dies beschreibt auch der Allgemeinmediziner Dr. Hussels in einem der WDR-Beiträge, als er interviewt wird.

Ein anderer Fall ist der eines Mädchens mit Neurodermitis, dessen Eltern sich bei Theo Tommes in einem Brief aus Dresden für die Heilung ihrer Tochter bedankten. Die Familie war Anfang 1996 drei Tage in Nordenau. Viermal hatte sie den Stollen besucht. Nach dem Aufenthalt trank die Familie auch zuhause regelmäßig das Wasser. Schon während des Aufenthaltes in Nordenau zeigten sich erste positive Veränderungen auf der Haut des Mädchens. Schon nach vier Wochen trat eine deutliche Besserung ein. Die Situation sei seitdem stabil geblieben. Bereits in den Fragebögen von Dr. Steinbrück war von positiven Veränderungen bei Neurodermitis die Rede.

Der Leser mag Verständnis haben, dass ich hier nur einen kleinen Teil der vielen Linderungen und Heilungen herausgreifen kann. Auch der Fall „meines“ jungen Mannes war nicht der einzige in Sachen Krebs. Ich erwähnte den Fall einer Frau aus Meschede, die Magenkrebs gehabt hatte. In einer Fernsehsendung der ARD (meines Wissens bei Jürgen Fliege) schilderte ein Mann seinen Fall: Er litt an Kehlkopfkrebs. Der Oberbauchbereich war vollkommen metastasiert. Die Ärzte hielten den Krebs aus verständlichen Gründen für inoperabel und prinzipiell nicht mehr heilbar. Der Mann solle sich auf sein Ableben einstellen. Vielleicht mehr aus Verzweiflung als aus Wundergläubigkeit trank er das Nordenauer Stollenwasser, allerdings nicht in kleinen Mengen, sondern gleich literweise Tag für Tag. Nach einigen Wochen waren die Metastasen aus dem Oberbauch verschwunden. Die Ärzte erwogen nun eine operative Entfernung des Primärtumors im Kehlkopf. Das lehnte der Mann ab und reiste mehrere Wochen nach Nordenau, wo er regelmäßig den Stollen besuchte und auch regelmäßig das Wasser trank. Nach der Rückkehr aus dem Hochsauerland stellte sich heraus, dass nun auch der Tumor verschwunden war.

Aus Dankbarkeit für seine Lebensrettung schenkte er Herrn Tommes eine Madonnenstatue. Sie befindet sich seitdem links oben im Warteraum auf einem Brettvorsprung.

Theo Tommes bestätigt weitere Fälle von Krebs mit höchst positiven Veränderungen, die sich langfristig tatsächlich als völlige Krebsheilungen erweisen könnten. Dabei tut er dies in sehr sachlicher Weise. Mein persönlicher Eindruck ist, dass er an irgendwelcher oberflächlicher Sensationsmacherei in keiner Weise und zu keinem Zeitpunkt interessiert war. Die Außerordentlichkeit der Situation hatte er auch offensichtlich sehr schnell begriffen. Gleichzeitig trieb er wissenschaftliche Untersuchungen im Rahmen seiner Möglichkeiten voran. Ich erfuhr davon, da ich regelmäßig mit ihm telefonierte. Er war natürlich seinerseits an der Langzeitentwicklung des jungen Mannes mit der Lungenkrebserkrankung interessiert. Inzwischen hat sich ohnehin eine Lage ergeben, die die anfänglichen Vermutungen von der Heilwirksamkeit des Wassers zu bestätigen scheint.

Bevor Menschen zu Heilungszwecken in den Stollen gehen durften, wurden spezielle Untersuchungen durchgeführt. Eine Fragestellung betraf mögliche geophysikalische Besonderheiten des Stollens, dahingehend, ob es etwa Besonderheiten in erdmagnetischer Hinsicht geben könnte. Meines Wissens ist dies der Fall. Bereits Dr. Steinbrück hatte in seiner Voruntersuchung Überlegungen in diese Richtung angestellt. Auch das Wasser ist umpolarisiert. Es ist rechtsdrehend und dreht sich somit gegen die Richtung, die eigentlich auf der nördlichen Erdhalbkugel erwartbar wäre. Dort ist das Wasser fast immer linksdrehend. Das Stollenwasser weist somit eine nicht unwesentliche Besonderheit auf. Darüberhinaus musste das Wasser im Stollen auf seine Trinktauglichkeit untersucht werden. Das Hygiene-Institut in Gelsenkirchen konnte bestätigen, dass das Wasser die Auflagen der Trinkwasserverordnung erfüllt. Dabei wurden mikrobiologische, chemische und physikalische Messgrößen berücksichtigt. Das Wasser wird in regelmäßigen Zeitabständen untersucht. Die letzte mir vorliegende Analyse datiert vom April 1999. Die Analysewerte deuten auf eine hervorragende Trinkwasserqualität hin. Aber das kann die außerordentlichen Wirkungen des Wassers noch nicht erklären. Und in der Tat gibt es weitere Befunde. Darauf möchte ich im Folgenden näher eingehen.

Das bekannte Fresenius-Institut hat offenbar festgestellt, dass das Stollenwasser etwas leichter ist als übliches Wasser.

Das Jahr 1998 brachte hinsichtlich des Wassers einschneidende Erkenntnisse. Zwei japanische Wissenschaftler – Dr. Hayashi und Prof. Shirahata – konnten im Stollenwasser eine natürliche antioxidative Wirkung nachweisen. Antioxidanz wirkt als Zellschutz. Sie ist in der Lage, so genannte freie Radikale „abzufangen“. Freie Radikale sind aggressive Moleküle und spielen eine wichtige Rolle bei der Entstehung von Krankheiten. Dass das Stollenwasser antioxidativ ist, ist sehr ungewöhnlich. Die Japaner teilten ihre Ergebnisse Herrn Tommes in Nordenau mit. Das fand auch in den Medien seinen Niederschlag. Der Journalist Guido Brandenburg („Bild“) hat bisher meines Wissens dreimal über Nordenau berichtet: 1992, 1995 und am 7.1.1999. Sein letzter Bericht über Nordenau betont die heilenden Wirkungen des Wassers stärker als die Berichte zuvor. Der Journalist beruft sich dabei auf die neueren japanischen Befunde. Antioxidanz blockiert Prozesse der Oxidation, die als schädlich betrachtet werden. So ist es auch einem dreiseitigen Informationsblatt von Theo Tommes zu entnehmen. Es trägt den Titel „Erholung, Gesundheit und Wohlbefinden“. Zu dem Wasser heißt es u.a.: „Mit einem hohen ph-Wert ist es zudem basisch und wenig zellbelastend. Durch sein geringes Molekulargewicht kann es vom Körper leichter als normales Wasser absorbiert werden. Vitamine und Nährstoffe können damit die Zellen und Gewebe des menschlichen Körpers rascher durchdringen. Das bedeutet einen stabileren und besseren Stoffwechsel in Zellen, Geweben und Organen.“

Vielleicht half auf diese Weise das Nordenauer Wasser dem jungen Mann mit dem Lungenkrebs. Durch das Wasser konnte die empfohlene Spezialdiät besser „durchschlagen“. Es gäbe demnach also eine Wechselwirkung zwischen dem Wasser und der Ernährungsumstellung. Darüber hinaus ist der zitierte Teil des Informationsblattes meines Erachtens von zentraler Bedeutung. Zellen, Gewebe und Organe werden positiv beeinflusst. Einer Broschüre der „Gesellschaft für biologische Krebsabwehr“ anlässlich des Ende April 1999 durchgeführten Kongresses zur biologischen Krebsabwehr entnehme ich einen Hinweis auf das sehr systematische Krebsbekämpfungsprogramm einer Klinik in Bad Aibling (Bayern). Dort werden unter der Überschrift „Entgiftungstherapie“ die Begriffe „Antioxidativa“ und „Radikalenfänger“ aufgelistet.

Übrigens sei erwähnt, dass der oben genannte Kongress der „Gesellschaft für Biologische Krebsabwehr“ alle zwei Jahre stattfindet. Er ist international ausgerichtet. Ich erwähne dies aus Dankbarkeit gegenüber dem Arzt, der dem jungen Mann mit dem Lungenkrebs die besondere Diät vorgeschlagen hatte.

Doch zurück zu Nordenau und den freien Radikalen. Zu Letzteren gibt das Informationsblatt von Theo Tommes auf seiner letzten Seite zusätzlich die folgende Information: Die freien Radikale „sind in der Lage, wichtige körpereigene Stoffe zu beeinflussen und können in besonderer Weise Schädigungen der Körperzellen bis hin zu deren Entartung (Tumorbildung, Alterung) verursachen. Sie sind ebenso beteiligt an der Schädigung von Gefäßen, Haut, Lunge und Augen.“ Es handelt sich bei den freien Radikalen offensichtlich um handfeste „Übeltäter“. Nur zu gut, wenn das Stollenwasser sie „abfangen“ kann! Interessant ist auch, dass die Vitamine A,C und E antioxidative Wirkung haben. In einem Artikel für eine Apothekenzeitschrift erwähnt die Ärztin und Fernsehmoderatorin Dr. Kühnemann auch noch Selen und Zink als möglicherweise antioxidativ. In einem Senioren-Ratgeber finde ich einen Verweis auf die asiatische Heilpflanze Ginkgo. Sie scheint sehr geeignet, mit ihren Wirkstoffen freie Radikale „abzufangen“. Zu den freien Radikalen findet sich dann die folgende Erläuterung:

„Diese aggressiven Moleküle entstehen bei Sauerstoffmangel im Gewebe. Sie schädigen beispielsweise die Zellen der Gefäßinnenwand oder verändern die Blutwerte so, dass sie sich besonders gut in die Gefäßwand einlagern können.“ Übrigens soll auch Grüner Tee antioxidative Wirkung haben. In China und Japan trinkt man ihn täglich in großen Mengen. Er soll das Krebsrisiko mindern helfen, was auch inzwischen bei uns bekannt ist. Eine gute und das Immunsystem stärkende Ernährung und das Nordenauer Wasser – eine eventuell gesundheitsfördernde Kombination.

Vielleicht auch als unterstützende Begleitmaßnahme bei der Immunschwächekrankheit Aids? Das ist nur eine Frage. Aber ist sie völlig abwegig? Herr Tommes deutete einmal vorsichtig an, dass bereits Menschen mit dieser Krankheit den Stollen aufgesucht und auch von dem Wasser getrunken hätten. Sie sprachen von Aids, wollten aber anonym bleiben. Das ist verständlich.

Das Informationsblatt von Theo Tommes erweist sich als erste sehr gute Orientierung für den medizinischen Laien. Der inzwischen ortsansässige Arzt Dr. Gadek hat wohl bei der Formulierung mitgeholfen. Er ist Mitglied im Verband der Ärzte für Naturheilverfahren. Zudem verfügt er über eine etwa dreißigjährige Berufserfahrung. Er und der Psychologe D.J. Seifert haben eine prospektive Beobachtungsstudie anhand von 515 Patienten und Stollenbesuchern durchgeführt. Die 39 Seiten umfassende Studie mit dem Titel „Phänomen Nordenau“ enthält nicht wenig Statistik. Diese bezieht sich auf fünfzehn gänzlich verschiedene Krankheitsbilder. Dabei werden drei verschiedene Messzeitpunkte zugrunde gelegt. Der letzte Messzeitpunkt war drei Monate nach den Stollenbesuchen der untersuchten Personen. Für fast alle Krankheiten ergeben sich Veränderungen zum Positiven, um es vorsichtig zu formulieren. Auch Augenkrankheiten wurden in die Studie mit aufgenommen. Denn auch in dieser Hinsicht hatte es wiederholt erstaunliche Entwicklungen gegeben. Hie und da wurde in Zeitungen darüber berichtet. Könnte es hier im Zusammenhang mit dem Wasser Anwendungsmöglichkeiten geben? Die Frage erscheint mir nicht ganz uninteressant.

Der Psychologe Seifert wurde einbezogen, weil mögliche Ein- oder Wahnbildungen der Stollenbesucher überprüft werden sollten. Man war also sehr vorsichtig, bevor die Veröffentlichung der Studie beschlossen wurde.

Auf Seite 36 findet sich ein Bezug auf den japanischen Molekularbiologen Professor Shirahata. Er verfügt über ein eigenes Forschungslabor mit mehreren Mitarbeitern an der Kyushu-Universität in Fukuoka in Südjapan auf der Insel Kyushu. Er und sein Forscherteam untersuchten so genanntes Microwater mit einem Anteil von aktiven Wasserstoffatomen mit starker antioxidativer Wirkung. Das Wasser kam aus einem 600 Meter tiefen Brunnen. Von Laborexperimenten mit Tumorzellkulturen und deren Suppression(!) ist ebenso die Rede wie von Forschungen an DNA-Ketten-Schutzmechanismen. Dabei zeigte das Microwater „protektive Wirkung gegen freie Radikale in vitro“, wie es im Text heißt.

Drei Analysen bestätigten genau dasselbe für das den japanischen Forschern zugeschickte Nordenauer Wasser im Labor im fernen Fukuoka!

Professor Shirahata informierte die Beteiligten in Nordenau im August 1998 darüber. Dem Artikel des Journalisten Brandenburg vom 7.1.1999 ist zu entnehmen, dass die japanischen Forscher um Shirahata sich erneut große Mengen des Stollenwassers schicken ließen. Die Forschungen gehen also weiter. Es handelt sich um naturwissenschaftliche Grundlagenforschung, die für die Medizin noch sehr interessant werden könnte. Auch Dr. Gadek führt Anschlussuntersuchungen durch. Er arbeitet mit einer Universität zusammen, ebenso mit dem japanischen Spezialisten (telefonische Mitteilung Anfang Mai 1999). Mit weiteren Resultaten sei im Jahre 2000 oder 2001 zu rechnen.

Höchst interessant ist eine Hypothese von Dr. Gadek am Ende der Studie auf S. 36. Er spricht von einer „z u n ä c h s t u n b e k a n n t e n E n e r g i e a r t“, die beim Nordenauer Wasser eine z u s ä t z l i c h e Rolle spielen mag. Das scheint verständlich, denn die Vorgänge im

Hochsauerland sind so außergewöhnlich, dass Antioxidanz und die Radikalenfängereigenschaft des Wassers nicht ausreichen mögen, um die Heilwirksamkeit desselben vollständig erklären zu können. Und tatsächlich: Der Apotheker G. Knappstein hatte die Idee, das Nordenauer Stollenwasser und zum Vergleich ein normales Bachwasser nach Spanien zu Dr. Knapp zu schicken. Dr. Knapp leitet in Javea zwischen Valencia und Alicante ein Speziallabor. Er ist eigentlich Entwicklungsingenieur und hegt besonderes Interesse für bioenergetische und biophysikalische Fragen. Mithilfe eines speziellen Fotoverfahrens als Weiterentwicklung der Kirlianfotografie gelang es ihm, den Nachweis zu erbringen, dass das Stollenwasser ein stärkeres Energiefeld aufweist als das zum Vergleich herangezogene Bachwasser. Auch die Anordnung energetisch relevanter Farben unterscheide sich beim Nordenauer Wasser deutlich vom Bachwasser. Dr. Knapp ist zugleich Buchautor („Der strahlende Körper"). Er denkt offenbar über die engere materialistische Naturwissenschaft hinaus. Das ist ein weiterer Weg, „fündig" zu werden. Der erwähnte Apotheker von der West-Apotheke in Soest hatte außerdem die Idee, Globuli mit unterschiedlicher homöopathischer Potenzierung auf der Basis des Stollenwassers nach Javea zu schicken. Bei der höchsten Potenzierung (C30) ergab sich denn auch ein stärkeres Energiefeld.

Diese Befunde erinnern mich ein wenig an die unkonventionellen Wasseruntersuchungen des österreichischen Naturforschers Viktor Schauberger und an die praktischen Umsetzungsversuche von Johann Grander, die bereits aufgegriffen wurden (Granders so genanntes Wasserbelebungsgerät). Sie waren dann auch Gegenstand von Forschungsprojekten an einigen österreichischen Technischen Universitäten. Dort laufen weiterhin systematische Untersuchungen dieser Art. Schauberger galt in der Naturwissenschaft lange Zeit als Außenseiter. Schon in den 20er Jahren hatte er vor der Umweltzerstörung gewarnt und dabei besonders Wasser und Wälder im Blick gehabt. Seine völlig neuen und unorthodoxen Überlegungen zum Wasser und seine ökologischen Warnungen wurden ignoriert.

Dem Elektroingenieur David Wagner aus Kalifornien ist es gelungen, Wasser zu tachyonisieren. Tachyonen sind aus der Physik bekannt als kleinste Energieteilchen. Und die italienische Biologin Dr. Ciccolo untersucht Wasser von als heilig geltenden Orten auf spezielle Lichtfrequenzen. Sie lebt in Mailand. Der polnische Konstrukteur Stanislaw Adrian Wosinski hat einen so genannten Energieharmonisator entwickelt. Auf der 47. Europäischen Erfinderausstellung „Eureka" 1998 in Brüssel hat er sein neues Gerät „ADR-4" vorgestellt. Es handelt sich um eine flache Scheibe, auf die man einen Wasserbehälter stellen kann, um damit das darin befindliche Wasser zu energetisieren. In einem anderen Punkt scheint sein Gerät ebenfalls interessant zu sein: Messungen ergaben, dass der Energieharmonisator einen energetischen Ausgleich in den Akupunkturmeridianen bewirkt. Auch soll er helfen, die Herztätigkeit zu normalisieren und das Immunsystem zu stärken. Durch weitere Untersuchungen soll überprüft werden, ob es möglich ist, das Gerät später einmal in polnischen Apotheken zu verkaufen. Die Ansätze des Kaliforniers David Wagner und des Polen Wosinski sind Ergebnisse eines neuen „energetischeren" Weltbildes. Und Wasser spielt dabei eine wichtige Rolle. Auch die Ansätze von Dr. Knapp, Schauberger und Dr. Ciccolo machen deutlich: Wasser ist weit mehr als Wasserchemie im üblichen Sinne.

Möglicherweise bewegen wir uns auf ein Weltbild zu, in dem bisher unbekannte „feinstoffliche" Energien einen festen Platz einnehmen werden.

Doch es könnte sich eine weitere Idee als tragfähig erweisen. So dachte ich bei mir und ließ mit einem Freund zusammen eine Analyse durchführen. Der deutsche Biophysiker Professor Fritz-Albert Popp hatte ein Biophotonenmessgerät entwickelt. Biophotonen sind inzwischen wohl allseits anerkannt. Marco Bischof hat dazu ein ausführliches Buch („Biophotonen – Das Licht in unseren Zellen") vorgelegt. Ein britischer Autor (Benjamin Creme) bestätigte meinem Freund gegenüber, dass die Biophotonenforschung in der Zukunft eine noch größere Rolle spielen werde. Nach diesen Informationen kamen mein Freund und ich überein, eine

Untersuchung des Nordenauer Wassers in Popps „International Institute of Biophysics“ in Neuss durchführen zu lassen.

Und in der Tat: Besonders empfindliche Grünalgen „überleben“ im Nordenauer Wasser eindeutig länger als im normalen Vergleichswasser. Das ergab ein so genannter Bioindikator-Test. Überhaupt ergaben zwei Standardtestverfahren in Neuss eine höhere „lebensenergetische Kraft“ des Wassers aus Nordenau. So lässt es sich allgemein verständlich und zutreffend formulieren. Marco Bischof geht in seinem Buch übrigens auch auf Tumorzellen ein. Sie haben eine geringere „Lichtspeicherungsfähigkeit“. Könnte die Biophotonenforschung für die Tumor- bzw. Krebsforschung interessant werden? Dankenswerterweise ist der Biophysikprofessor Fritz-Albert Popp dieser Frage in seinem Buch „Biophotonen – Ein neuer Weg zur Lösung des Krebsproblems“ 1984 nachgegangen.

Der Leser mag sich erinnern, dass Gebete im Falle des jungen krebskranken Mannes eine nicht unerhebliche Rolle gespielt haben. Welche Wirkung haben Gebete? Heilungen durch Gebete sind nichts Unbekanntes. Sie führen uns vor Augen, dass Heilungen mit dem Inneren eines Menschen zu tun haben.

Ein machtvolles Gruppengebet von etwa 400 Menschen mit Aids führte 1994 in Kampala in Uganda zu völligen Heilungen. Zumindest im Falle von 110 Personen konnte das überprüft werden, da medizinische Befunde über ihre Krankheiten am Municipal Hospital der Hauptstadt vorlagen. Holländische Kameraleute und die Ärztin Elly Vooys waren eigens nach Uganda geflogen. In der holländischen Fernsehsendung „Omega“ wurde dies näher thematisiert. Die wunderbare Idee des Gruppengebetes kam von dem Geistlichen Simon Kayiwas. Laut der holländischen kircheneigenen „Evangelical Broadcasting Corporation“ verfügt die Kirche über dokumentarisches Beweismaterial bezüglich der erwähnten 110 geheilten Personen, mit diagnostischen Veränderungen von HIV-positiv zu HIV-negativ. Die anderen fast 300 Personen fühlten sich nach dem Gruppengebet deutlich besser und immunsystemmäßig gestärkt. Doch von ihnen liegen keine Befunde des Municipal Hospital vor, da sie dort und auch anderswo nicht unter klinischer Beobachtung gestanden hatten. Vereinzelt gab es auch positive Veränderungen bei anderen Krankheitsbildern. Erfahrungen von positiven Veränderungen bis hin zu völligen Heilungen machten sogar skeptische und daher weniger zuversichtliche Teilnehmer am Gruppengebet. Gebete haben demnach heilende Kraft, wie das ugandische Beispiel beeindruckend zeigt.

So vermochten wohl auch die Fürbitten für den jungen Mann und seine eigenen Fürbitten „neben" Chemotherapie, Ernährungsumstellung, dem Wasser aus Nordenau und seinem wiederholten Meditieren zur Heilung beizutragen.

Am Rande sei angemerkt, dass eine Wesenheit namens Maitreya Ende der 80er Jahre eine solche Heilung von Aids durch Gebete vorausgesagt hatte. Maitreya befand sich seinerseits in London. Er machte „lediglich" diese Voraussage, nahm aber zu keinem Zeitpunkt für sich in Anspruch, die Heilungen in Kampala bewirkt zu haben. Die Bezeichnung „Maitreya" war mir bis dahin völlig unbekannt. Inzwischen weiß ich etwas mehr darüber. Es handelt sich um ein Sanskritwort und bedeutet „von liebender Güte erfüllt". Dem Wort „Maitreya" liegt offenbar die Wortwurzel „Maitri" zugrunde. Das bedeutet einfach „Liebe". Der Name „Maitreya" war übrigens in einem Artikel des Journalisten Bruno Schrep über Nordenau im „Spiegel" 1997 kurz erwähnt worden. Allerdings hatte sich der Journalist nicht näher damit befasst, was zunächst verständlich ist. Ein Heilpraktiker aus San Francisco hatte wohl das Wasser in Nordenau mit Maitreya in Verbindung gebracht.

All das in diesem Kapitel auf Nordenau Bezogene hat mit faktischen oder vielleicht zu erwartenden Resultaten zu tun. Aber wie kommt es überhaupt zu diesen Resultaten? Ist es wirklich nur ein Stück Geophysik als Spezifikum des Hochsauerlandes und/oder des Stollens? Ich denke noch immer an die Äußerungen des netten Herrn am Frühstückstisch mir gegenüber und an das hintergründige Lächeln des Theo Tommes an jenem Augustsonntag 1995. Und an die „unbekannte Energieart", von der in der Studie von Dr. Gadek und D.J. Seifert die Rede ist. Fragen bleiben.

Und Nordenau ist nicht das einzige außergewöhnliche Beispiel. Es werden weitere Beispiele von außergewöhnlichen Orten folgen – weltweit und ohne dass eine spezifische Geophysik oder wissenschaftlich Vergleichbares vorliegen würden.

Die folgenden Kapitel enthalten Informationen, die in den deutschen Medien noch nicht verbreitet wurden, wohl aber bereits in den Medien anderer Länder.

Foto: Parkanlage, in der sich Warteraum und Stollen befinden, Nordenau bei Winterberg (Foto: Heinz Kuhberg)

Foto: Madonnenfigur im Warteraum links oben, Geschenk eines von Krebs Geheilten (Foto: Heinz Kuhberg)

Foto: Im Inneren des Schieferstollens (Foto: Heinz Kuhberg)

Teil 2:

Heilungen und außergewöhnliche Vorkommnisse weltweit, zum ersten Mal berichtet

Kapitel 6

Tlacote - Das mexikanische Nordenau

Tlacote – ein kleines Dorf in Zentralmexiko, das man auf keiner Landkarte findet. Und plötzlich Artikel über das Dörfchen – sogar in großen amerikanischen Zeitungen. Was war geschehen?

Zunächst eigentlich gar nichts. Der Mexikaner Jesus Chahín Simon wollte 1985 auf seiner Hacienda Hühnerzucht betreiben. 1988 passierte aber doch etwas. Etwas auf den ersten Blick höchst Profanes, das aber sein Leben sehr verändern sollte. Sein Hund hatte sich verletzt und war kurze Zeit später in eine Wasserstelle gefallen. Sie befand sich auf dem Gelände der Hacienda. Die Folge dieses Kontaktes mit dem Wasser war eine rasante Wundheilung des Hundes. Ein glücklicher Umstand kam hinzu: Die Ehefrau Chahíns ist Ärztin. Jedenfalls kam dem Haciendabesitzer die Idee, das Wasser auch anderen Tieren zu geben. Wiederholt konnte er veterinärmedizinisch günstige Entwicklungen beobachten. Auch bei Pflanzen und Bäumen wurden untypisch positive Effekte beobachtet!

All dies sprach sich zunächst innerhalb der Hacienda herum. Chahín ließ das Wasser vom zuständigen Gesundheitsamt in Querétaro untersuchen. Das Wasser wurde auf seine Trinktauglichkeit überprüft. Die mikrobiologischen Messgrößen fielen sehr günstig aus. Sie ließen auf eine besondere Reinheit des Wassers schließen. Nachdem auch Mitarbeiter auf der Hacienda positive Erfahrungen mit dem Wasser gemacht hatten und die Befunde in Querétaro sehr günstig ausgefallen waren, entschloss sich Jesus Chahín Simon, das Wasser für die Öffentlichkeit freizugeben.

So entstand eine riesige Abfüllanlage, wobei besonderer Wert darauf gelegt wurde, diese so zu installieren, dass das Wasser möglichst nichts von seiner ursprünglichen Reinheit verlieren würde. Im Mai 1991 – drei Jahre nach der Wundheilung des Hundes – kamen die ersten Besucher nach Tlacote. Die Presse, schon gar nicht die außerhalb Mexikos, nahm noch keine besondere Notiz von dem Wasser des ohnehin weitgehend völlig unbekannten Dörfchens in Zentralmexiko. Chahín selbst ist Ingenieur und seine Frau wie gesagt Ärztin. Von ihrem Bildungshintergrund her war es für beide wichtig, die Vorgänge möglichst genau festzuhalten. Im Laufe der folgenden Jahre entstand so eine Dokumentation in einem eigens errichteten Dokumentationsraum neben dem neuen Büro, in dem der Haciendabesitzer Gäste und Journalisten empfing, die ihn seit 1992 in wachsender Zahl aufzusuchen begannen. Denn zwischen Mai 1991 und Anfang 1992 hatten sich positive Erfahrungsberichte von Besuchern gehäuft. Diese hatten unterschiedliche Krankheiten. Auch in den südlichen Bundesstaaten der USA hatte das Wasser von Tlacote inzwischen Aufmerksamkeit erregt. Presseberichte waren im Laufe des Jahres 1992 die fast logische Folge, so etwa in der „Los Angeles Times", in der „Washington Post" und in den „Dallas Morning News". Diese Berichte liegen mir vor. Sie sind eher distanziert und keineswegs „sensationsheischend". Jedenfalls sind sie keineswegs dazu angetan, hinsichtlich Tlacote ein Klima von „Wundergläubigkeit" aufkommen zu lassen. Das gilt auch für einen Fernsehbericht von CBS am 5. August 1993 „Up to the Minute" (KENS-TV). Zu jener Zeit konnte man nur die ungewöhnlichen Vorgänge mitverfolgen, ohne eine wissenschaftliche Erklärung zu haben. Zumindest gelang das nicht ausschließlich im Rahmen üblicher naturwissenschaftlicher Ansätze.

Auch der mexikanische Journalist Armando Torres Aguirre berichtete mehrmals im Jahre 1993 in der Zeitung „El Centro". Sie erscheint in der Stadt Irapuato in der Nähe von Tlacote. Zweimal berichtete auch die Monatszeitschrift „Share International" über Tlacote und sein besonderes Wasser. Sie hatte bereits Anfang 1993 über Nordenau informiert. Nach 1992 und 1993 gab es über Tlacote weitere Presseberichte in überregionalen

Zeitungen Mexikos. Auch das mexikanische Fernsehen interessierte sich für die Vorgänge in dem kleinen Ort nahe Querétaro. Es folgten Berichte in Ländern wie Uruguay und Argentinien. Von 1991 bis heute haben mehrere Millionen Menschen den Ort aufgesucht. Von Kanada bis Argentinien reichen die Herkunftsländer der Besucher. Es ist daher kein Wunder, dass nunmehr über drei Millionen dokumentierte Fälle im erwähnten Dokumentationsraum zu finden sind. Getrennte Unterlagen gibt es für Aids, Krebs und Diabetes. Dies ist zumindest den Artikeln in der „Los Angeles Times" und „Share International" (London/Amsterdam) zu entnehmen. Doch nun zu einigen medizinisch interessanten Informationen.

Eine Parallele zu Nordenau sind zunächst die Erfahrungsberichte aus Tlacote über Linderungen und Heilungen ganz unterschiedlicher Krankheiten. Eine Frau aus Guatemala, die in der Nähe einer Heilquelle lebt, hebt gerade deshalb Tlacote so hervor. Tlacote unterscheide sich in dieser Hinsicht deutlich von der einheimischen Heilquelle. Erwähnt ist des weiteren der Fall eines stark gehbehinderten Mädchens aus Uruguay mit Abbildungen in einem der Artikel von Armando Torres Aguirre. Das Mädchen war stets auf fremde Hilfe angewiesen. Fünfzehn Tage blieb Leticia aus Balneario Pinares in Tlacote. Dann war sie in der Lage, alleine zu laufen. Zu sehen ist auch die überglückliche Mutter. In der Monatszeitschrift „Share International" ist von einem Ehepaar die Rede. Die beiden waren nach der ersten positiven Erfahrung erneut nach Tlacote gekommen. Im Falle des Ehemannes sank der Blutzuckerspiegel binnen zehn Tagen von 275 mg % (viel zu hoch) auf 67 mg %. Sowohl in „Share" als auch in amerikanischen Presseberichten werden ungewöhnliche Erfolge bei Arthritis erwähnt. Auch das eine Parallele zu Nordenau.

Besonders interessant sind die Fälle der Besucher aus San Antonio (Texas). Es war die Idee des Journalisten Tino Durán von „La Prensa", regelmäßige Busfahrten nach Tlacote zu veranstalten. Dies geschah über mehrere Jahre einmal monatlich. So fuhren einige tausend Menschen nach Zentralmexiko. Freitags spätnachmittags begann die 18-stündige

Busreise. Montags gegen 5 Uhr war man wieder daheim in San Antonio. Unter den Heilungssuchenden waren auch Krebspatienten, die natürlich unter ärztlicher Beobachtung standen. Der Journalist Tino Durán teilte mir telefonisch mit, dass es zu überraschenden deutlichen Veränderungen bei unterschiedlichen Krebsarten gekommen sei – bis hin zum völligen Verschwinden von Tumoren und Metastasen. Ebenfalls eine Parallele zu Nordenau. Dies sei dann der Fall gewesen, wenn die Menschen über drei oder auch vier Monate regelmäßig das Wasser getrunken hätten. Das bedeutet natürlich fürwahr keine automatische Garantie auf Krebsheilung. Aber Patienten mit positiven Erfahrungen und der genauen Kenntnis ihrer individuellen Krankheitsgeschichte machen deutlich, dass das Wasser von Tlacote zumindest einen positiven oder sogar ausschlaggebenden Einfluss auf den medizinisch überraschenden Krankheitsverlauf hatte. So wurde es auch an der Medical School der Universität von San Antonio untersucht. Man habe festgestellt, dass es mehr Mineralien enthalte als übliches Wasser. Doch das mag kaum der einzige Grund für besondere Heilungen sein. Ich werde auf diesen Punkt noch zurückkommen. Nun ist Herr Durán auf der Suche nach einem neuen Busfahrer. Der ehemalige Busfahrer (bis 1997) lebt inzwischen in Mexiko. Es gehört viel Idealismus dazu, eine insgesamt 36-stündige Busreise auf sich zu nehmen. Über einige Jahre hinweg haben sich jedenfalls eine Menge positiver und medizinisch nachweisbarer Veränderungen bei unterschiedlichsten Krankheitsbildern ergeben.

In einem Pressebericht ist ein weniger glücklicher Fall erwähnt: Eine Mutter hatte ihrem Sohn in Austin (Texas) nach der Rückkehr von Tlacote das dortige Wasser zu trinken gegeben. Er litt an der Immunschwächekrankheit Aids im sehr fortgeschrittenen Stadium. Freitags trank er das Wasser – zum ersten und einzigen Mal. Montags verstarb er. Doch sind andere Fälle bekannt, in denen die Immunschwächekrankheit nicht so fortgeschritten war. Über Monate tranken Betroffene von dem Wasser. Dabei gab es auch Veränderungen von „HIV-positiv“ zu „HIV-negativ“. Besondere Aufmerksamkeit erregte der Fall des amerikanischen Basketballstars „Magic“ Johnson von den „Los Angeles Lakers“. Er hatte sich

1992 eine große Menge des zentralmexikanischen Wassers mitbringen lassen. Nach zehn Monaten war er sein Aids los. Nach dieser so außergewöhnlichen Erfahrung mit dem heilenden Nass empfahl er es dem Chef eines Energieversorgungsunternehmens in Knoxville (Tennessee). Letzterer litt an einer Hautpilzkrankheit. Da bereits die ersten Erfahrungen mit dem Wasser so positiv waren, schickte der Chef seinen Angestellten Rick Emert ein zweites Mal in das südliche Nachbarland. So entstand das Interview mit dem Journalisten Armando Torres Aguirre. Der Basketballstar „Magic" Johnson trug natürlich dazu bei, dass weitere von Aids Betroffene nach Tlacote gereist sind.

Menschen mit Aids haben wie bereits erwähnt auch schon in Nordenau angefragt. Aus verständlichen Gründen möchten sie dabei nicht (oder noch nicht) an die Öffentlichkeit treten. Vielleicht ergeben sich auch in Nordenau hinsichtlich Aids erstaunliche Befunde, die Anlass geben zu Hoffnung. Das mag „kühn", ja utopisch erscheinen. Die erwähnten japanischen Forschungen hinsichtlich der Wirkung des Wassers auf Tumorzellkulturen mussten allerdings vor 1998 ebenso als „utopisch" erscheinen.

Ein interessanter Einzelfall wird von dem Journalisten Aguirre aus Uruguay berichtet. Die Mutter der bekannten Schauspielerin Estela Molly litt an einer Zystitis (Blasenentzündung), die sogar chronisch geworden war. Die Erreger sprachen nicht auf die medikamentöse Behandlung an. Der Zufall wollte es, dass die Schauspielerin eine Radiosendung verfolgte, in der ein Argentinier interviewt wurde. In seinem Umfeld hatte es ungewöhnliche Erfahrungen von Tlacote-Besuchern aus seinem Land gegeben. Dies brachte die Hörerin auf die Idee, für ihre Mutter von Freunden Wasser aus Tlacote mitbringen zu lassen. Ihre Mutter wurde rasch von ihrer chronischen Erkrankung geheilt! Das uruguayische Magazin „Flash" widmete dem Fall seine besondere Aufmerksamkeit.

Nicht minder interessant ist der Fall der Ehefrau des Ingenieurs Mariano Gonzales. In ihrer linken Brust war ein Karzinom diagnostiziert worden. Daraufhin hatte sie monatelang vom Wasser in Tlacote getrunken. Die Folge war das völlige Verschwinden des Karzinoms. Das überraschte den Ehemann am meisten, denn Herr Gonzales war äußerst skeptisch gewesen und hatte anfangs den „Wundergeschichten" keinerlei Glauben geschenkt, erst recht nicht bei schwerwiegenderen Erkrankungen. Nach der ungewöhnlichen Erfahrung seiner Frau empfiehlt er nun jedem das besondere Wasser aus Zentralmexiko. Dies tut er umso überzeugter, da sein eigenes Untersuchungslabor „Caleb Brett" eine besondere mikrobiologische Reinheit des Wassers nachzuweisen vermochte.

Auch im nächsten Fall geht es um Krebs: Der Amerikaner Wayne Peterson (damals noch in diplomatischen Diensten für sein Land) berichtete der Zeitschrift „Share" im Juni 1992 von seinem Vater, der an Darmkrebs litt. Dieser hatte bereits Löcher in seine Eingeweide gefressen. Mehrere Tage lang trank sein Vater ein wenig Wasser aus Tlacote. Nur kurze Zeit später konnte diagnostiziert werden, dass der Körper krebsfrei war und sämtliche Funktionen des Körpers wieder normal waren!

Von Tlacote wusste Peterson im Zusammenhang mit dem bereits erwähnten Maitreya. Von Maitreya war ja bereits im fünften Kapitel (über Nordenau) im viertletzten Absatz die Rede. Ein amerikanischer Heilpraktiker hatte Nordenau mit Maitreya in Verbindung gebracht. Der Journalist Bruno Schrep erwähnt dies kurz in seinem Artikel für das Nachrichtenmagazin „Der Spiegel".

Der Fall von Pedro Romaniuk erinnert an den Gastaufenthalt leukämiekranker Kinder aus der Ukraine als Strahlenopfer der Nuklearkatastrophe von Tschernobyl. Der Leser wird sich erinnern, dass sie zum Teil zwei Wochen in Nordenau weilen konnten. Romaniuk lebt in Argentinien und ist Universitätslehrer und Buchautor. Seine Eltern sind aus Russland. Als er von Tlacote erfuhr, reiste er dorthin und hatte nach „Begutachtung" des Wassers die Idee, seine außergewöhnliche Heilkraft Menschen aus der Ukraine zunutze zu machen. So setzte er sich mit dem russischen Gesundheitsexperten Professor Yurim M. Levin in Verbindung.

Man kann nur hoffen, dass sich daraus spezielle Möglichkeiten ergeben werden.

Ideen zur besonderen Nutzung des Wassers von Tlacote realisiert bereits eine Apotheke in London. Die Ainsworths Homoeopathic Pharmacy stellt Tabletten, Augentropfen und eine Salbe auf der Basis des Tlacote-Wassers her. Zwar gibt es noch keine systematische klinische Untersuchung über die Wirkungen der genannten Mittel, doch bekommt die Apotheke seit 1992 ständig positive „Rückmeldungen", und dies von Betroffenen mit sehr unterschiedlichen Krankheiten. Auch für das Wasser von Nordenau ergäben sich gewiss ähnliche Anwendungsmöglichkeiten. Nicht nur in Großbritannien, sondern auch in Holland nutzen Menschen bereits die „Wasserhomöopathie" der Londoner Apotheke. So lernte ich eine Frau aus Holland kennen, die an (krankhaften) Blutungen litt. Als sie die Tabletten regelmäßig einzunehmen begann, hörten die Blutungen rasch auf. Im April 2000 erwähnte der Londoner Apotheker Mr. Pincus am Telefon mir gegenüber, dass eine Japanerin mit Brustkrebs im Endstadium nach mehrwöchiger Tabletteneinnahme nicht nur überlebt hat, sondern ihr Körper inzwischen ganz tumor- und metastasenfrei ist. Die Ärzte hatten ihr nur noch drei Monate gegeben. Er erwähnte ebenfalls einen überglücklichen Franzosen, der seine Aids-Krankheit los wurde, nachdem er die Tabletten eingenommen hatte. Was an „Magic" Johnsons Erfahrungen mit dem Wasser erinnert.

Vielleicht ist die Information über die Apotheke in London für heilerisch Tätige in Deutschland und anderswo hilfreich, auch wenn (noch) keine klinische Untersuchung über die Tlacote-Tabletten vorliegt.

In Zentralmexiko selbst wird das Wasser auch außerhalb von Tlacote genutzt. In so genannten „tiendas de autoservicio", die wohl unseren Lebensmittelläden entsprechen, verkauft man es inzwischen in Flaschen abgefüllt zu erschwinglichen Preisen. Allerdings ist mir nicht bekannt, ob dies nur im mexikanischen Bundesstaat Querétaro der Fall ist oder aber auch darüber hinaus. Dies scheint eine neuere Entwicklung zu sein.

Jesus Chahín Simon hat das außergewöhnliche Wasser nie primär unter Aspekten reiner Kommerzialisierung betrachtet, übrigens eine Parallele zu Theo Tommes in Nordenau.

Der mexikanische Autor Emilio Diaz Cervantes schließt sein Buch „El Agua de Tlacote“ mit einer Dosierungstabelle („tabla de dosis“) für etwa 90 verschiedene Krankheiten ab. Die Tabelle entstand erst nach mehrjährigen Erfahrungen mit dem Wasser auf der Hacienda in Tlacote und mit ärztlicher Unterstützung. Dabei findet sich auch eine Dosierungsangabe für Aids (spanisch „Sida“).

An dieser Stelle sei noch angefügt, dass das Wasser auch bei Epileptikern eine ungewöhnlich positive Wirkung hatte. Ein deutscher Facharzt für Neurologie wusste davon und interessierte sich daher auch für Nordenau. So fuhr er hin. Das war im November 1999 und bescherte mir eine Mitfahrgelegenheit nach Nordenau.

Ich möchte noch einmal auf mögliche Besonderheiten des Wassers zurückkommen. Eine junge Mexikanerin hatte mir schriftliche Notizen von Jesus Chahín Simon nach Deutschland mitbringen können. Darin las ich: „Das Wasser basiert (neben der üblichen Verbindung mit zwei Wasserstoffatomen, Anm. des Verfassers) auf sechs Sauerstoffatomen anstelle von einem“ („6 oxigenos en vez de uno“). Das ist sprachlich völlig eindeutig. Der Satz lässt sich nur so übersetzen. Das erscheint zunächst völlig unmöglich. Andererseits ist Herr Chahín ein durch und durch seriöser und verantwortungsbewusster Mensch, der nicht leichtfertig Sensationen „herumschleudert“. Das zeigt sich auch im Interview, das in dem Video „Wasser des Lebens“ zu hören und zu sehen ist. In diesem Interview bezeichnet der mexikanische Gastgeber das Wasser als „eine neue Schöpfung Gottes“ („una nueva creación de Dios“). Dies tut er jedoch in keiner Weise „reißerisch“ oder „marktschreierisch“, sondern in ernster und tiefgründiger Weise. Zu dem wunderschönen Video „Wasser des Lebens“ werde ich noch nähere Angaben machen.

Der mexikanische Chemiker Alejandro Barón Guiñazu untersucht das Wasser genauer und mögliche Wirkungen desselben im Zusammenhang mit der Immunschwächekrankheit Aids, nachdem wie bereits erwähnt zahlreiche Einzelfälle Aufmerksamkeit erregt hatten. Jesus Chahín weist außerdem darauf hin, dass das Wasser Zellveränderungen zu verursachen imstande ist. Gewiss ein wichtiger Punkt.

Wäre es also denkbar, das Tlacote-Wasser oder die Tabletten der erwähnten Londoner Apotheke in Verbindung (!) mit anderen Maßnahmen gegen Aids einzusetzen?

Bislang wurden bei Aids eher krebstherapietypische Wege beschritten. Einen anderen Weg versucht der in den USA bei Boston lebende Japaner Michio Kushi zu gehen: Er hat eine spezielle makrobiotische Diät gegen Aids konzipiert. Ein Buch dazu liegt bereits auf Englisch und Deutsch vor. Die Zukunft wird zeigen, welche heute noch ungewöhnlich erscheinenden kombinierten Therapien möglicherweise erfolgreich sein werden und welche Rolle das Wasser aus Zentralmexiko oder die Tabletten auf der Basis desselben spielen können. Wie im Falle von Nordenau sind die Dinge im Fluss.

Der britische Buchautor Benjamin Creme trifft darüber hinaus noch die Feststellung, dass ein Teil der Wasserstoffatome subatomar „gemacht" wurde. Außerdem sei das Wasser gegen üblichen Bakterienbefall geschützt. Seine extreme mikrobiologische Reinheit wurde ja schon von anderer Seite ebenfalls festgestellt.

Eine Biophotonenmessung des Tlacote-Wassers – schon im Zusammenhang mit dem Nordenauer Wasser positiv verlaufen – wurde meines Wissens noch nicht durchgeführt. Den Mexikanern sind wir Deutsche vor allem über Fußball und Franz Beckenbauer bekannt. Weniger bekannt sind den Mexikanern bereits unsere Bundeskanzler. Noch weniger bekannt sein dürfte ihnen das „International Institute of Biophysics" in Neuss bei Düsseldorf unter der Leitung des Biophysikers

Professor Fritz-Albert Popp. Doch hier könnte sich eine Zusammenarbeit ergeben, die über Mexiko und Deutschland hinaus von Interesse und Nutzen sein könnte. Der Physiker und Buchautor Marcus Schmieke weist in seinem 1997 erschienenen Buch „Das Lebensfeld“ in dem Unterkapitel „Das Biophotonenfeld des Menschen“ darauf hin, dass es bereits deutliche experimentelle Hinweise dafür gebe, dass „die Biophotonen wichtige Steuerungsfunktionen innerhalb der einzelnen Zellen, aber auch zwischen den verschiedenen Zellen haben“ (so auf Seite 176). Eine ganz wesentliche Aussage. Sind wir hier im Zusammenhang mit möglichen entsprechenden Besonderheiten des Wassers von Tlacote (und Nordenau?) auf einer weiteren „heißen Spur“? Erinnert sei wie gesagt an ein Buch von Professor Popp von 1984, in dem es um mögliche Zusammenhänge zwischen Biophotonen(forschung) und Krebstherapie gegangen war.

Kurz vor Kapitelschluss noch ein Kuriosum: Die USA haben wie alle englischsprachigen Länder sehr strenge Import- und Hygienebestimmungen. Natürlich darf das Wasser von Tlacote in die USA eingeführt werden. Seine mikrobiologisch positiven Eigenschaften sind ja bekannt. Das scheint jedoch im Falle Argentiniens nichts zu bewirken. Denn dort legten sich die zuständigen Behörden quer. Daher hat sich sogar eine „Gruppe zur Unterstützung des Wassers von Tlacote“ („Grupo de Apoyo al Agua de Tlacote“) gebildet. Dankenswerterweise hat sich hier der Argentinier Emilio J. Fittipaldi in besonderem Maße engagiert. Aber vielleicht haben die Behörden des Landes inzwischen ihre Haltung geändert.

Auch in Frankreich wurde man auf das Wasser in Zentralmexiko aufmerksam. In Mexiko City leben nicht wenige Franzosen, die dort für Unternehmen ihres Heimatlandes tätig sind. Einige hörten von den Vorgängen in Tlacote und fuhren hin. Es kam auch in ihren Reihen zu ungewöhnlichen und positiven Erfahrungen. Das veranlasste die Tageszeitung „Le Monde“ zu einem Bericht über das heilende Wasser jenseits des Atlantiks. Man hat dann etwas „herumgerätselt“ und bemühte natürlich gängige naturwissenschaftliche Erklärungsmuster.

Noch etwas, das im Zusammenhang mit dem Wasser von Tlacote steht: In der Ausgabe der Monatszeitschrift „Share International“ vom September 1992 beschreibt die Autorin Gill Fry in ihrem Artikel „Journey to Tlacote“ (Reise nach Tlacote) ihre Erfahrungen in Zentralmexiko. Sie ist ursprünglich Krankenschwester von Beruf und kommt aus London. Jesus Chahín Simon zeigte ihr sein Büro. Die Wände hängen voll von Presseberichten über das Wasser und seine besondere Heilkraft.

Doch er zeigte ihr noch etwas anderes: ein Foto, das ein durch das Wasser geheilter Mexikaner aufgenommen hatte. Er hatte während seines Aufenthaltes in Tlacote eine Reihe von Fotos gemacht. Zuhause angekommen stellte er fest, dass noch eine Aufnahme übrig geblieben war. Da er unbedingt die Bilder von Tlacote sehen wollte, machte er kurzerhand einfach ein Foto von seinem neuen Fernsehapparat. Dieser war natürlich ausgeschaltet. Nachdem der Film mit sämtlichen Fotoaufnahmen entwickelt worden war, betrachtete der in Tlacote Geheilte die Fotos. Auf dem Bild mit dem ausgeschalteten neuen Fernsehapparat tauchte zu seiner großen Überraschung etwas auf: das Gesicht des Christus mit einer Dornenkrone auf dem Kopf!

Die deutsche Monatszeitschrift „Magazin 2000“ fügt in einem Artikel über weltweite Wunder ein interessantes Detail hinzu: Die sichtbare Dornenkrone ist nicht etwa der Dornenkranz, wie er aus der herkömmlichen christlichen Ikonographie bekannt ist, sondern eine Dornenhaube, die auch das Turiner Grabtuch andeutet.

Ein Autor wusste von dem Fotowunder bereits früher: der Brite Benjamin Creme. Und er erfuhr, dass das Christusantlitz mit Maitreya in Verbindung stünde. Maitreya hatte ja auch Ende der 80er Jahre die Aids-Heilung durch Gruppengebete vorausgesagt. Doch es geschahen weltweit noch erstaunlichere Dinge.

Eingang zum Areal mit dem heilenden Wasser von Tlacote (Foto: Ana Gabriela Tamayo de Rausch)

Abfüllvorrichtung für das Wasser von Tlacote (Foto: Ana Gabriela Tamayo de Rausch)

Herr Jesus Simon Chahín mit einem von Krebs geheilten Jungen im Arm (Foto: Ana Gabriela Tamayo de Rausch)

Zur Dokumentation aufbewahrte Akten, auch für Heilungen bei Aids, Krebs und Epilepsie (Foto: Ana Gabriela Tamayo de Rausch)

Kapitel 7

Nadana Village – Das indische Nordenau

Über Nadana Village ist mir leider weniger bekannt. Die Informationen entnehme ich im Wesentlichen dem bereits erwähnten Video „Wasser des Lebens“. Es zeigt alle drei Heilquellen, beginnt aber mit der Heilquelle in Nordindien. Nadana Village ist so klein, dass es auf Indienkarten nicht zu finden ist. Es liegt im indischen Bundesstaat Haryana nördlich der Stadt Karnal, die wiederum nördlich von Neu-Delhi liegt. Angefangen hatte es mit der ungewöhnlich raschen Heilung einer Augenentzündung eines Brunnenschachtarbeiters, bei dem zusätzlich dann auch seine Nachtblindheit verschwand. Das sprach sich unter der dortigen nordindischen Landbevölkerung schnell herum. Es folgten weitere ungewöhnlich positive Erfahrungen an der Wasserstelle. So wurde auch ein Junge mit Kinderlähmung dorthin gebracht und vierzig Tage lang in dem Wasser gebadet. Nun vermag er wieder, wenn auch hinkend, zu gehen. Zwei Fallbeispiele mit völlig unterschiedlichen Krankheitsbildern.

Zwei Jahre nach der Entdeckung des Wassers gab es über das kleine Dorf einen Bericht im japanischen Fernsehen. Weitere Heilungen hatten sich eingestellt, und mehr und mehr Besucher suchten den Ort mit dem besonderen Wasser auf. Erneut ist es die Zeitschrift „Share International“ (Herausgeber Benjamin Creme), die im April 1993 dem Wasser in Nordindien ebenfalls ihre Aufmerksamkeit schenkt. Heilungen von Hauterkrankungen werden angeführt – neben Linderungen und Heilungen anderer Krankheiten. Herr Mamraj, der verantwortlich ist für den Heilort, erhielt nach den vielen Heilungen lukrative Angebote zum Verkauf der Wasserstelle. Er lehnte ab. Der besondere Ort solle für Menschen, aber nicht zum Geldverdienen genutzt werden. „Share“ hat ein Foto des ausgehobenen Schachtes mit der Einleitung des heilwirksamen Wassers hinzugefügt. Der deutschen Dame, die ihre Videoidee im November 1994 in die Praxis umsetzte, zeigte man ein Büchlein auf Hindi mit Aufzeichnungen von Genesungen. Das Wasser ist seit 1992 für die Öffentlichkeit zugänglich. Die Menschen sind sehr dankbar für das Wasser und akzeptieren es ihrer Mentalität entsprechend als „Wunder".

Ich finde es sehr schön, dass ein tiefes Gefühl der Dankbarkeit wie bei den Menschen in Indien ebenso bei Theo Tommes in Nordenau mitschwingt, wenn er im Videointerview sinngemäß sagt: „Das Wasser ist ein wahnsinniges Geschenk der Natur, von einer höheren Kraft, die weit über uns steht." Und kaum anders ergeht es Jesus Chahín Simon, wenn er von einer „neuen Schöpfung Gottes" spricht. Es gibt in der Tat Hunderte oder sogar Tausende von Heilquellen weltweit. Aber sie sind weniger „spektakulär". Sie zeichnen sich durch eine physikalische oder chemische Besonderheit oder durch sonstige Besonderheiten aus und wirken bei ganz bestimmten Krankheitsbildern. So hilft etwa eine Thermalquelle in besonderem Maße gegen Rheumatismus. Vorbeugende, lindernde und heilende Eigenschaften von Heilquellen erweisen sich normalerweise als physiologisch deutlich und eng eingrenzbar. Das wissen wir aus der Balneologie (Bäderheilkunde) und der Balneotherapie (Heilung durch Bäder und natürliche Heilquellen). Nadana Village, sofern weiterhin ungewöhnlich heilwirksam, Nordenau und Tlacote gehen aber weit über das balneologisch und balneotherapeutisch Übliche hinaus. Gedanken an Lourdes in Südfrankreich mögen sich einstellen. Und das Dokumentationszentrum in Tlacote mag an das „Bureau Médical" in Lourdes erinnern. Dort in Mexiko finden sich weiß- und rosafarbene Unterlagen. Die rosafarbenen beziehen sich auf Fälle von Krebs, Aids und Epilepsie.

Heilquelle in Nadana Village, Indien (Foto: Memo Neupert)

Kapitel 8

Etwas über die Dame, der wir das Video „Wasser des Lebens“ verdanken

Ich möchte noch einiges erwähnen über die Dame aus Deutschland, die während der Interviews auf dem Video „Wasser des Lebens“ zu sehen und zu hören ist und die ich inzwischen gut kenne. Sie engagiert sich in besonderer Weise für Kenia und betreibt dort ein Stück Entwicklungshilfepolitik im Rahmen ihrer eher bescheidenen Möglichkeiten, aber doch zugleich sehr effizient. Vor einigen Jahren gelang es ihr, per Luftfracht sieben Rollstühle für alte Menschen nach Nairobi zu schicken. Selbst für Menschen, die überhaupt nicht mehr gehen können, sind Rollstühle dort kaum vorhanden. Andere Projekte waren für Straßenkinder in Nairobi bestimmt. Ihnen mangelt es an allem. Viele haben nicht einmal Schuhe oder zumindest Sandalen. Auch Decken für die Nacht, Handtücher und Seifen sowie Medikamente und andere zum Überleben notwendige Mittel sind fast schon „Luxus“. Hier hat die engagierte Dame einige Hilfsmaßnahmen organisieren können – mithilfe von Geldern aus dem Videoverkauf und Spendengeldern eines eigens gegründeten „Vereins für Afrikahilfe“. Ein weiteres Projekt betraf ein Krankenhaus für die Armen von Makindo (200 Kilometer von Nairobi entfernt). Von Hamburg aus wurde eigens dafür ein Container verschifft. Er enthielt Krankenhausbetten, Bettwäsche, Handtücher, OP-Besteck und OP-Sterilisationsmaterial. Seit Jahren fliegt sie nun regelmäßig nach Kenia. Dabei lernte Memo Neupert – so der Name der Dame - auch die bekannte kenianische Schauspielerin Ann Wanjugu kennen, die das Fernsehen des Landes dafür gewinnen will, einen lebensnahen Film über dreißig Straßenkinder in Nairobi zu drehen. Denn auch dort wird viel verdrängt.

Wenn ich Frau Neupert beschreiben soll, würde ich sie so beschreiben: Sie ist spirituell orientiert und gleichzeitig handfest praktisch veranlagt und steht im Leben, wie man so treffend sagt. Ihr vor geraumer Zeit verstorbener Ehegatte war ein sehr erfolgreicher Gynäkologe. Ihr Interesse an medizinischen Fragen ist stark ausgeprägt und gepaart mit Realismus. Das habe ich auch bei Gesprächen über die Heilquellen bemerken können. Mehr möchte ich dazu nicht sagen. Frau Neupert ist vor allem auch bescheiden, und es wäre überhaupt nicht in ihrem Sinne, wenn ich sie „in den Himmel heben“ würde. Allerdings widmete die Frauenzeitschrift „Bella“ am 17. Februar 2000 ihrer erstaunlichen Entwicklungshilfe einen Artikel in der Reihe „Frauen retten den Planeten“. Das tat übrigens auch die Zeitschrift „Bild der Frau“ bereits Ende September 1999.

Das Video „Wasser des Lebens“ liegt in sechs Sprachen vor: Deutsch, Englisch, Spanisch, Französisch, Russisch und Japanisch.

Kapitel 9

Neue Heilquellen auch in Kenia und Südchina

Die „Süddeutsche Zeitung“ meldete in ihrer Ausgabe vom 28. Juli 1994, dass in Südchina ein „Jungbrunnen“ entdeckt worden sei. Er befindet sich in einem Innenhof. Ein älteres Ehepaar macht mit dem Wasser ungewöhnliche Erfahrungen, seitdem es regelmäßig davon trinkt. Das über 80-jährige Ehepaar (Frau LiGuirong und Herr Zhou Lianghua) fühlt sich nun um zehn Jahre jünger. Wie beim Journalisten Guido Brandenburg im Zusammenhang mit dem Nordenauer Wasser („Bild“, 07.01.1999) ist in der Artikelüberschrift über das neu entdeckte Wasser in Südchina von „Wunderwasser“ die Rede. Die Zeitschrift „Share International“ verwies wenig später ihre Leserschaft auf den Artikel der „Süddeutschen Zeitung“. Aber der „Share“-Herausgeber B. Creme wusste bereits vorher von der Heilquelle in Südchina im Zusammenhang mit dem erwähnten Maitreya.

Ebenfalls in Kenia und ebenfalls in den 90-er Jahren wurden zwei Heilquellen entdeckt: eine im Westen des Landes bei Kakamega etwa 100 Kilometer von der Grenze zu Uganda entfernt und eine zweite in der Gegend von Chyulu Range vor den Taita Hills im Südosten Kenias. Der fromme Moslem Ebrahim Arabia hatte einen Traum, in dem ihm eine Vision von dem Wasser und der Stelle, wo es zu finden sei, gegeben wurde. Er fand es tatsächlich an der ihm in der Vision gezeigten Stelle. Er kümmerte sich darum und gab Menschen von dem Wasser. Es zeigte bei unterschiedlichen Krankheiten Wirkung. Sogar aus arabischen Ländern kamen Heilungssuchende zu ihm nach Südostkenia.

Und Arabia ließ nicht nur Moslems zu dem Wasser, sondern auch Christen und andere Gläubige. Er sammelte später Geld für den Bau einer neuen Moschee. Das Wasser wurde aus einem Ziehbrunnen hochgeholt. Dann ging die Wasserpumpe kaputt und die bereits erwähnte Memo Neupert bemühte sich um Abhilfe und sammelte Geld für eine neue manuelle Pumpe. Auch hier sind die Dinge im Fluss. Es bleibt zu hoffen, dass der anfangs sehr bescheidene Ebrahim Arabia angesichts der so besonderen Situation seine Bescheidenheit nicht verlieren wird. Auch der Koran kennt zahlreiche Stellen, wo immer wieder die Hilfe für andere Menschen betont wird. Nach meinen Informationen sieht es so aus, als ob Ebrahim Arabia momentan durch eine etwas schwierige Phase geht.

Das Vorhandensein der Quelle bei Kakamega hatte sich bereits „herumgesprochen". Memo Neupert und ein Kameramann haben von dem Wasser getrunken. Frau Neupert sagte mir, dass das Wasser einfach „weicher" schmecke als normales Wasser. In Nordenau und Tlacote hat sie das ebenso empfunden. Über die Quelle bei Kakamega existiert Rohfilmmaterial von einigen Minuten Länge (Information von Frau Neupert).

Heilquelle in Kenia
(Foto: Memo Neupert)

Frau Neupert an der Heilquelle in Kakamega, Westkenia (Foto: Memo Neupert)

Kapitel 10

Nairobi, 11. Juni 1988: Das „übersehene“ Wunder von Afrika

Bleiben wir noch in Kenia. Memo Neuperts Video besteht aus vier Teilen. Im vierten und letzten Teil geht es um ein Ereignis in dem Armenviertel Kawangware, das zur kenianischen Hauptstadt Nairobi gehört. Auch bei jenem Ereignis kam es zu Heilungen von Menschen. In gewisser Hinsicht erinnert es ein wenig an die Vorgänge in der ugandischen Hauptstadt Kampala als Folge machtvoller Gruppengebete, wie ich sie am Ende des fünften Kapitels näher beschrieben habe. Die Welt wüsste freilich nichts von den Ereignissen in Nairobi, wenn nicht der Journalist Job Mutungi die Informationen darüber weitergegeben hätte und wenn nicht ein eher unbekannter kenianischer Fotograf damit ein wenig Geld hätte verdienen müssen, Teilnehmer zu fotografieren, die ihm dann die Fotos für ein wenig Geld abkauften. Und wenn nicht der amerikanische Sender CNN mit seiner Philosophie der „worldwide news coverage“ über den Vorfall berichtet hätte. Und wenn nicht die BBC, der „Guardian“, Radio BBC 4 und große afrikanische Zeitungen und weitere Zeitungen in islamischen Ländern ebenfalls darüber berichtet hätten. Und kurz auch das japanische Fernsehen.

Im Mittelpunkt der Ereignisse von Kawangware steht die Kenianerin Mary Sinaida Akatsa. Ihr Lebensbeginn war grausam. Als unerwünschtes Baby hatte sie ihr Vater ins Dickicht geworfen. Vier Tage blieb sie dort unentdeckt. Dann hatte die Großmutter eine Vision. Sie sah das Baby in einem Gebüsch liegen. Dieser Vision war es zu verdanken, dass man sie noch rechtzeitig finden konnte. Insektenstiche auf Mary Akatsas Zunge haben dazu geführt, dass ihre Geschmacksnerven bis heute nicht normal entwickelt sind. Sie wuchs nach ihrer Rettung bei ihrer Großmutter langsam heran – unter sehr ärmlichen Verhältnissen, hart an der Grenze des Überlebens. Bereits vom fünften Lebensjahr an entwickelte sie Fähigkeiten des Hellsehens und des Gedankenlesens. An eine höhere Schulbildung, geschweige denn an ein Studium etwa der Medizin, war nicht zu denken.

Im Laufe der Jahre entwickelten sich bei ihr jedoch ungewöhnliche Fähigkeiten, andere Menschen zu heilen. Mary Akatsa wird als spontan, einfach und herzlich beschrieben. Bereits im Alter von dreizehn Jahren heiratete sie. Die Schwiegereltern mochten ihre „paranormalen" Fähigkeiten aber nicht. Zeitweilig wurde sie zuhause angekettet und regelmäßig geschlagen. Davon zeugen noch heute Narben auf einigen Körperstellen. Dann wurde sie in eine entlegene Region gebracht und ihrem Schicksal überlassen. Sie kehrte jedoch zu ihrem Ehemann zurück, was den Schwiegereltern wiederum missfiel. Sie zerstörten das kleine Häuschen, in dem sie damals wohnte. Doch danach hatte sie mehr Glück. Sie fand eine relativ gut bezahlte Anstellung als Dienstmädchen. Nach einiger Zeit hatte sie etwas Geld angespart für etwas Land und betrieb mit ihrem Ehemann ein wenig Landwirtschaft. Sie konnte einige Menschen beschäftigen und ihnen somit Geld zum Leben geben. Sie setzte sich darüber hinaus für einige obdachlose Menschen ein. In einem anderen Fall übernahm sie die Kosten für die Schulgebühren von Kindern in dem kleinen Ort Kwiselo, deren Eltern verstorben waren. Sie hatte auch an deren Beerdigung teilgenommen. Unmittelbar zu Beginn der Zeremonie zogen Wolken auf, die genauso überraschend am Ende des Begräbnisses wieder verschwanden. So war die Trauergemeinde vor der intensiven afrikanischen Sonne geschützt.

Mary Akatsa hätte gerne mit der Kirche zusammengearbeitet. Aber die außergewöhnlichen Fähigkeiten der kleinen dynamischen Frau fielen allzusehr aus dem Rahmen. Da sie Gedanken lesen konnte, war sie nicht immer glücklich über die Absichten einiger Kirchenvertreter. Überhaupt empfand sie ihre Begabung des Gedankenlesens nicht immer als Quell der Beglückung. Sie ist eine tief religiöse Person. Nicht aus kirchenfeindlichen Einstellungen heraus, sondern wegen der „reservierten"

Haltung der kirchlichen Autoritäten in Nairobi gründete sie daher eine eigene kleine Gemeinde in Kawangware. Ein Gotteshaus entstand. Es ist ein kleines Gebäude, das notdürftig erbaut wurde. Für eine übliche Kirche fehlten gänzlich die Mittel. Aber es dient den Menschen zum Beten. Sie nannte ihre Gemeinde mit der Gebetsstätte „J e r u s a l e m Church of Christ". Das hatte sich herumgesprochen und war bereits den Trauergästen in Kwiselo bekannt. So wurde sie gebeten, eine Predigt zu halten. Sie ging auch auf eine Frau zu, die eine Prostituierte war, und versuchte, sie von der Prostitution unter ausdrücklichem Verweis auf die Aids-Gefahr abzubringen. Dies gelang ihr aber nicht. In diesen Ländern sind extreme Armut und berufliche Perspektivlosigkeit Faktoren, die Frauen in die Prostitution treiben. So wird Mary Akatsa immer wieder mit den härtesten Lebensumständen konfrontiert. Aber die kleine Frau verfügt über eine große Kraft inmitten von uns kaum vorstellbarem Elend, ja Massenelend. So begann sie, im von Armut und Kriminalität geprägten Kawangware Gebetsversammlungen abzuhalten. Mehr und mehr Menschen strömten zu diesen Gebetsversammlungen im Armenviertel der kenianischen Hauptstadt. Es kam zu unerklärlichen Heilungen körperlicher wie auch mentaler Art, was für weiteren Zulauf sorgte. Ein Fotograf namens Francis Kaburu nahm die Gelegenheit wahr, um sich so ein wenig Geld zu verdienen. Er fotografierte Versammlungsteilnehmer und bot ihnen für 10 kenianische Shillings eine Aufnahme an. So wohnte er regelmäßig den Gebetsversammlungen bei. Eine andere Besonderheit bestand darin, dass bei nächtlichen Heimfahrten Mary Akatsas ein sternenartiges Gebilde auftauchte und sie begleitete, um dann über ihrem bescheidenen Haus etwas außerhalb Nairobis stehenzubleiben.

Am 4. Juni 1988 fand erneut eine Gebetsversammlung statt. Am hellichten Tag gegen 1 Uhr mittags tauchte wieder ein sternenartiges Gebilde auf, das am Ende der Gebetsversammlung wieder verschwand. Eine Woche später, am 11. Juni, nahm die Versammlung einen noch ungewöhnlicheren Verlauf. Kurz nach Beginn kündigte die kleine charismatische Frau an, ihr sei mitgeteilt worden, dass an diesem Tag ein wichtiger Gast kommen werde. Und es erschien tatsächlich ein „Mann in Weiß" aus dem Nichts!

Der Journalist Job Mutungi von der „Kenya Times“ wählte später dafür die Formulierung „from nowhere“ (wörtlich übersetzt: „von nirgendwo“, also aus dem Nichts). Der Fotograf Francis Kaburu machte insgesamt sechs Aufnahmen von dem „Mann in Weiß“. Dieser sprach kurz mit Mary Akatsa, um seinen Wunsch zum Ausdruck zu bringen, sich an die Menge zu wenden. Er war groß, bärtig und barfüßig und trug einen Turban. In akzentfreiem Suaheli sprach er etwa 20 Minuten zu den versammelten Menschen. Er sagte unter anderem, dass das Volk Kenias gesegnet sei und die, die an diesem Tag zur Gebetsversammlung gekommen seien. Während dieser 20 Minuten konnten die Menschen wieder ein sternenartiges Gebilde sehen! Es verschwand, als auch der „Mann in Weiß“ nicht mehr anwesend war!

Laut Job Mutungi fügte der „Mann in Weiß“ Folgendes hinzu:

„Wir nähern uns der Zeit himmlischer Herrschaft. Doch vorher werde ich zurückkommen und euch Eimer voller Segen mitbringen.“ Allerdings ist dem Journalisten dabei ein Übersetzungsfehler (von Suaheli ins Englische) unterlaufen. Er hat die Wendung des „Mannes in Weiß“ mit den Worten „bucketful of blessings“ wiedergegeben. Die korrekte Übersetzung muss aber lauten „a pitcher full of blessings“. Das englische Wort „pitcher“ bedeutet „Krug“. Der „Mann in Weiß“ benutzte also die Wendung „einen Krug voller Segen“ in Anspielung auf einen W a s s e r - krug. So heißt es wohl exakter: „Wir nähern uns der Zeit himmlischer Herrschaft. Doch vorher werde ich zurückkommen und euch einen Krug voller Segen mitbringen.“

Job Mutungi und viele andere Menschen beobachteten über dem Kopf des Gastes ein Ausströmen von Licht. Während der Versammlung kam es zu Spontanheilungen von 20 Schwerstgehbehinderten. Dies ergab sich aus weiteren journalistischen Recherchen in den Tagen danach. Außerdem bat der weißgekleidete Gast auf Suaheli die Menge darum, gemäß den biblischen Lehren zu leben und Mary Akatsa zu unterstützen, denn sie wirke durch Jesus und trage zur Aufgabe bei, alle Rassen und Stämme zu einen.

Nach zwanzig Minuten verschwand der „Mann in Weiß“ vor den Augen der völlig überraschten Menschen.

Wieder etwas später soll sich Folgendes zugetragen haben: Der in Nairobi lebende Inder Gurnam Singh bot einem „Mann in Weiß“ an, ihn in seinem Auto ein Stück mitzunehmen. Das ist zunächst nichts Ungewöhnliches. Doch einige Zeit später kamen er und zahlreiche Augenzeugen aufgeregt zu den noch versammelten Menschen zurück. Der Gast hatte ihn am Busterminal gebeten anzuhalten, da er zum Himmel aufsteigen wolle („to head for heaven“). Singh und weiteren Augenzeugen zufolge stieg der Gast aus, ging einige Schritte, um dann urplötzlich nicht mehr sichtbar zu verschwinden („simply vanished into thin air“), wie es in Mutungis Zeugeninterview im Internet heißt. Die Menschen und vor allem Mary Akatsa sahen in dem weißgekleideten Gast den zurückgekehrten Jesus Christus. Dies ist vor dem christlichen Hintergrund der kleinen Frau mit dem großen Herz verständlich.

All dies hatte sich, wie erwähnt, am 11. Juni 1988 zugetragen. Erst am 22. Juni veröffentlichte die „Kenya Times“ dazu einen Artikel unter der Fragestellung „Kam Jesus Christus nach Nairobi?“ (Did Jesus Christ come to Nairobi?). Natürlich hatte man die Entwicklung der Fotos von Francis Kaburu und weitere Recherchen abgewartet. In einem nächsten Schritt informierte der Journalist Job Mutungi die Nachrichtenagentur „Associated Press“. Diese agiert bekanntlich weltweit. Daraufhin brachten, wie schon angedeutet, der amerikanische Fernsehsender „CNN International“, die britische BBC und das japanische Fernsehen eine Kurzmeldung zu dem Ereignis in Kenia. Auch große afrikanische Zeitungen berichteten über die Vorgänge in Nairobi, bis in den nordafrikanischen und islamisch geprägten Kulturraum hinein.

Im September 1988 gab Job Mutungi der Monatszeitschrift „Share International“ ein Interview. Die wichtigsten Informationen sind auch in der deutschsprachigen Ausgabe von „Share“ nachzulesen. Allerdings sind die Informationen auf Englisch insgesamt deutlich ausführlicher, was ich für dieses Kapitel genutzt habe. „Share International“ erscheint regelmäßig auf Deutsch und auf Spanisch, Französisch und Japanisch. Der afrikanische Journalist Mutungi hatte erst später von der Existenz von „Share“ erfahren. Daher reiste er nach London, um sich genauer zu informieren. Er brachte die Fotos mit und zeigte sie der freien Journalistin Patricia Pitchon.

Dabei geschah etwas Überraschendes: Frau Pitchon erkannte die Gestalt in Weiß wieder, denn genau diese hatte sie 1982 – also sechs Jahre vor dem Ereignis in Kenia - im Londoner Viertel East End in der Straße namens „Brick Lane“ gesehen! Die Wesenheit in der Brick Lane war Maitreya.

Patricia Pitchon recherchiert seit Jahren zu diesem Thema und hat ein Buch darüber geschrieben. Das Buch wird wahrscheinlich 2001 oder 2002 auch auf Deutsch erscheinen. Der englische Titel wird voraussichtlich „Searching for Maitreya“ lauten.

Ich war im Sommer 1998 in London und habe die freie Journalistin persönlich kennen gelernt. Sie ist sehr professionell und glaubwürdig. Diese persönliche Erfahrung und Überprüfung war mir wichtig und unter anderem auch deshalb eine Reise nach London wert. Über Mutungis Londonreise und Pitchons Wiedererkennung des „Mannes in Weiß“ hat der Journalist Mick Brown (damals noch bei der „Sunday Times“) am 23.10.1988 berichtet. Der Artikel ist insgesamt in keiner Weise überschwenglich und natürlich distanziert. Die Aussagen von Frau Pitchon hält Brown für glaubwürdig, nicht mehr und nicht weniger. Job Mutungi, Francis Kaburu, der charismatischen Mary Sinaida Akatsa – einfach, herzlich und auch leidgeprüft - und vielen Augenzeugen ist es zu verdanken, dass die Ereignisse von Nairobi überhaupt bekannt geworden sind und in einer extrem skeptischen Welt nicht als bloße „religiöse Massenhysterie“ abgetan werden können.

Dem vierten Teil des Videos „Wasser des Lebens“ von 1994 ist zu entnehmen, dass Mary Akatsa ihre Gebetsversammlungen fortgesetzt hat, wobei es zwischen 1988 und 1994 zu weiteren Heilungen gekommen ist.

Ansonsten wird in dem Videoausschnitt versucht, die Ereignisse vom Juni 1988 zu rekonstruieren. Ich finde es übrigens gut, dass das Video so gemacht wurde, dass dem Betrachter bzw. der Betrachterin die Schlussfolgerungen überlassen bleiben. Das Video auch mit dem vierten Teil ist so zurückhaltend, dass Betrachter desselben womöglich sogar überhaupt keine speziellen Schlüsse ziehen.

Ursprünglich hatte Frau Neupert überlegt, CNN-Originalpassagen in das eigene Video einzubauen. Doch CNN wollte 500 Dollar pro Sendeminute. Das war Frau Neupert zu teuer.

Im Jahre 1993 erhielt die kleine Frau von Kawangware Mary S. Akatsa die Information, dass sich im Westen Kenias (bei Kakamega) eine Quelle mit außerordentlich heilwirksamem Wasser befindet.

Der Vorgang in Kawangware erinnert mich an die Aussage eines deutschen Bischofs: Gott bevorzuge die Armut und Schwäche menschlicher Existenz als Ort der Offenbarung. Und die Not ist in Kawangware größer als in Jerusalem. Aber immerhin gibt es ja in Kawangware eine (wenn auch eher notdürftige) „Jerusalem Church of Christ".

Die deutschen Medien sind mit Nachrichten über das Ereignis in dem afrikanischen Armenviertel von der Nachrichtenagentur AP wahrscheinlich nicht versorgt worden. Der Bericht der „Kenya Times" ist von den deutschen Medienschaffenden nicht registriert worden. „Share International" wurde ebensowenig beachtet. Das galt auch für die deutschsprachige Ausgabe. Insgesamt haben die Sender CNN und BBC einfach bessere Verbindungen, nicht zuletzt zu AP. Bemerkenswert ist allerdings die Aufmerksamkeit des japanischen Fernsehens. Erfreulicherweise wurde das Ereignis von Kawangware auch in bestimmten islamischen Ländern registriert. In Ägypten allerdings etwas stärker als zum Beispiel in der Türkei.

Doch warten noch weitere Überraschungen auf die Leserinnen und Leser.

Kapitel 11

Ein Fax aus Slowenien: Über Lichtwunder und Heilungen

Ein Fax aus Slowenien veranlasste mich zu einer Reise in das kleine Land am südlichen Rand der Alpen. Sie hatte primär die Funktion, gewissen Informationen skeptisch und zugleich mit Offenheit aus eigener Erfahrung näher auf den Grund zu gehen. In dem Fax auf Englisch war von „Lichtkreuzen" die Rede und von ungewöhnlichen Heilungen. Trotzdem klang die Sache reichlich unwahrscheinlich. Optische Brechungen bei Dunkelheit und geläufigen Beleuchtungskörpern und dazu bestimmte gewöhnliche Glasstrukturen, nämlich geriffelte Glasscheiben. Was sonst! Also alles klar. Nichts, was unser rationales Weltbild erschüttern könnte – glücklicherweise. Der Leser hat vollkommen Recht. Gebilde in Glasscheiben, die wunderschön sind und die Form eines Lichtkreuzes haben, können immer wieder beobachtet werden. Auf den ersten Blick oder beim ersten Hinhören musste die ganze Angelegenheit geradezu als das Normalste von der Welt erscheinen.

Aber sollte ich die Absenderin des Faxes einfach für verrückt erklären? Das wäre auch nicht gerade fair. Immerhin erwähnt sie, dass die Vorgänge so ungewöhnlich seien, dass sie internationale Aufmerksamkeit verdienten. Da es Winter war, dachte ich auch, es wäre reizvoll, durch das schöne Österreich zu fahren und in Nordslowenien die gesunde und reine Luft in Hochgebirgsnähe zu genießen.

Meine Gastgeberin in Kranj und ich konnten uns glücklicherweise auf Englisch verständigen, denn ich spreche natürlich kein Slowenisch. Bei Spaziergängen erfreute ich mich an der extrem guten Luft und am Anblick der Alpenkette.

Wie soll ich meine Gastgeberin beschreiben? Nun, Frau Ana Demsar kümmert sich sehr um ihre Töchter, meditiert regelmäßig und leistete wichtige Arbeit bei der Entstehung der slowenischen Ausgabe von „Share International“. Diese soll in Zukunft monatlich erscheinen. Das ist mit viel Aufwand und Kosten verbunden. Die slowenischen Mitarbeiter und Mitarbeiterinnen müssen dabei natürlich ohne jede finanzielle Hilfe auskommen. Außerdem machen sie die ganze Arbeit in ihrer Freizeit. Denn ansonsten gehen die beteiligten Menschen ihrer ganz normalen Arbeit nach. Meine Gastgeberin steht voll im Leben, wie man zu sagen pflegt, und verbindet verschiedene Dinge mühelos miteinander. Das hat mich beeindruckt. Über die Lichtkreuze hinaus hat sie eine Menge Hintergrundinformationen, die mit den Lichtkreuzen in Verbindung stehen. Gleichzeitig ist sie praktizierende Katholikin. Sie geht aber nicht aus sozialer Konvention in den sonntäglichen Gottesdienst, sondern sieht den Gottesdienstbesuch als etwas im tieferen Sinne Spirituelles. Auch empfindet sie viel Respekt für den Inder Sathya Sai Baba, der in Indien einen Ashram leitet. Im Westen wurde er zuweilen als „Scharlatan“ dargestellt. Ich persönlich habe keine speziellen Beziehungen zu dem Inder. Aber die Informationen, die ich von meiner Gastgeberin über ihn erhalten habe, zeigten mir, dass typische westliche Voreingenommenheit ein differenziertes Urteil verhindern kann. Natürlich sprachen wir über die Lichtkreuze, und auch über sie als rein optische Brechungsphänomene. Das sah Ana Demsar sehr realistisch.

Aber sie verwies mich auf zwei Lichtkreuze, die ich besuchen sollte, da dort einiges mehr geschehen würde. Eines befindet sich in Novo Mesto(„Neustadt“) in Südslowenien unweit der Grenze zu Kroatien, ein anderes in dem kleinen Ort Idrija. Da Slowenien ein kleines Land ist, waren die Reisen zu den genannten Orten kein großes Problem. Wegen der Verständigungsprobleme begleitete mich ein Mitarbeiter von ihr, der gut Englisch spricht, nach Novo Mesto. Nach Idrija wurde ich von meiner Gastgeberin selbst begleitet.

Wir erreichten Novo Mesto und parkten das Auto vor einem Wohnblock, der schon seit den 50er Jahren existiert. Freundlich empfing uns Tatjana Lindtner, die in ihrer Wohnung bereits mehr als 25 Jahre lebt. Die Wohnung ist eher bescheiden. Den Eindruck hatte ich auch sofort von der Bewohnerin. Sie hatte sich ein gemütliches Zuhause eingerichtet. So nahm ich auf der Couch des Wohnzimmers Platz. Wir unterhielten uns zunächst für einige Zeit. Das gab mir genug Gelegenheit, mir ein Bild von der Dame zu machen. Sie war von einem Tag zum anderen oder besser gesagt von einer Nacht zur anderen mit etwas sehr Ungewöhnlichem konfrontiert worden. Wie ging sie damit um? Ich bekam den Eindruck, dass sie in verantwortungsvoller Weise mit der auch für sie völlig unerwarteten Situation umzugehen versuchte. Ihre Darlegungen waren detailliert und sachlich. Schnell wurde mir klar, dass sie keine „Sensationsjägerin“ war. Für sie ging es darum, auf das Außergewöhnliche aufmerksam gewordene Menschen zu empfangen und gleichzeitig nicht völlig ihre Privatheit aufs Spiel zu setzen. Das war nicht so einfach. Und für mich war es nicht so einfach, mir ein Lichtkreuz in einer Privatwohnung vorzustellen. Mein Weltbild ist, wie bereits gesagt, katholisch geprägt. Da denke ich natürlich bei einem Kreuz als Symbol eher an eine Kirche.

Aber nun war ich in Novo Mesto und konnte mir aus ureigenster Anschauung ein Bild machen. Und ich hatte zuvor von fünf angeblich heilenden Lichtkreuzen in einer baptistischen Kirche in den USA erfahren. Das passte dann wieder in mein Weltbild. Also versuchte ich mir vorzustellen, dass das eine mit dem anderen in Verbindung stehen könnte. Außerdem erinnerte ich mich an eine Predigt, in der der Geistliche gesagt hatte, dass Gott auch dort sein könnte, wo man das nicht unbedingt erwarten würde. Und dass dies auch etwas sehr profan Scheinendes sein könnte. Aber was sollte überhaupt das Nachdenken über mögliche spirituelle und religiöse Zusammenhänge? Und Heilungen? Vielleicht war es doch nur etwas rein Optisches. Noch in der Wohnung war ich ausgesprochen skeptisch. Und das trotz des Vertrauens zu den Menschen in Slowenien, die meine Wegbegleiter waren. Und trotz Kawangware in Kenia.

Zunächst schien sich meine Skepsis mehr als zu bestätigen. Ganz wahrheitsgemäß und für mich selbst ja nun sichtbar wurde mir mitgeteilt, dass da ein roter Schalter für die Warmwasseraufbereitung sei – gegenüber der Wohnzimmertür mit geriffeltem Glas auf der oberen Türfläche. Und ein Lichtkreuzgebilde eben in dieser Glasfläche. So profan. Ich fragte, seit wann denn dieser Schalter und das geriffelte Glas existieren würden. Sie existierten seit 1986. Und das rote Lichtkreuzgebilde? Doch wohl auch seit 1986. Dann machte die Sache doch einen Sinn: als simple optische Brechung.

Die Antwort war aber: seit Februar 1996! Das war zumindest überraschend.

Ich wollte etwas über die Entdeckung des Lichtkreuzes wissen. Frau Lindtner hatte Nierenprobleme, was sie zu häufiger Unterbrechung ihrer Nachtruhe zwang, um das gegenüberliegende Badezimmer aufzusuchen. So ging das Nacht für Nacht. Es waren keine angenehmen Umstände. Doch in jener Februarnacht 1996 fiel ihr etwas auf, das sie mir sinngemäß wie folgt beschrieb: Ganz gegen die unangenehme Routine der vorherigen Nächte nahm sie ein Lichtkreuz wahr, das sich im Glas bewegte! Es wurde dabei größer, dann wieder kleiner, um dann erneut größer zu werden. Sie wunderte sich. In den Nächten danach war das Lichtkreuz wieder zu sehen. Aber es bewegte sich nicht mehr, wie noch in der allerersten Nacht seiner Entdeckung. Und dann wunderte sie sich, als sie beim Verweilen vor der Tür sogar eine Energie spürte. Sie empfand diese als angenehm. Und sie erlebte eine weitere Überraschung: Jahrelang schon klagte sie über ein offenes Bein. Über mehrere Jahre hinweg hatte sie eine Salbe benutzt – mit eher mäßigem Erfolg. Die Situation mit ihrem Bein besserte sich innerhalb von vier Wochen deutlich. Sollten von dem Lichtkreuz mit seiner Energie heilende Wirkungen ausgehen? Ihre eigenen Erfahrungen waren jedenfalls ungewöhnlich. Sie erzählte einigen Bekannten davon. So konnte es nicht ausbleiben, dass einige Menschen zu ihr kamen, um sich die Sache einfach einmal anzuschauen. Neugier und Erstaunen ja, aber kein Glaube an Wunder. Bekanntlich ist die Mundpropaganda die beste Propaganda. So kamen im Laufe der nächsten Monate allmählich mehr und mehr Menschen, auch solche, die nicht zum unmittelbaren Bekanntenkreis der Bewohnerin gehörten.

Journalisten waren noch keine darunter. Sie hatten noch nicht Wind von der Sache bekommen.

Aber einige Menschen hatten bereits erste positive Erfahrungen mit dem Lichtkreuz gemacht. Frau Lindtner bekam erste telefonische Rückmeldungen von Schmerzlinderungen und Heilungen. Menschen baten um einen zweiten Besuch der Lichtkreuzwohnung. Für Frau Lindtner war die Situation nicht einfach: Einerseits war sie sehr beglückt, offensichtlich Menschen mit ihrer Besuchserlaubnis helfen zu können, andererseits war ihre Privatheit zunehmend in Gefahr. So entschloss sie sich zu der Regelung, wenigstens den Sonntag für ihre Privatheit zu retten. Das war zumindest so, als ich im Februar 1999 in ihrer Wohnung weilte.

Nach unserer Eingangsunterhaltung wurde das Licht ausgeschaltet und im Hintergrund spielte leise meditative Musik. Langsam tauchte vor mir das Lichtkreuz auf. Und dann passierte etwas für mich völlig Überraschendes, was mit der Musik nichts zu tun hatte. Ich spürte eine wunderbare Energie, die wohldosiert zu sein schien. Im Nordenauer Stollen hatte ich im Gegensatz zu anderen Menschen nichts gespürt. Und überhaupt bin ich hinsichtlich irgendwelcher Energien eher wie ein dickhäutiger Elefant. Ich spüre einfach nichts. Die Erfahrung in Novo Mesto war eine völlig andere. Ich wollte ursprünglich etwa zehn Minuten vor dem scheinbar so profanen Lichtkreuz verweilen, doch daraus wurden fast dreißig Minuten. Die Energie war einfach wunderschön. Dann wurde das normale Licht eingeschaltet und ich setzte mich wieder. Ich konnte für mehrere Minuten nichts sagen. Ich war eigentlich sprachlos. Ich empfand Ruhe und vor allem tiefen inneren Frieden. Das war nicht die Atmosphäre für oberflächliche Gespräche. Die Gastgeberin hatte Erfahrung mit der Situation. Menschen verharrten in der Stille und ließen diese nicht mehr alltägliche Situation auf sich wirken. Und die Gastgeberin ließ ihnen Zeit für die Stille. Es war mehr als ich erwartet hatte, denn eigentlich war meine Haltung eher die eines distanzierten Recherchierens mit nicht wenig Skepsis.

Erst dann hörte ich von weiteren Begebenheiten, die ich hier erwähnen will. Ich war dankbar dafür, erst nach meiner Lichtkreuzerfahrung von ihnen Kenntnis zu erhalten. So war meine eigene Erfahrung unbeeinflusst von Vorgängen, die noch außergewöhnlicher waren. Schmerzlinderungen und positive Veränderungen bis hin zu Heilungen konnten zwischen Februar 1996 und Februar 1999 immer wieder beobachtet werden. Und auch jetzt noch, wie ich inzwischen erfahren konnte (Mai 1999). Die Menschen, die die Stätte mit dem Lichtkreuz aufsuchten, hatten dabei ganz unterschiedliche Krankheiten. Im Laufe der Jahre haben bereits mehrere tausend Menschen den besonderen Ort aufgesucht. Drei Fälle waren besonders bemerkenswert: der einer 20 Jahre alten Frau mit Krebs, der eines 12-jährigen Jungen mit Krebs und der einer Frau etwas über 70, die an Darmkrebs gelitten hatte. Sie erhielt Bestrahlungen und Chemotherapie. Diese zogen sich über Monate. Nach einigen Lichtkreuzbesuchen in Novo Mesto wurde sie innerhalb von wenigen Wochen krebsfrei. Sie hat zwar die Lichtkreuzerfahrung gemacht, aber kann nicht recht glauben, dass das Lichtkreuz die Heilung bewirkt hat. Wundergläubig war und ist die ältere Dame also keineswegs.

Aber es geschah noch mehr: Drei Frauen erschien im Lichtkreuz ein blaues Herz. Sie kannten einander nicht, waren zu völlig unterschiedlichen Zeiten in der Lichtkreuzwohnung und verschiedenen Alters. Doch nur sie sahen das blaue Herz, auch nicht Frau Lindtner. Sie sprachen von Problemen mit Mitmenschen und häufigen Streitigkeiten. Es ist, als wäre das blaue Herz ausschließlich eine spezielle Botschaft an sie gewesen. Neben den Kochvorrichtungen in Frau Lindtners Wohnung hing zum Zeitpunkt meines Besuches ein hübsches Bild mit dem blauen Herzen, das nachträglich gemalt worden war.

Ein anderer Fall ist der eines achtjährigen Jungen: Er war mit seinen Eltern und Verwandten in der Wohnung. Nacheinander betrachteten die Besucher das Lichtkreuz. Nach einigen Momenten tiefen Schweigens schilderten die einzelnen Personen ihre Erfahrungen. Doch der Junge blieb fast schweigsam. Er hielt sich merklich zurück. Einen Tag später erhielt Frau Lindtner einen Anruf von der Mutter des Jungen. Was war geschehen?

Auf dem Weg zum Parkplatz hatte der Junge seinem Vater Folgendes offenbart: Es sei ihm im Lichtkreuz ein männliches Gesicht erschienen und er habe eine Stimme gehört, die ihm sagte: „Vertraue mir!" Kinderphantasie? Das kluge Verhalten des Jungen deutet eher nicht darauf hin. Offensichtlich weiß „der kleine Kerl" schon ganz genau, was ins Weltbild der Erwachsenen passt und was nicht.

Mich erinnert das an eine Lichtkreuzvision des Johannes, die er dem Jakobus gegenüber in den frühchristlichen „Johannesakten" erwähnt. Johannes vernahm aber aus dem Lichtkreuz heraus keinen Kopf einer Wesenheit, sondern eine Stimme, die zu ihm sprach. Jesu Lieblingsjünger Johannes hatte sich in die Höhle von Gethsemane zurückgezogen, weil er laut „Johannesakten" die Kreuzigung Jesu am hölzernen Kreuz nicht mehr zu ertragen vermochte. Ihm wurde dann in der Höhle von Gethsemane eine Lichtkreuzvision zuteil.

Nach meinem Besuch dachte ich im Auto während der Rückfahrt über das mir Geschilderte und noch mehr über das von mir selbst Erlebte nach. Ich bemerkte, dass in Novo Mesto Dinge geschehen waren, die einerseits mit subjektivem Erleben zu tun haben, aber weit über mich als Einzelperson hinausgingen. Viele Menschen hatten besondere Erfahrungen gemacht, und nicht wenige vor(!) den ersten Presseberichten, die mehrere Monate auf sich warten ließen.

Am meisten beeindruckten mich aber die Schmerzlinderungen und Heilungen bei ganz unterschiedlichen Krankheiten, die über rein Optisches hinausweisen. Und sogar ich mit meiner „elefantenhaften“ Unsensibilität hatte Energieströme gespürt! Das war für mich persönlich die größte Überraschung. Und das blaue Herz und das Gesicht mit der Stimme. Mit all dem hatte ich so nicht gerechnet. Ich hatte jetzt mehr Verständnis für die Aussagen in jenem Fax aus Slowenien, das ich in Deutschland gelesen hatte. Und ich bekam das Gefühl, dass sich Offenheit bei aller Skepsis lohnt. Ein gutes Gefühl. Und nun war ich neugierig auf Idrija.

Diesmal war es meine nordslowenische Gastgeberin, die mich in ihrem Privatauto nach Idrija brachte. Wir kamen in einen kleinen Ort, geprägt von den Ausläufern der Alpen. Wir parkten das Auto vor einem recht grauen Wohnblock, der aus den 50er Jahren datiert. Das galt auch für den Wohnblock schräg gegenüber und eine seitlich angebrachte Hauslampe. Also alles sehr alt, noch älter als in Novo Mesto. Triste sozialistische Einheitsbauweise. Und mitten in dieser Tristesse und langweiligen Einheitlichkeit nur in einer ganz bestimmten Wohnung ein Lichtkreuz? Dazu ein besonders großes und schönes, das sogar schon Journalisten aus Kroatien in ein weitgehend unbekanntes Dorf Sloweniens gelockt hatte. Wieder ein wenig Skepsis, aber gleichzeitig wieder Neugier.

Ein junges Mädchen mit einem kleinen zutraulichen Hund kam auf uns zu und wies uns den Weg. Es konnte nicht präziser sein, denn der Zufall wollte es, dass es die Tochter der Familie mit dem Lichtkreuz war. Wir betraten die Wohnung, in der uns der Vater empfing. Frau Krstic war noch auf dem Weg von ihrer Arbeit als Altenpflegerin nach Hause. Die Wohnung wirkte bescheiden. Und auch die Menschen, die sie bewohnten. Es war eine angenehme entspannte Atmosphäre. Wenige Minuten später traf auch „Frauchen“ ein, was zu heftiger Freude des Hundes führte. Meine Gastgeberin übersetzte vom Slowenischen ins Englische. Erfreulicherweise sprach auch die Tochter recht gut Englisch. Sie war 19 Jahre alt. Mir fiel aber besonders auf, dass sie nicht nur bescheiden war, sondern auch klug und alles andere als oberflächlich. Sie war tiefgründiger als junge Frauen gleichen Alters. Frau Krstic wirkte auf mich unkompliziert und direkt. Sie war geprägt von ihrer Arbeit und dem Familienleben. Sie war nicht die Person, die die Zeit aufbringen konnte, dicke philosophische und „esoterische“ Bücher zu lesen. Dafür interessiert sie sich gar nicht. Sie macht noch etwas anderes, was eher ungewöhnlich ist: Sie praktiziert Massage. Es sprach sich rasch herum in dem kleinen Ort, dass ihre Hände dabei ungewöhnlich warm werden – „fast wie ein Bügeleisen“, wie wohl einige Leute zu sagen pflegen.

Ein Besucherheft wurde mir vorgelegt. Als ich dort war, hatten sich bereits fast 1200 Menschen eingetragen. Die Familie akzeptierte diese Besuche. Für Frau Krstic war das zur Normalität geworden – und nicht minder für die übrigen Familienmitglieder. Das erstaunte mich. Es schien höchst selbstverständlich zu sein. Inzwischen war auch der Sohn eingetroffen. Ich las den Anfangstext des Besucherheftes, der von der damals 17-jährigen Tochter verfasst worden war. Angegeben waren das Datum vom 12. April 1997 und die Uhrzeit „21 Uhr 10“. Was war geschehen?

Die Angelegenheit musste einem noch profaner erscheinen als in Novo Mesto. Wie schon viele Jahre lang begibt sich die Textverfasserin an jenem 12. April ins Badezimmer, was im Leben unvermeidlich ist. Seit vielen Jahren dasselbe Fenster und dieselbe Hauslampe seitlich am Wohnblock schräg gegenüber. Nichts Besonderes in ohnehin sehr bescheidenen Wohnverhältnissen. Doch an diesem Abend des 12. April 1997 nimmt sie etwas wahr, das sie anschließend spontan zur Schreibfeder greifen lässt. Sie sieht im Fenster ein riesengroßes und wunderschönes Lichtkreuz. Intuitiv schreibt sie in einigen Zeilen nieder, was ihr geschehen ist. Aber sie nennt das Kreuz im Fenster nicht „Lichtkreuz“ (svetlobni kriz), sondern „kriz ljubezni“ („Kreuz der Liebe“). Ich war tief beeindruckt von einer solchen Reaktion des damals 17-jährigen Mädchens. Zugleich ist es ein wunderbares Beispiel für Spontaneität und Intuition, denn die Wortschöpferin konnte zu jenem Zeitpunkt noch nichts über spätere Heilungen im Zusammenhang mit dem Kreuz wissen.

Für die Familie begann so eine außergewöhnliche Erfahrung, die sie zunächst nur mit einigen Verwandten teilte. Frau Krstics Onkel hatte zu jener Zeit Prostatakrebs in einem sehr fortgeschrittenen Stadium. Die Ärzte teilten ihm mit, dass sein Krebs inoperabel sei. Im Mai 1997 suchte dann der Verwandte mehrmals die Wohnung mit dem Lichtkreuz auf und betrachtete es still. Der Krebs verschwand und ist bis zu meinem Besuchsdatum (Anfang Februar 1999) nicht zurückgekehrt.

Wie in Novo Mesto wurde die Sache bekannter und bekannter. Mehr Menschen kamen und einige spürten eine besondere Energie, ausgehend von dem Lichtkreuz. Heilungen stellten sich ein. In einem Fall vermochte ein Junge aus Kroatien mit einer schweren Sprechbehinderung wieder normal zu sprechen. Der Vorgang widersprach üblichen sprachheilpädagogischen und logopädischen Erfahrungen.

Die ersten Presseberichte über das Kreuz in der unscheinbaren Privatwohnung setzten erst im September 1997 ein, also relativ spät. Das kroatische Magazin „Arena" berichtete in einem Artikel über das Phänomen. Wunderschön sind die zwei Fotos, die die Journalisten von dem Lichtkreuz gemacht hatten. Ein in Kanada lebender Kroate ließ es sich nicht nehmen, auf seinem Weg nach Kroatien einen Abstecher in Idrija zu machen. Ich selbst habe das Lichtkreuz etwa zwanzig Minuten lang betrachtet. Ich habe dabei im Gegensatz zu dem Kreuz in Novo Mesto keine Energie gespürt, empfand aber tiefe Ehrfurcht ob der Schönheit und Größe des Lichtkreuzes. Da ist eine völlig schmucklose Hauslampe als Lichtausgangsquelle vorhanden, aber sie existiert schon seit Jahrzehnten. Und plötzlich an einem Aprilabend des Jahres 1997 manifestiert sich ein Lichtkreuz, das sogar in verschiedenen Fällen Heilungen bewirkt.

Ich empfand vor diesem großen grünen Lichtkreuz tiefe Ehrfurcht. Es scheint sich eigentlich außerhalb des Fensters zu befinden! Es gleicht einem holographischen Bild. Und es schwebt in der Luft und hat dabei gigantische Ausmaße. Keine übliche Glasoptik mehr.

Eine Bekannte sollte später dieselbe Erfahrung machen, als sie im Februar 2000 in Idrija war. Inzwischen waren noch mehr Besucher gekommen. Viele von ihnen spürten eine besondere Energie, die von dem Lichtkreuz ausging. Und die Familie hat nichts von ihrer Bescheidenheit verloren. Das wunderbare Lichtkreuz ist also noch da und das Glas gleichzeitig so normal wie es nur sein kann. Im Juni 2000 hat Andrea Bistrich – so der Name meiner Bekannten – im Magazin „Esotera" über ihre Erfahrungen berichtet. Dort finden sich auch Fotos von Idrija. Ihr Aufsatz war der breiteren Öffentlichkeit freilich entgangen.

Möglicherweise steht das Datum des 12. April 1997 mit einer Besonderheit im Zusammenhang, die mir auf sehr sachliche Weise geschildert wurde: Genau ein Jahr zuvor, am 12. April 1996, bat eine Frau im Rollstuhl Frau Krstic um eine spezielle Massagebehandlung. Die bittende Frau hatte Multiple Sklerose, die sie schließlich in den Rollstuhl gezwungen hatte. Und sie hatte von den heilerischen Fähigkeiten „der Frau mit den warmen Händen" gehört. Frau Krstic hatte ungewöhnlichen Erfolg: Nach sechs Jahren im Rollstuhl konnte die MS-Patientin wieder ohne Rollstuhl leben!

Das Lichtkreuz hatte sich also bei einer einfachen slowenischen Frau manifestiert, die zumindest in Einzelfällen in ungewöhnlicher Weise heilerisch tätig ist. Und sie tut dies wohl auch in ihrer Arbeit als Altenpflegerin. Mich hat dabei an jenem Besuchsabend im Februar 1999 die Schlichtheit von Frau Krstic beeindruckt. Was sie tut, tut sie ohne den leisesten Anflug von bombastischem Gehabe. Eine besondere „Philosophie" hat sie dabei nicht. Sie leistet einfach Dienst an anderen Menschen – im Rahmen ihrer Möglichkeiten, die nicht ganz alltäglich zu sein scheinen. So entwickelte ich auch mehr Verständnis für den weiß Gott sehr schlichten Ort, an dem das Lichtkreuz im April 1997 aufgetaucht war. Außergewöhnliches in konkreter Alltäglichkeit.

Das Lichtkreuz von Novo Mesto im Februar 1996 war das erste seiner Art in Slowenien. Das Lichtkreuz von Idrija datiert wie gesagt vom

April 1997. Zwischen Februar 1996 und Februar 1999 (Datum meines Besuchs) manifestierten sich meiner nordslowenischen Gastgeberin zufolge insgesamt fünfzehn Lichtkreuze in dem kleinen europäischen Land am Südrand der Alpen unter vergleichbar ungewöhnlichen Umständen. Eines war in der Wohnung einer sehr armen Familie bei Maribor erschienen. Ein weiteres befindet sich in einem kleineren Ort unweit der italienischen Grenze. Mir ist der Ortsname bekannt. Da die Bewohner dort ihre Privatheit bewahren möchten, erwähne ich dies nur am Rande. In der Tat stellt sich für die Betroffenen die Frage, inwieweit sie sich der Öffentlichkeit offenbaren. Insofern kann ich die Zurückhaltung gut verstehen. Andere Menschen entscheiden sich dafür, den Zugang zu ermöglichen. Und solche Menschen konnte ich kennen lernen.

Eine Freundin meiner Gastgeberin Ana Demsar wusste noch nichts von den Lichtkreuzen, als sie eines Tages in ihrer Wohnung in einem der Fenster plötzlich ein Kreuz aus Licht wahrnahm. Sie zeigte es später ihrer Freundin Ana Demsar. Frau Demsar half das Lichtkreuz aus ihren Depressionen, die sie damals wegen großer privater Sorgen und Nöte hatte. Sie persönlich glaubt, die Lichtkreuze im Lande seien eine Botschaft der Hoffnung, denn Slowenien habe eine der höchsten Selbstmordraten in Europa.

Und ich füge hinzu: Vielleicht hat es auch mit dem so geschundenen Balkan zu tun. Die slowenischen Lichtkreuze mit ihren körperlichen und auch seelischen Heilungen als besondere Zeichen der Hoffnung? Doch bisher hat die Welt nur das Negative im etwas südlicheren Balkan wahrgenommen: Krieg, Vertreibung, Massenvergewaltigungen und Massengräber. Mich hat darum in journalistischer Hinsicht besonders beeindruckt, dass die kroatische Zeitschrift „Arena“ in Zagreb einen ausführlichen Artikel über das Lichtkreuz von Idrija gebracht hat. Und mit zwei wunderschönen Fotos dazu.

Auch das slowenische Fernsehen berichtete vereinzelt über die Lichtkreuze und ungewöhnliche „Begleit“erscheinungen“. Bis zum Februar

1999 lagen einer sammelfreudigen Freundin Ana Demsars elf Presseberichte vor, fast alle aus dem eigenen Land, einige wenige aus dem Nachbarland Kroatien.

Inzwischen gibt es auch in Serbien einige (wenige) Menschen, die von den ungewöhnlichen Lichtkreuzen und Lichtkreuzheilungen in Slowenien wissen. Doch sie konnten sich in den Medien dort keinerlei Gehör verschaffen.

Eine bemerkenswerte Begegnung hatte ich noch, und ich möchte sie den Leserinnen und Lesern nicht vorenthalten. Es handelt sich um eine Begegnung mit einem Heiler, der sehr erfolgreich ist und sogar slowenische Hochleistungssportler berät und betreut. Von Behinderten und Kindern nimmt er überhaupt kein Geld. Sein Name ist Brane Skubic. Er ist fast zwei Meter groß und von kräftigem Körperbau. In Mailand hatte er eine Spezialausbildung zum Heiler erhalten. Dort arbeiten sehr alternativ denkende Mediziner mit Parapsychologen und Heilern zusammen. Sie haben ein Verfahren entwickelt zur Überprüfung der Heilfähigkeiten der Hände eines Menschen. Die dies belegenden Spezialfotografien habe ich mir angeschaut. Dabei unterscheiden sie drei Stufen der Heilfähigkeit. In Großbritannien gibt es übrigens so genannte Geistheiler (spiritual healers), die bereits über eine feste Organisation verfügen, die „British Association of Spiritual Healers". Sie behandeln die Patienten in aller Regel nicht alleine, sondern kooperieren mit Ärzten. Das funktioniert bereits. In Deutschland, den USA oder Frankreich ist das momentan wohl noch eher undenkbar. Vor meiner Slowenienreise hatte ich bereits von den britischen Erfahrungen gelesen, so in dem Buch von Harald Wiesendanger mit dem Titel „Das große Buch vom geistigen Heilen". Daran erinnerte ich mich nun in der Situation ein wenig. Aber ich wäre weiterhin extrem skeptisch geblieben, wenn ich an jenem Abend Ende Januar 1999 bei Brane Skubic nicht die Erfahrung gemacht hätte, die ich gleich zumindest kurz wiedergeben werde.

Brane Skubic war bis 1986 als Maschinenbauingenieur(!) tätig. Ausgerechnet dieser muskulöse Mann spürt feinste Energien, die unsere derzeitige Naturwissenschaft noch nicht zu messen vermag. Er sah mich und stellte keine Fragen. Er berührte mich nicht, sondern fuhr mit seinen Händen in einem Abstand von etwa dreißig oder vierzig Zentimetern an meinem Körper entlang. Was sollte denn das für eine Diagnose sein? Ich wunderte mich schon. Er erklärte mir, jeder Mensch verfüge über einen feinstofflichen Körper, zusätzlich zum sichtbaren physischen, und über eine so genannte Aura. Krankheiten entstünden zuerst in dem feinstofflichen Körper, bevor sie sich im „normalen" physischen Körper manifestieren und entsprechend mess- und diagnostizierbar würden. Was sollte ich dazu sagen? Doch das war nicht so wichtig, denn ich war ohnehin sprachlos. Ich wusste endgültig nichts mehr zu sagen, als er eine unglaublich präzise Diagnose zu geben vermochte. Sie bestätigte exakt das, was früher bereits Orthopäden bei mir festgestellt hatten, natürlich im Rahmen konventioneller Diagnoseverfahren.

Brane Skabic hatte von den Lichtkreuzen in Novo Mesto und Idrija gehört. Idrija hatte er besucht. Er fand das Lichtkreuz so beeindruckend, dass er sich sofort danach mit einem Glasexperten in Verbindung setzte. Er ließ sich eine geriffelte Glasscheibe einbauen. Er hoffte so, ein lichtkreuz ä h n l i c h e s Gebilde im Fenster zu bekommen. Er wollte es für seinen Behandlungsraum haben.

Doch dann geschah etwas für ihn Unerwartetes: Sein separates Behandlungshäuschen neben seinem Wohnhaus liegt zu einer Straße hin. Die Autos müssen um eine Kurve biegen. Immer wenn sie vorbeifahren, bewirken die Autolichter seitdem wunderschöne große Lichtkreuze in ihren jeweiligen Farben. Sie sind nicht vage und diffus wie er es eigentlich als nüchtern denkender Maschinenbauingenieur erwartet hatte.

Er sagte meiner Gastgeberin und mir, dass er bei der Betrachtung des Lichtkreuzes in Idrija eine besondere feine Energie gespürt habe. Und noch eines fiel mir an ihm (höchst positiv) auf, wie bei Frau Krstic und

Frau Lindtner. Er breitet keine bombastische Lehre irgendeiner Art aus. Er kommt sofort zur Sache und hilft in persönlicher Schlichtheit. Als Hintergrund verfügt er über viel Lebenserfahrung. Dass er sich als ehemaliger Maschinenbauingenieur für Zusammenhänge öffnet, die unser derzeitiges naturwissenschaftliches und medizinisches Weltbild (noch!) rundheraus ablehnt, und dabei offensichtlich Erfolg hat, macht diesen stämmigen Mann noch außergewöhnlicher.

In einem Telefonat im Juni 2000 teilte mir Frau Demsar etwas aufgeregt mit, dass in der Nähe ihres Ortes in einem kleinen Dorf, dessen Namen ich am Telefon nicht gut verstand, ein neues Kreuz aus Licht aufgetaucht sei. Und nicht nur das: In mehreren Fällen sei es bereits zu Heilungen bei Lichtkreuzbetrachtern gekommen. In ganz vereinzelten Fällen zu Heilungen von Krebs im Endstadium!

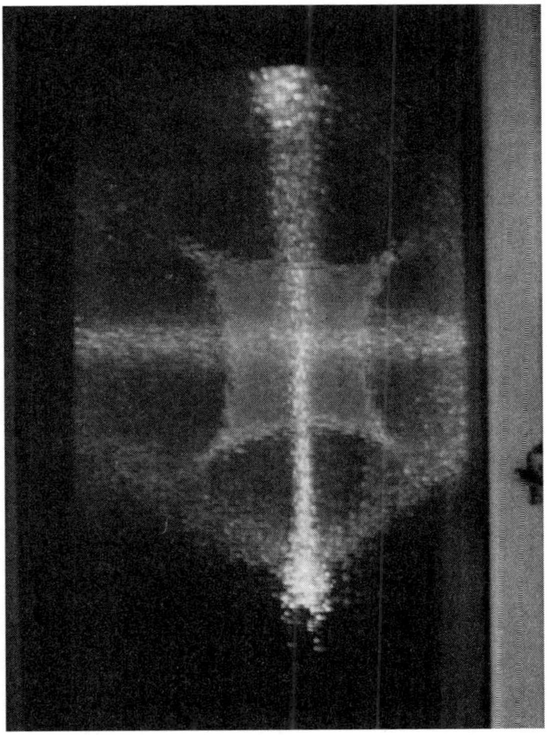

Lichtkreuz in Idrija , Slowenien (Foto: Sonja Krstic)

Kapitel 12

Und das nicht nur in Slowenien: USA und weltweit

Im vorangegangenen Kapitel erwähnte ich kurz ein Lichtkreuz in einer baptistischen Kirche in den USA, von dem ich vor meiner Slowenienreise gehört hatte. Doch die allerersten Lichtkreuze weltweit tauchten in einem Ort bei Los Angeles auf: in El Monte im Mai 1988. Dort leben vornehmlich eingewanderte Mexikaner, die mit eher bescheidenen Verhältnissen auskommen müssen. Binnen weniger Wochen sahen sie in immer mehr Privatwohnungen Lichtkreuze, die sich üblichen optischen Erklärungsmustern zu entziehen schienen. Schließlich waren es mehr als zehn geworden. Die lokale Presse reagierte zunächst skeptisch, was verständlich ist. Selbstverständlich rechnete man mit lichtkreuzartigen Gebilden, die anderswo im Land auch schon gesichtet worden waren – als normale optische Brechungsphänomene. Aber zahlreiche Lichtkreuze in El Monte verschwanden dann später ebenso plötzlich wieder wie sie aufgetaucht waren, obwohl die Beleuchtungsverhältnisse und Glasstrukturen unverändert geblieben waren.

Die amerikanische Journalistin Frances Robinson machte ein Video über die Vorgänge in El Monte. In dem Video wird auch ein Arzt interviewt. Er berichtet, dass Patienten aus El Monte nach dem Erscheinen der Lichtkreuze nicht mehr zu ihm kamen. Sie bedurften nicht mehr der Behandlung. So liegen keine unmittelbaren „Beweise“ vor. Aber gesunde Menschen gehen nicht (mehr) zum Arzt. Ein drogenabhängiges Mädchen verspürte keinen Drang mehr zu irgendwelchen Drogen. Die Lichtkreuze hatten bei ihr mehr bewirkt als jede Drogentherapie. Die Menschen in dem kalifornischen Ort konnten Vorgänge beobachten, die sie noch nicht von einem anderen Ort der Welt kennen konnten. Sie waren so gesehen in einer ganz speziellen Lage. Aber die Kreuze führten bei den Menschen nicht zu religiöser Extase oder „Massenhysterie“, sondern zu einem friedlicheren Umgang miteinander. Auch die Kriminalität in dem sehr einkommensniedrigen Umfeld ging merklich zurück. Neben den möglichen körperlichen Heilungen bewirkten die Kreuze aus Licht eine deutliche mentale Wandlung in den dort lebenden Menschen.

Am 20. Mai 1988 entdeckte laut Margaret Romero ihr Ehemann als erster ein Lichtkreuz im Appartment der Familie. Sie waren sehr verwundert darüber, denn optisch war alles wie vorher. Sie ließen einen Glasexperten mit 30-jähriger Berufserfahrung zu sich kommen. Der erklärte, das Phänomen sei völlig ungewöhnlich und er habe so etwas noch nicht gesehen. Er habe keine Erklärung für das Lichtkreuz. Später wurde noch das Glas ausgetauscht, doch das Lichtkreuz war weiter zu sehen. Ungewöhnlich war auch, dass sich das Lichtkreuz zu bewegen schien, dabei größer, kleiner und wieder größer werdend. Ganz Ähnliches hatte sich ja in der ersten Nacht in der Wohnung von Tatjana Lindtner in Novo Mesto in Slowenien abgespielt.

Nach mehreren Wochen verbesserte sich auch der körperliche Zustand von Frau Romero zusehends und sie klagte nicht mehr über Schmerzen, die ihr zuvor das Leben schwer gemacht hatten. Nach anfänglicher Skepsis war die Familie nun bereit, in dem Lichtkreuz ein besonderes Zeichen der Hoffnung zu sehen. Ein ortsansässiger Priester meinte über die Lichtkreuze, sie seien der Versuch Gottes, uns etwas mitzuteilen („God trying to tell us something“). So wird er in der englischsprachigen Ausgabe von „Share“ (Juli/August 1988) im Artikel von Carrol Joy am Ende zitiert.

Eine Frau im weit entfernten New Jersey hatte ebenfalls eine besondere Erfahrung: Bei unveränderten optischen Bedingungen hatte sich in ihrem Privathaus ganz plötzlich ein Lichtkreuz manifestiert.

Das im Zusammenhang mit dem besonderen Fernsehfoto eines in Tlacote geheilten Mannes bereits erwähnte deutsche „Magazin 2000“

berichtet von weiteren Lichtkreuzen in Südkalifornien und Florida. Das Magazin führt dazu Folgendes aus: „Am 21. Mai 1994 wachte Maria Ortega nachts um 3 Uhr auf, weil sie ein Baby weinen hörte. Sie ging um ihr Haus, fand aber nichts. Als sie ins Badezimmer ging, hörte sie einen Windhauch, als im Badezimmerfenster ein leuchtendes Kreuz erschien. Seitdem hat ihr Sohn das Trinken aufgegeben, Maria Ortega selbst fühlt sich „spiritueller". Das Kreuz von Riviera Beach, Florida, das im Badezimmerfenster von Ida Rollins erschien, zog so viele Gläubige an, dass die Polizei die Straße in der ärmsten Gegend der Stadt sperren musste." Das leuchtende Kreuz bei Maria Ortega muss der Beschreibung nach zu urteilen ganz plötzlich erschienen sein, ohne dass optische Veränderungen oder neues Glas dafür verantwortlich wären, mitten in der Nacht. Ihr Fall erinnert stark an den von Frau Lindtner in Novo Mesto (Slowenien). Der zweite Fall in Florida erinnert an El Monte in Kalifornien. In beiden Fällen kommt es in armen Stadtteilen zu Lichtkreuzerscheinungen. Wieder handelt es sich um Privaträume.

Doch ab November 1995 sahen im Laufe mehrerer Monate Tausende von Menschen fünf Lichtkreuze in fünf Fenstern in einer Kirche bei Knoxville im US-Bundesstaat Tennessee. Natürlich fehlte es nicht an skeptischen Überlegungen. Immerhin gab es einen Parkplatz und die Autolichter boten sich als mögliche Erklärung an. Allerdings war das nicht sehr stichhaltig. Man bemühte sich um eine andere Erklärung: Danach müsste es eine Kerze oder sonst etwas sein, was die Lichtkreuzerscheinungen hervorrufen sollte. Der Geistliche Joe Bullard machte die Angabe, dass er am 8. November 1995 eine Gemeindeversammlung leitete. Urplötzlich sei ein helles Licht auf die Kirche gefallen. Als die Anwesenden dann verwundert aufgeschaut hätten, hätten sie in einem Fenster ein erstes Licht in Form eines Kreuzes gesehen. Das war bei entsprechenden Versammlungen zuvor nicht der Fall. Weitere Lichtkreuze manifestierten sich dann auf anderen Fenstern der Kirche. Insgesamt war von fünf Kreuzen dieser Art die Rede.

Aber wie in Idrija (Slowenien) befanden sich die Lichtkreuze eigentlich nicht im Fenster, sondern schienen wie eine Art Hologramm etwa zehn Meter von der Kirche entfernt zu sein und in der Luft zu schweben. Tagsüber bei Sonnenlicht waren sie weiß! Nachts mit den Straßenlampen als Lichtquelle zeigten sie ein intensives rötliches Gold! Im Internet unter der neuen Anschrift *www.shareinternational-de.org* (von einem Österreicher konzipiert) werden sehr wahrscheinlich weitere Berichte über Lichtkreuze zu finden sein. In der alten Version gab es vier eingescannte Lichtkreuze aus der Kirche in Tennessee. Dort hieß es weiter dazu: „Die Kreuze, die auf den Fenstern erscheinen, sind nur etwa 1,20 m – 1,80 m hoch, aber durch die Fenster gesehen ragen sie vom Boden ungefähr 13 Meter in die Höhe.“

Genau diesen gewaltigen Unterschied konnte auch ich in Idrija im Februar 1999 beobachten. Es befiel mich dabei wie gesagt tiefe Ehrfurcht und innere Ruhe. Das hat nicht mehr mit alltäglicher Glasoptik zu tun.

Das zeigt sich auch in einer anderen Tatsache: Die Lichtkreuze in der Kirche jenseits des Atlantiks tauchten urplötzlich am 8. November 1995 auf. Die fünf Kirchenfenster existierten zu dem Zeitpunkt jedoch bereits seit 26 Jahren und waren in der Zeit auch nicht durch andere ausgetauscht worden.

In Tennessee strömten bald die ersten Menschen zu der kleinen unscheinbaren baptistischen Kirche, teils lediglich aus Neugier, teils aus Erstaunen. Und es waren Anhänger unterschiedlichster Glaubensrichtungen. Und sie, Baptisten und Nichtbaptisten gleichermaßen, machten Erfahrungen, die sie innerlich berührten. Es war ein wunderbares Beispiel für Erfahrungen, die die verschiedensten Religionsangehörigen machen konnten und durften. Die Lichtkreuze waren für alle da und beförderten die gegenseitige Toleranz.

Im Folgenden beziehe ich mich auf Informationen aus einem Artikel in „Share International“ von Buddy Piper vom Juli/August 1996. Dieser Artikel liegt auch auf Deutsch vor. Piper ist langjähriger Fernseh- und Radiojournalist und hat einige erstaunliche Informationen zusammentragen können. Die Copper Ridge Baptist Church bei Knoxville ist 135 Jahre alt. Sie ist extrem klein und verfügt über lediglich 60 Sitzplätze. Der Geistliche Joe Bullard betreute die kleine Gemeinde damals. Er wird in dem Artikel Pipers mit folgenden Worten wiedergegeben: „Eines Abends im letzten November fuhren meine Frau Mildred und ich an dieser wunderschönen Kirche vorbei und dachten gerade darüber nach, sie aufzugeben. Wir hielten verwundert an, weil ein strahlendes weißes Licht das ganze Gebäude für kurze Zeit einzuhüllen schien. Wir fuhren heim und fragten uns, was das bedeutete. Konnte das ein Zeichen dafür sein, dass wir bleiben sollten? Wir mussten nicht lange auf die Antwort warten. Am 8. November 1995, als ich das nächste Mal zur Gemeinde sprach, fiel ein helles Licht auf die Seitenwand der Kirche, und als wir durch das Fenster sahen, erblickten wir unser erstes Lichtkreuz. Wir konnten es kaum glauben, aber da die Lichtkreuze weiterhin erscheinen, wissen wir, dass sie wirklich existieren." Die Gemeindemitglieder selbst waren also zunächst nicht ohne Skepsis, denn das Erscheinen der Lichtkreuze ließ sich nicht in gängige Vorstellungen optischer Art einordnen. Und der baptistische Geistliche wird weiter wie folgt zitiert: „Obwohl einige unserer Leute lieber keine Nichtmitglieder hierher kommen lassen möchten, haben wir soeben beschlossen, die Türen so lang wie möglich offen zu lassen. Dreißig bis vierzig Menschen aller Glaubensrichtungen kommen täglich, um die Kreuze zu sehen."

Der Journalist Piper kontaktierte andere Journalisten und stieß zunächst auf „eisige Ablehnung". Offensichtlich hatten seine Kollegen ihre Probleme mit angeblichen „Lichtkreuzen". Was sollte das überhaupt sein? Schließlich betrachtete man sich dann doch die Lichtkreuze und sagte ihm anschließend, man sei „von ihnen fasziniert".

Kurze Zeit später berichtete Joe Bullard dem aktiven Mister Piper von einer mehr als ungewöhnlichen Begebenheit. Ich zitiere die Passage ungekürzt: „Eines Nachts, bevor die Leute kamen, um die Kreuze zu sehen, saßen wir auf einer Seite der Kirche, und auf einmal sahen mehrere von uns, wie ein hochgewachsener Mann, der einen Turban trug, auf der anderen Seite der Kirche erschien und langsam an der Wand entlang nach vorne schritt. Seine Gestalt war absolut klar zu erkennen. Dann erschienen zwei andere Personen, die eher nur schemenhaft zu erkennen waren, und folgten ihm auf seinem Weg nach vorne. Alle paar Schritte wandte sich die Person, die als letzte in der Reihe ging, leicht in unsere Richtung und winkte uns freundlich zu. Als sie den Vorderraum der Kirche erreichten, drehten sie sich um, und wir erwarteten, dass nun die beiden, die hinter dem ersten Mann gegangen waren, den Zug anführen würden, aber der erste Mann war wieder vorn, und die anderen folgten ihm, wie zuvor. Nachdem sie den Weg dreimal zurückgelegt hatten, verschwanden sie. Das erregte zweifellos die Aufmerksamkeit von einigen unserer Gemeindemitglieder. Sie erzählen noch immer allen Leuten davon." Die Geschichte klingt so unglaublich, dass ich beschloss, mit dem Reverend Joe Bullard ein Telefongespräch zu führen. Er hat sie mir klar bestätigt (Juni 1999).

Gewiss kein alltäglicher Vorgang. Interessant ist hierbei zweierlei: Erstens, dass es sich um drei(!) Personen oder Wesenheiten handelte. Und zweitens, dass der „hochgewachsene Mann, der einen Turban trug" an den „Mann in Weiß" in Nairobi im Juni 1988 erinnert. Auf einem der Fotos von Francis Kaburu – Fotograf der Versammlungen Mary Akatsas in Kawangware – ist er tatsächlich entsprechend gut mit einer derartigen Kopfbedeckung zu erkennen. Und nun taucht er, der in seiner Ansprache auch anspielungsreich das Wort „Wasserkrug" gebrauchte, sieben Jahre später in der kleinen amerikanischen Kirche mit den Lichtkreuzen auf. Wie in Kawangware (Kenia) kommt es zum Auftauchen und Verschwinden des Körpers in einer Weise jenseits der Alltagserfahrung. Aber die Wesenheit mit dem Turban ist diesmal nicht allein.

Doch es kommt in Tennessee zu weiteren überraschenden Begebenheiten. Joe Bullard erhielt einen Anruf von einer Mutter, deren zwei Kinder im Alter von sechs Monaten eine falsche Medizin bekommen hätten. Sie seien taub geworden und könnten nicht mehr sprechen. Sie sagte weiter, dass sie einige Wochen zuvor in Knoxville in einem Lebensmittelgeschäft von einem hochgewachsenen Mann mit einem hellen

Anzug und einem wundervollen Lächeln angesprochen worden sei. Er sei auf die Kinder zugegangen, habe sie sanft am Kopf berührt und dann zu ihnen gesagt: „Ihr werdet nicht für immer taub sein." Dann sprach er zur Mutter: „Bringen Sie ihre Kinder in die Kirche von Knoxville mit den Lichtkreuzen." Die Kinder hielten den Mann für einen Engel. Als die Mutter sich noch einmal an den Mann wenden wollte und sich dafür umwandte, war er verschwunden!

Einige Zeit später nach einem Krankenhausaufenthalt brachte eine OP-Schwester nach Beendigung ihrer Arbeitsschicht die Mutter und deren Kinder zu der Kirche bei Knoxville. Die Mutter hatte sich inzwischen mit dem Geistlichen der Copper Ridge Baptist Church in Verbindung gesetzt. Kurz nach der Ankunft dort war das eine Kind ganz aufgeregt. In Zeichensprache bedeutete es der Mutter, dass Jesus draußen vor dem Fenster sei. Er sei in die Kirche gegangen und wolle ihm folgen. Nun sei Jesus stehengeblieben. Aber sie und die Anwesenden wunderten sich, denn niemand sonst konnte ihn sehen. Das erinnert mich an die Geschichte mit dem blauen Herzen im Lichtkreuz von Novo Mesto. Nur drei Frauen hatten es (unabhängig voneinander) gesehen, aber nicht einmal die Bewohnerin, nachdem sie herbeigerufen worden war, um sich das ungewöhnliche Herz selber anzusehen. Mit meinem analytischen Verstand finde ich dafür einfach keine rechte Erklärung. Wie auch immer, zwei Wochen später kamen die Mutter und ihre zwei Kinder erneut zur kleinen Kirche mit den Lichtkreuzen. Während ihres Kirchenbesuchs flog ein Flugzeug über das sakrale Gebäude. Plötzlich hielten sich beide Kinder während des Überflugs die Ohren zu und sagten zu ihrer Mutter, dass ihnen das Geräusch weh tue. Die Mutter sagte etwas später, die Kinder könnten wieder hören, allerdings noch nicht in normaler Weise. Sie hätten vor, die Kirche mit den Lichtkreuzen regelmäßig zu besuchen.

In einer lokalen Radiosendung über die erstaunlichen Lichtkreuze sprach ein ehemaliges Mitglied einer Motorradbande über seine Erfahrung. Er sei kokainsüchtig gewesen und habe gleich nach dem ersten Kirchen- und Lichtkreuzbesuch sein Verlangen nach Drogen verloren. Das ist eine Parallele zu dem drogenabhängigen Mädchen in El Monte. Ich hatte ihren Fall zu Beginn dieses Kapitels kurz erwähnt.

Mehrere Kinder sagten, sie hätten engelhafte Gestalten gesehen. Doch sie waren nicht allein mit dieser Wahrnehmung. Die Mütter der Kinder bestätigten dies gegenüber Piper. Kleine engelhafte Gestalten, wie sie vor der Kirche auf dem Gras spielen. Ein Mädchen sagte, dass es eine kleine Babygestalt morgens in einem Fenster mit zuvor abendlichem und nächtlichem Lichtkreuz gesehen hätte. Als es das Baby berühren wollte, sei dies vor seinen Augen verschwunden. „Aber schau auf das Fenster! Du kannst seine Fußabdrücke sehen." Und Piper tat dies und konnte tatsächlich deutlich genug zwei Abdrücke im Lichtkreuzfenster erkennen.

Buddy Piper zufolge gab es weitere Radiosendungen, und nach Heilungsberichten und Pipers Engagement wurde auch in den Lokalnachrichten der Fernsehsender ABC, CBS und NBC auf die Lichtkreuze eingegangen. Joe Bullard und der Radiojournalist hatten Gelegenheit, in einem einstündigen Interview über die Kirche und deren Lichtkreuze zu sprechen. In dem „Share"-Artikel von Piper wird erwähnt, dass zwischen November 1995 und Ende Mai 1996 etwa 35.000 Menschen die kleine Kirche besucht hätten – von nah und fern. Über 100 Paare, die kurz vor der Scheidung gestanden hätten, hätten nach mehreren Kirchen- und Lichtkreuzbesuchen wieder zueinander gefunden. Baptisten, Presbyterianer und Katholiken waren ebenso unter den vielen Besuchern wie auch Menschen, die nach eigenem Bekunden an keine Religion glauben.

Interessant finde ich die schriftlichen Darlegungen eines anfänglichen Skeptikers namens Bob Hurley. Er ist Kolumnist bei der kleineren Lokalzeitung „The Greenville Sun" und wird von Buddy Piper auf dessen erster Artikelseite wie folgt zitiert: „Die letzten Tage konnte ich nicht anders: Ständig lief mir ein Schauer über den Rücken. Die Kreuze in den Fenstern der Copper Ridge Baptistenkirche gibt es wirklich. Es ist eine Tatsache. Es kommt nicht darauf an, ob man es glauben will oder nicht. Als ich dort war, war ich selber zuerst ein wenig skeptisch. Aber jetzt, nachdem ich die Kreuze von Copper Ridge mit meinen eigenen beiden Augen gesehen habe, glaube ich." Ich finde gerade eine solche Aussage besonders authentisch. Ich glaube, vielen Menschen ist es ähnlich ergangen. Die Mehrheit der Besucher war wohl eher skeptisch und nicht (diffus) wundergläubig. Das entspricht mehrheitlich unserem Zeitgeist und ist im Prinzip auch gut so, ja wichtig, um das tatsächlich Außergewöhnliche vom Normalen unterscheiden zu können.

Vielleicht galt diese Skepsis ursprünglich auch für eine Dame mit dicken Brillengläsern. Über sie heißt es in Pipers Artikel: „Sie saß dort, schaute die Kreuze an und sagte uns plötzlich, dass sie nichts mehr sehen könne. Wir nahmen sie zur Seite, sagten ihr, sie solle sich entspannen, und allmählich kam ihre Sehkraft zurück. Ich (der Geistliche Joe Bullard, Anm. d. Verf.) fragte sie, ob sie heimgefahren werden wolle, und sie sagte, sie sei in Ordnung. Ich rief sie am nächsten Morgen an und fragte: „Sind Sie sicher, dass es Ihnen gut geht?" Sie sagte: „Ob es mir gut geht? Das möchte ich wohl meinen. Ich habe gerade die ganze Knoxviller Zeitung gelesen, ohne meine Brille zu benutzen, zum ersten Mal seit zwanzig Jahren." Zu deutlichen Verbesserungen der Sehfähigkeit kam es in einzelnen Fällen auch in Nordenau und Nadana Village. Dort freilich im Zusammenhang mit Wasser.

In einer Lokalzeitung in dem kleinen Ort Kokomo im US-Bundesstaat Indiana findet sich der Fall einer jungen Amerikanerin. In der „Kokomo Perspective" gibt der Journalist Jamal Kheiry einen Bericht dazu. Joan Anderson (inzwischen Joan Calvert) klagte im April 1995 über heftige Kopfschmerzen. Kurze Zeit später diagnostizierte ein Neurochirurg bei der jungen Frau einen Gehirntumor. Einen operativen Eingriff hielt er aufgrund der Umstände für extrem riskant. Die gefährliche Krankheit veränderte sie. Sie war depressiv geworden. Ihre Fröhlichkeit war verschwunden. Sie zog sich zunehmend zurück. Ende Mai 1996 machte ihr Freund den Vorschlag, nach Knoxville zu fahren. Es war „Memorial Day" und sie wollten den Feiertag nutzen, um wegzufahren. Von den Lichtkreuzen bei Knoxville wussten sie vor ihrer Kurzreise nichts. In Knoxville hörten sie dann von einer Kirche mit angeblichen Lichtkreuzen. So beschlossen sie, auf dem Rückweg nach Kokomo zu der kleinen Kirche bei Knoxville einen kurzen Abstecher zu machen. Als sie am frühen Morgen ankamen, sahen sie in den Fenstern Licht, das die Form eines Kreuzes hatte („light in the shape of a cross that filled the window"). Nach ihrer Heimkehr fühlte sich Joan den Tag über deutlich besser. Nach dem „Memorial Day" ging sie wieder zur Arbeit und fühlte sich erneut viel besser. Nun „dämmerte" ihr („it dawned on her"), dass etwas Besonderes geschehen sein musste. Sie rief in der Kirchengemeinde der Copper Ridge Baptist Church an und fragte, ob es dort in der Vergangenheit Heilungen gegeben habe. Dies wurde bejaht und hinzugefügt „seit dem 8. November letzten Jahres" (also seit dem 08.11.1995). Ferner hätten sechzig Menschen der Kirche Heilungen bestätigt, die in einem unmittelbaren Zusammenhang mit den Lichtkreuzen stünden. Dem Geistlichen seien kurze Zeit vor Erscheinen der fünf Lichtkreuze im Traum solche Kreuze aus Licht erschienen. Er träumte gleichzeitig davon, dass sie auch Heilungen bewirken würden. Wie auch immer, Joan Anderson (heute J. Calvert) hatte keine Kopfschmerzen mehr und fand zu ihrer alten Lebensfreude zurück. Schließlich erzählte sie auch ihrem Arzt, den sie für offen („open-minded") genug hielt, von ihrer Lichtkreuzerfahrung. Medizinisch wurde mittels MRI (magnetic resonance imaging) eine erneute Diagnose durchgeführt. Es gelang mir, mich mit Joan Anderson in Verbindung zu setzen. Im Jahre 1997 bestätigte sie mir in einem Brief und etwas später in einem kurzen Telefonat, dass sie keinen Gehirntumor mehr habe. In der „Kokomo Perspective" ist sie abgebildet. Darunter heißt es in drei Zeilen: „Joan Anderson sagt, dass ein unerklärliches Lichtkreuz sie geheilt hat. Viele andere hatten ähnliche Erfahrungen." („Joan Anderson says that an unexplained cross of light healed her. Many others have had similar experiences.") Die junge Amerikanerin Joan Anderson hat ihr Leben wieder vor sich und die Zukunft zurückgewonnen. Sie möchte, dass ihre Erfahrung mit den Lichtkreuzen möglichst vielen Menschen bekannt wird. Sie fand die Lichtkreuze so schön, dass sie Aufnahmen gemacht hat. Später hat sie sogar noch den britischen Journalisten Mick Brown vom „Daily Telegraph" informieren können.

Leider haben dann fundamentalistische Kirchenmitglieder Joe Bullard angefeindet und sogar die Fenster mit den Lichtkreuzen zerstört. Sie waren nicht begeistert von der Idee, dass auch Gläubige anderer Konfessionen und Religionen und sogar „Ungläubige“ Zugang zu den Lichtkreuzen hatten. Doch die Geschichte um Reverend Joe Bullard und die kleine Copper Ridge Baptist Church endet hier noch nicht.

Eine andere ungewöhnliche Erfahrung wurde nämlich in einem Krankenhaus gemacht. Der Sohn des Geistlichen Joe Bullard sollte an der Niere operiert werden. Auf dem Röntgenbild der Niere nahmen die Mutter, seine Frau und die Tochter ein Kreuz wahr. Der Arzt und ein für die Medizintechnik zuständiger Mitarbeiter des Krankenhauses konnten das Lichtkreuz nicht wahrnehmen. Normalerweise würde ich die Geschichte abtun, wenn ich nicht um die drei Frauen wüsste, die im Lichtkreuz von Novo Mesto ein blaues Herz unabhängig voneinander gesehen hatten, das von der Bewohnerin nicht gesehen wurde. Bestimmte Botschaften scheinen nur für bestimmte Menschen bestimmt zu sein. Und in solchen Ausnahmefällen wird dann offensichtlich die übliche Wahrnehmungspsychologie außer Kraft gesetzt. Wie auch immer, die geplante Nierenoperation war nach diesem speziellen Röntgenbildphänomen nicht mehr notwendig. Der Sohn konnte ohne Operation entlassen werden. Ich habe mit der Mutter telefoniert. Sie hat mir die Geschichte bestätigt und war dabei durchaus glaubwürdig. Auch der Vater weiß natürlich davon und hatte damals den selbst nicht anwesenden Journalisten Buddy Piper informiert.

Die nun folgenden Angaben haben wir erneut dem Journalisten Buddy Piper zu verdanken. Und Jo Ann Noriega, die mehrere Ereignisse schriftlich festhielt.

Sie lebt in Montclair, etwa einhundert Kilometer östlich von Los Angeles. Im Oktober 1992 hatte sie einen besonderen Traum. Sie sah Jesus am Kreuz zwischen zwei anderen Kreuzen und sich selbst auf das Kreuz mit Jesus zulaufen. Und sie hörte sich sagen: „Was immer du möchtest, ich bin hier, um es zu tun.“ In ihrem Traum erwiderte Jesus: „Sei aufmerksam und beobachte.“ Am 8. Dezember schaute sie abends gegen 18 Uhr in den dunklen und wolkenverhangenen Himmel. Im Himmel erblickte sie plötzlich ein großes lichtkreuzartiges Gebilde. Gegen 22 Uhr kehrte ihr Ehemann Frank zurück. Doch das Gebilde war nicht mehr zu sehen, was den Ehemann etwas besorgt zu der Frage veranlasste, ob mit seiner Frau alles in Ordnung sei. Am 9. Dezember passierte dies wieder, und der Hausherr machte sich noch mehr Sorgen um seine Frau. Am 11. Dezember war er etwas früher zuhause. Urplötzlich gegen 21 Uhr erschien im Fenster ein Lichtkreuz. Es war ein Fenster, aus dem sie viele Jahre nach draußen geblickt hatten. Bisher war nichts dergleichen geschehen. Jetzt war Frank selber Augenzeuge von einem optisch nicht mehr üblichen Vorgang geworden und gab seinem Erstaunen Ausdruck.

Am 3. Januar 1993 passierte etwas noch Ungewöhnlicheres. Morgens um 7 Uhr schaute Frau Noriega aus dem Badezimmerfenster und fühlte sich fast geblendet. Sie setzte ihre Sonnenbrille auf und sah ein kreuzartiges Gebilde aus dem Sonnenlicht heraus höher und höher steigen. Sechs Tage lang beobachtete sie dieses „Tageslichtkreuz“ auf der Suche nach einer möglichen Erklärung. Am 13. Januar klopfte es an der Tür. Eine Gruppe fragte sie, ob sie die Frau mit den Lichtkreuzen sei. Sie war überrascht, denn nur ihre Nachbarn wussten bis dahin von den Besonderheiten. Die Gruppe sagte, dass sie außerdem ein Jesusgesicht auf dem Wohnzimmerfenster gesehen hätten. Später manifestierte sich eine helle gestaltartige Form auf der Tür des Badezimmers. Jo Ann Noriega machte eine Aufnahme davon, um das Außergewöhnliche festzuhalten. Ohne erkennbare optische Einwirkungen verschwand die gestaltartige Form wieder. Einen Monat später betrachtete sie das inzwischen entwickelte Foto und fühlte plötzlich einen ihr selber unerklärlichen Impuls, eine Aufnahme von der Sonne zu machen. Was sollte das? Eigentlich ein fototechnisch gänzlich sinnloses Unterfangen. Als sie eine Woche später auch dieses Foto betrachtete, war dort eine Wolke mit einem männlichen Gesicht in ihr zu sehen. Ihre persönliche Vermutung war, dass es sich um Jesus handelte. Nach den vorherigen Erfahrungen im Traum und dem Jesusgesicht im Wohnzimmerfenster war das nicht völlig unverständlich.

Nachdem sie diese untypischen Erfahrungen mit Traum, Fotos und Lichtkreuzen gemacht und sie mit Jesus in Verbindung gebracht hatte, setzten Heilungen ein, die zumindest „jenseits des Normalen“ anzusiedeln sind, wie ich es möglichst sachlich ausdrücken möchte.

Im April 1994 lud Frau Noriega, zumindest zu jener Zeit in einem Rehabilitationszentrum tätig, den alkohol- und drogenabhängigen Hussem Farrach zu sich ein, um ihn die Lichtkreuze sehen zu lassen. Er war bis dahin 19 Jahre lang Drogenkonsument gewesen: Kokain, LSD und Heroin. Als er das eine Lichtkreuz sah, fiel er auf die Knie, betete und fühlte eine engelhafte Präsenz. Und es duftete nach Rosen, obwohl keine Rosen da waren (vergl. Rosenduftphänomene bei Marienerscheinungen). Subjektiv fühlte er die Anwesenheit Gottes. Ich respektiere dies und würde es als Anmaßung betrachten, darin nur die „Halluzinationen“ eines Süchtigen zu sehen. Es erinnert mich sogar an meine eigenen Erfahrungen mit dem Lichtkreuz in Novo Mesto. Ich nahm keinen Rosenduft wahr, aber spürte eine wunderbare und dazu noch wohldosierte Energie. Jo Ann Noriega fügte noch hinzu, dass ihr Lichtkreuzbesucher seit nunmehr vier Jahren nüchtern und drogenfrei sei. Außerdem habe er seit 1994 bereits vielen Süchtigen entscheidend helfen können.

Im Oktober 1996 sollte sich Sue Knudson einer Krebsoperation unterziehen. Vor dem geplanten Krankenhausaufenthalt kam sie vorbei, um das Lichtkreuz zu sehen, und betete um Heilung. Als sie dann im Krankenhaus mit dem Arzt sprach, teilte jener ihr mit, dass man keinen Krebs mehr entdecken konnte. Er war verschwunden.

Im Januar 1998 brachte eine Mutter ihre elfjährige Tochter zu Frau Noriega, die inzwischen Heilungstreffen veranstaltete. Bichly konnte auf beiden Augen nicht gut sehen. Sie fiel in einen tranceähnlichen Schlaf und sah Jesus, wie er ihr neue Augen gab. Als sie aufwachte, weinte sie – wohl vor Glück – und sagte der Gastgeberin, dass sie nun deutlich besser sehen könne.

Ich finde den Fall von Jo Ann Noriega interessant, weil er mich an Frau Krstic in Idrija erinnert. In beiden Fällen handelt es sich um Frauen, deren Tätigkeit mit Dienen und Heilen zu tun hat. Beide werden Zeuginnen des Erscheinens von Lichtkreuzen, die heilende Wirkungen haben. Es ist beeindruckend, dass dies an zwei Orten geschieht, die weit auseinander liegen: Orte in Kalifornien und Slowenien. Und natürlich wissen sie nichts voneinander.

Und noch etwas kommt mir in den Sinn, unmittelbar erst jetzt, während ich an diesen Zeilen schreibe: Es geht um Querverbindungen zwischen dem Lichtkreuzort Montclair, Tlacote und Nordslowenien.

In Nordslowenien lernte ich eine Familie kennen, bei der seit 1996 auf Fotos ein weißer Strahl erscheint, der nach oben hin spiralförmig wird. Dies geschah nach der Entwicklung der Fotos. Mehr als zehn wurden mir vorgelegt. Sie wurden mit zwei verschiedenen Kameras von verschiedenen Familienmitgliedern aufgenommen. In den Jahren zuvor war der Strahl bei denselben Kameras nach der Fotoentwicklung nicht zu beobachten. Zumeist sind es ganz profane Aufnahmen von typischen Familien- und Urlaubserlebnissen. Der allererste helle Strahl findet sich allerdings auf einem Foto, das die Übergabe eines Kruzifixes zwischen dem Familienvater und einem Priester zeigt. Der Strahl befindet sich dabei über dem Kruzifix. Der Familienvater Drago Vrhotnik ist zugleich Arealverwalter eines kleineren Gebietes, wo heilende Energien entdeckt wurden. Seit Oktober 1998 suchen immer wieder Menschen das Areal auf. Dort ist auch Wasser entdeckt worden, das den Arealverwalter von einem Hautproblem auf seinem Arm befreit hat. In der slowenischen Zeitschrift „Jana“ berichtete er Ende Januar 1999 Journalisten über das Areal und seine Heilung mit dem Wasser. Der Priester auf dem Foto mit dem ersten spiralförmigen Strahl ist Geistlicher in einer nahe gelegenen sehr schönen Barockkirche. Er hatte infolge eines Zeckenstichs Borreliose. Er musste sich natürlich einer ärztlichen Behandlung unterziehen. Als er von dem Wasser getrunken hatte, nahm die Krankheit sofort einen untypisch positiven Verlauf. Nach seiner Heilung in Tlacote hatte ein Mexikaner ein besonderes „Fotoerlebnis“ ebenfalls erst nach der Entwicklung des Fotos. Ich schilderte diesen Fall am Ende des 6. Kapitels. Und im kalifornischen Montclair konnte Jo Ann Noriega im Zusammenhang mit Lichtkreuzen, Jesuserlebnissen und nicht alltäglichen Heilungen Fotoerfahrungen machen, die nicht mehr in gängige fototechnische Erklärungsmuster passen. Weitere Parallelen also.

Zurück zu optisch untypischen Lichtkreuzen: Das deutsche „Magazin 2000" verweist in einem Artikel mit der Überschrift „Wer nach Zeichen sucht" auf eine kurze Fallschilderung in der „Los Angeles Times" vom 17. August 1990. Dabei heißt es: „Manchmal erscheinen gleich drei Kreuze am Badezimmerfenster bei Alejandrina Carmona in Montecito Heights, Kalifornien. Frau Carmona behauptet, dass sie zu manchen Zeiten auch die Jungfrau Maria, Jesus am Kreuz und ein Bild von Jesus als Kind sehen kann." Unmittelbar vor diesem Absatz ist die Rede von weiteren Lichtkreuzen und Heilungen im Raum Los Angeles, worüber nicht nur „Share International" berichtet hat, sondern auch das Presseorgan „Whole Life Times", ebenfalls im September 1988. „The Dallas Morning News" im entfernten Texas äußert sich zu den Farben der Lichtkreuze und zu ihren Bewegungen: „Drei davon erstrahlen in weiß und eines in gold. Manche sehen auch ein rotes Kreuz, das hinter den anderen schwebt." Dieser Artikel datiert vom 23. November 1990. Es sei erwähnt, dass es natürlich im kalifornischen Fernsehen Berichte über die Lichtkreuze gab, aber erst, als bereits einige erstaunliche Dinge in El Monte geschehen waren.

In einem Fax an eine Bekannte in Deutschland werden weitere Fälle in ganz anderen Teilen der USA kurz erwähnt. Es sind aber sehr wenige. Einer hat sich in einem Appartment in New York zugetragen. Ein weiterer in Kearney in New Jersey, wobei Frau Desiree Vasquez Donovan inzwischen nach Florida umgezogen ist. Sie ist grundsätzlich bereit, ihre Erfahrungen mit anderen Menschen zu teilen und Auskunft zu geben.

Im Zuge geographischer Systematik gehe ich nun über zu Lichtkreuzen außerhalb der USA und Sloweniens. In dem bereits erwähnten Fax ist noch die Rede von einem besonderen Lichtkreuz in Calgary in Kanada.

Offensichtlich gab es dazu einen kanadischen Zeitungsbericht (Calgary Herald, 24. September 1994). Später hat dann Diana Holland aus Vancouver die Zeitschrift „Share" darüber informiert. Summa summarum sind die Lichtkreuzfälle in den USA und Kanada aber extrem selten. Sie ereigneten sich zu sehr unterschiedlichen Zeiten und an weit entfernten Orten, dazu mehrheitlich noch in wenig öffentlichkeitswirksamen Privatwohnungen. Eine Art „Lichtkreuzhysterie" hat es in Nordamerika mit seinen Riesenausmaßen und ohnehin stark lokal orientierten Medien nie gegeben. Bis heute ist den allermeisten US-Bürgern und Kanadiern absolut nichts von speziellen Lichtkreuzen bekannt (Aussagezeitpunkt Mitte Juni 1999). Das lässt sich hier in aller Sachlichkeit feststellen.

Und nun ein Sprung über den Atlantik wieder zurück nach Europa. Eine junge Frau in Frankreich übt einen Beruf aus, der mit Heilung zu tun hat. Sie ist Masseuse. Ihr Vorname ist Hughette. In ihrer Privatwohnung (meines Wissens bei Paris) erschien ein Lichtkreuz. Sie fühlte daraufhin eine besondere Energie in ihren Händen. Patienten bemerkten, dass sich ihre Beschwerden nach den Behandlungen bei ihr sehr gebessert hätten. Dieser französische Fall ist insgesamt dem slowenischen Fall von Sonja Krstic in Idrija recht ähnlich. Als Quellenangabe findet sich im „Magazin 2000": „Oktober 1991, Share International, Brief von Frances Robinson." Zur Erinnerung: Robinson stellte ein Video zu den amerikanischen Lichtkreuzen in El Monte zusammen. Meines Wissens ist sie nach wie vor auf der Suche nach weiteren Lichtkreuzmanifestationen weltweit. Robinsons Artikel in „Share" ziehe ich als Vertiefung der Information des Falles der jungen Französin heran, denn er belegt sehr deutlich optisch untypische Vorgänge: Drei Tage vor ihrer eigenen Lichtkreuzerfahrung wurde ihr von einer Familie außerhalb von Paris ein wunderschönes Lichtkreuzfoto gezeigt. Eben drei Tage danach betete sie, als plötzlich ein lichtkreuzartiges Gebilde erschien. Sie schaute zuerst nach einer möglichen Lichtquelle, die sie nicht finden konnte. Das Lichtkreuzgebilde blieb für mehrere Minuten. Dann verschwand es und war nicht mehr zu sehen. Gleich bei der ersten Massage danach fühlte sie eine starke Wärme, ja Hitze in ihren Händen. Die Patienten fühlten sich besser. Der Anblick des Lichtkreuzes hatte darüber hinaus mental und seelisch eine tiefe transformative Wirkung auf die Französin. Das spürte sie, auch wenn sie als einzige nur für wenige Minuten das Lichtkreuz sah. Wahrscheinlich deshalb und um ihr normales ruhiges Leben weiterführen zu können, möchte sie anonym bleiben. Daher präsentierte Robinson und nicht sie selbst diese nicht alltägliche Geschichte.

Weltweit gibt es die Lichtkreuzerscheinungen. Optisch ungewöhnliche Lichtkreuze werden auch von den Philippinen gemeldet. In „Share International" heißt es dazu: „Am Ostersonntag 1991 wurde in Manila ein Lichtkreuz auf einer Glasscheibe fotografiert. Nach der Entwicklung zeigte das Bild zusätzlich die Hand des Christus. Die Hand war vor der Aufnahme auf dem Glas nicht sichtbar." („Share International", Juli/August 1991, Brief von Hector Fernandez, Manila). Im Magazin ist oben links das entwickelte Foto großformatig zu sehen. In der Tat ist das Lichtkreuz mit der Hand darauf zu erkennen. Und ist der Ostersonntag als Erscheinungstag purer Zufall?

Wie auch immer, die philippinische Zeitung „Newsday Philippines" bringt eine Nachricht zu einem weiteren Lichtkreuz (26. September 1991): „Estrella Narvadez berichtet über das Erscheinen mehrerer Kreuze in der Klinik von Dr. Benjamin Ching." Die Journalistin Narvadez gab in der Zeitschrift „Share International" (November 1991) als Gastschreiberin weitere Informationen dazu: Dr. Ching betonte, dass Krankheiten, die durchschnittlich zwanzig Behandlungen erforderten, im Schnitt nur noch fünf bis zehn Behandlungen benötigten. Die Menschen wurden deutlich schneller gesund. Dabei erstaunte ihn, dass dies für ganz unterschiedliche Krankheiten in gleicher Weise galt. Er war zu jenem Zeitpunkt bereits sechzehn Jahre als Arzt tätig und habe in diesem Zeitraum niemals so rasche Genesungen beobachtet.

Eine Mitarbeiterin von Dr. Ching, Frau Taguinog, entdeckte eines Abends vor Dienstschluss ein Lichtkreuz in einem der Fenster der Klinik. Sie war völlig überrascht, denn in den vielen Abenden und Nächten zuvor war in jenem Fenster nichts dergleichen zu sehen. Daher beschloss sie, noch nichts darüber weiterzugeben, und wartete den folgenden Abend ab. Wieder sah sie das Lichtkreuz. Nun erst informierte sie Dr. Ching. Dann wurden weitere Lichtkreuze entdeckt, sowohl in der Klinik selbst als auch in unmittelbar benachbarten Häusern. Bei anderen Fenstern in der Klinik gab es hingegen übliche optische Brechungen, die nichts mit Kreuzformen zu tun hatten.

Von den Lichtkreuzfenstern wurden zahlreiche Fotos gemacht. Die Lichtkreuze waren ja ungewöhnlich. Die Fotos selbst wiesen aber zunächst keine fototechnischen Besonderheiten auf. Auch am Ostersonntag machte jemand ein Foto. Und dieses Foto wies nach der Entwicklung eine Besonderheit auf. Wie bereits weiter oben angegeben war eine Hand zu sehen, die als eine segnende Hand wahrgenommen wurde. Der Gesamtvorgang war außergewöhnlich genug, um das Interesse von Journalisten der Zeitung „Headline“ und dem „Manila Bulletin“ zu wecken. Es folgten weitere Zeitungsberichte. Auch Fernsehjournalisten zeigten Interesse und verfolgen nun die weitere Entwicklung.

Diese nicht alltäglichen Begebenheiten in einer philippinischen Klinik in Manila führen mich - vielleicht zur Überraschung des Lesers – direkt nach Deutschland.

Natürlich gibt es inzwischen weltweit Lichtkreuzfotos. Auf einer esoterischen Messe hatte eine Bekannte von mir solche Fotos an ihrem Stand ausgelegt. Völlig unerwartet kam eine ältere Frau auf sie zu und sagte etwas aufgeregt, sie habe während ihres Krankenhausaufenthaltes im Fenster ein Lichtkreuz gesehen. Sie hätte dann viel früher entlassen werden können als medizinisch vorgesehen. Und sie sei froh, endlich mit jemandem darüber sprechen zu können. Sie habe das für sich behalten, aus Angst, für verrückt gehalten zu werden. Ich erwähne dies an dieser Stelle nur deshalb, weil ich meine Bekannte sehr gut kenne und daher weiß, dass sie absolut zuverlässig ist und mit derartigen Informationen verantwortungsvoll umzugehen pflegt. Das Verhalten der aufgeregten Frau kann ich sehr gut verstehen.

In Aschaffenburg sind oberhalb eines Restaurants zwei Lichtkreuze gesichtet worden. Es handelt sich um geriffeltes Glas. Das legt eine rein optische Brechung nahe. Andererseits datiert die Sichtung vom November 1997. Das geriffelte Glas und die abendliche und nächtliche Straßenbeleuchtung dagegen gibt es dort bereits sehr viel länger. Die Inhaber des Restaurants waren Türken, die zur christlichen Minderheit gehören. Das Kreuz ist ja ein typisch christliches Symbol. Geschäftlich haben die Lichtkreuze den Restaurantbesitzern kein Glück gebracht. Das bedauere ich sehr. Die Leute waren wirklich ausgesprochen nett. Immerhin besorgte sich die Frau des Besitzers später noch das Video „Wasser des Lebens", wenn ich recht informiert bin. Ich hatte ihr nach einem schmackhaften Essen von dem erstaunlichen Wasser in Nordenau erzählt.

Autofahrer nehmen die zwei Lichtkreuze nicht ohne weiteres wahr, denn vor ihnen ist eine Kreuzung mit einer Ampel, auf die sie sich zu konzentrieren haben. Das normale Verkehrsverhalten verhindert das Schauen seitlich nach oben. Subjektiv haben mich die slowenischen Lichtkreuze mehr beeindruckt. Da sind ja auch ganz außergewöhnliche Dinge passiert. Dennoch hat die „Hanauer Stadtzeitung" im April 1998 über die Lichtkreuze von Aschaffenburg berichtet. Die Fotos lassen die Kreuzform deutlich erkennen. Zum Optischen heißt es: „Nach normalen physikalischen Bedingungen dürfte sich von außen betrachtet wegen des strukturierten Fensterglases nur ein diffus gebrochener Lichtschein darstellen. Außerdem müsste das Phänomen überall dort auftreten, wo die gleichen Voraussetzungen gegeben sind." Soweit Aschaffenburg.

Bleiben wir noch einen Moment in Deutschland. Dafür muss ich allerdings zuvor die Vorkommnisse im kalifornischen Montclair in Erinnerung bringen. Frau Noriega sah dort am 8. und 9. Dezember 1992 im wolkenverhangenen und dunklen Himmel plötzlich Lichtkreuze auftauchen. Am 11. Dezember erschien dann ein Lichtkreuz in ihrem Wohnzimmerfenster, in dem seit dem Einzug der Noriegas noch nie dergleichen zu sehen gewesen war. Es folgten andere ungewöhnliche Phänomene und einhergehend mit all dem körperliche, geistige und seelische Heilungen. In

Deutschland ist nun offenbar Folgendes geschehen: Eine absolut seriöse Lektorin, die an der Universität Konstanz Germanistik und Slawistik studiert hatte, lernte in der schönen Stadt am Bodensee ein älteres Ehepaar kennen. Allerdings war es keine längere und tiefere Bekanntschaft und der Name der Eheleute ist der jüngeren Lektorin daher nicht bekannt. Die ältere Frau hatte eine starke christliche Ausrichtung und betete intensiv für ihren schwer erkrankten Ehemann. Das muss der Lektorin zufolge im Jahre 1995 gewesen sein. An einem Abend während der Zeit der Krise und Hoffnung sahen beide Eheleute plötzlich ein Lichtkreuz am Himmel. Es war wohl ein Zeichen nur für sie. Ob es dabei zu einer Heilung des erkrankten Ehemannes gekommen ist, ist der Lektorin nicht bekannt. Sie erzählte mir davon, als sie von mir erstmalig von den slowenischen Lichtkreuzen erfahren hatte. Die berührten sie sehr, da ihre Eltern slowenischer Abstammung sind.

Polen, Zabrze (bei Katowice) 1997: Jahrelang nichts Besonderes in einem Mehrfamilienhaus. Jahrelang unveränderte optische Rahmenbedingungen und identische Glasscheiben. Doch dann ist von einem Abend zum anderen ein lichtkreuzartiges Gebilde zu sehen. Im polnischen Fernsehen (Zweites Programm) gibt es eine kurze Nachricht zu diesem Lichtkreuz. Doch der ortsansässige Pfarrer will nicht an die Echtheit des Kreuzes glauben. Somit reagiert er ganz anders als der baptistische Geistliche Joe Bullard in den USA. Allerdings hat der Pole es ja auch nicht mit einem Lichtkreuz in einer Kirche zu tun. Der polnische Geistliche spricht seine Skepsis ganz offen aus, was ja normal ist. Etwas später wird tatsächlich versucht, das Lichtkreuz mit einem Gartenschlauch abzuwaschen. Danach leuchtet das Kreuz jedoch noch stärker als zuvor. Das führt zu einem zweiten Fernsehbericht. Vermutlich würde der Geistliche ein Lichtkreuz eher in einer Kirche erwarten. Das ist absolut verständlich. Außerdem weiß er vermutlich nichts von den Lichtkreuzen in der baptistischen Kirche in Tennessee. Schließlich kennt er vermutlich auch den dortigen Geistlichen Joe Bullard nicht, der ihm die Lichtkreuze und die anderen außergewöhnlichen Vorgänge hätte bestätigen können. Und er weiß nichts von den

Lichtkreuzen in anderen Teilen der USA, in Slowenien, Frankreich, Kanada und den Philippinen. Und er weiß vermutlich auch nichts von den Lichtkreuzen bei Frau Noriega in Montclair (Kalifornien), bei Hughette in Frankreich und bei Sonja Krstic im slowenischen Dorf Idrija, also bei Frauen, die heilerisch tätig sind. Und breite Teile der polnischen Öffentlichkeit wissen davon auch nichts. Und ebenso wenig polnische Journalisten.

Aus Gründen der Sachlichkeit betone ich nochmals, dass die allermeisten lichtkreuz ähnlichen Gebilde reine optische Brechungsphänomene sind. Sie sind aber diffus. Entscheidend und wunderbar sind aber die „nicht alltäglichen“ Vorgänge um bestimmte Lichtkreuze herum. Und die Heilungen. Heilungen nicht nur im Körperlichen, sondern auch im Mentalen und Seelischen. Außerdem gibt es bemerkenswert interessante „Querverbindungen“ weltweit, sofern man genauer hinschaut. Ich möchte es die „Logik des Wunderbaren“ nennen.

Journalisten haben über die Lichtkreuze und Heilungen durch Lichtkreuze berichtet. Sie tun das allerdings meist nur in ihrem eigenen Land. Sehr wahrscheinlich wissen sie nicht, dass in anderen Ländern diese wunderbaren Phänomene ebenfalls beobachtet werden können. Das einzige Druckerzeugnis, das seiner Leserschaft einen globalen Überblick über Lichtkreuze und Lichtkreuzheilungen vermittelt, ist „Share International“.

Inzwischen gibt es aber auch eine Internet-Adresse mit einer systematisch-chronologischen Übersicht über die Lichtkreuze weltweit zwischen 1988 und 2000. Offenbar wurde sie von einem Neuseeländer zusammengestellt. Die Adresse lautet: www.TheMiraclesPage.org (mit Informationen zu den Lichtkreuzen dann unter dem Stichwort „crosses of light“).

12 Seiten ist die Lichtkreuzübersicht lang. Auch Aschaffenburg ist erwähnt und näher beschrieben.

Und eine weitere Kirche mit Lichtkreuzen! Es handelt sich um die Greater Macedonia Baptist Church in dem kleinen Ort Port Sulphur im US-Bundesstaat Louisiana. Es war nicht irgendein Tag. Es war der erste Weihnachtstag! Ein Gottesdienstbesucher fühlte plötzlich eine warme, fast „brennende" Energie. Draußen wurde es ganz hell, obwohl die Sonne nicht schien. Und zur Verwunderung der Menschen tauchten zwei Lichtkreuze in zwei Kirchenfenstern auf. Sie hatten die Form des Kruzifixes und es erschien eine Figur, die am Kreuz hing. So geschehen Weihnachten 1999. Menschen strömten danach zu der Kirche. Und die goldene Farbe der Lichtkreuze nahm an Intensität noch zu. Der lokale Fernsehsender WVUE-TV berichtete über die Ereignisse.

Auch Lucretia Hunter aus dem Örtchen Buras besuchte die Kirche. Als sie anschließend nach Hause kam, hatte sich plötzlich in ihrem Badezimmerfenster ein identisches Lichtkreuz manifestiert. Und der Geistliche der baptistischen Kirche Louis Gibson sagte, die Lichtkreuze hätten eine besondere Harmonie in die Kirchengemeinde getragen. Unabhängig von Glaubensbekenntnis und nationaler Zugehörigkeit.

Für mich erstaunlich sind nicht nur die in zwei Kapiteln beschriebenen Lichtkreuze und Lichtkreuzheilungen, sondern auch die Lichtkreuzvision von vor fast 2000 Jahren, die dem Jünger Johannes in der Höhle in Gethsemane gegeben worden ist, nachdem er sich vom leidenden Jesus am hölzernen Kreuz entfernt hatte, weil er es nicht mehr ertragen konnte.

Wir mögen Parallelen sehen. Vor allem aber sind die „modernen" Lichtkreuze in unserer unmittelbaren Gegenwart Zeichen begründeter und tiefer Hoffnung. Sofern wir sie wahrnehmen. Doch es gibt noch weitere Zeichen, womöglich noch deutlichere.

Kapitel 13

Ein Anhalter der „etwas“ besonderen Art: „Wussten Sie schon, dass ...?“

Der neuseeländische Journalist Edward Rooney befasst sich in einem Artikel der „New Zealand Post“ im November 1990 mit einem Autoanhalter der etwas anderen Art. Die Sache ist reichlich ungewöhnlich. Deswegen tut er das, was er tut, mit verständlicher Zurückhaltung. In jedem Fall hat er keinen „reißerischen“ Bericht verfasst. So enthält der Bericht einige Informationen, die man guten Gewissens einbeziehen kann.

Neuseeland besteht bekanntlich aus zwei Hauptinseln. Auf der Nordinsel liegen die Städte New Plymouth und die Hauptstadt Wellington. New Plymouth liegt direkt am Pazifik. Ich war auch dort während meiner Neuseelandreise im Februar 1986. Insofern berührt mich die Sache persönlich etwas. Außerdem bin ich vielleicht sogar auf der Straße gefahren, die im Artikel von Rooney erwähnt wird. Es ist die zwischen New Plymouth und Wellington. Denn natürlich war ich auch in Wellington, das eine ganz phantastische Lage hat. Bei mir handelte es sich allerdings um eine höchst normale Busfahrt, wenn auch nicht ganz unkomfortabel.

Etwas unüblich muss sich hingegen die Autofahrt einiger neuseeländischer Ehepaare gestaltet haben. Im November 1990 häufen sich Berichte von einem netten Anhalter. Immer wieder ist von diesem Anhalter mit strahlender weißer Kleidung die Rede. In Neuseeland mit seiner erfreulich niedrigen Kriminalität ist es leicht, per Anhalter zu reisen. Mitunter habe ich das auch so gemacht. Aber dann habe ich das Auto auf höchst normale Weise wieder verlassen. Und besondere „Geschichten“ hatte ich dabei nicht parat.

Bei dem Anhalter ganz in Weiß war das etwas anders. Er fragte die Anwesenden, ob sie schon wüssten, dass Christus im Begriff sei zurückzukommen („Did you know the Lord is coming back?“). Der englische Ausdruck „Lord“ in Großschreibung hat diese religiöse Bedeutung. Die Verwendung der Verlaufsform des Präsens (is coming back) deutet auf ein gegenwärtig stattfindendes Ereignis als Prozess hin. Und etwas später steht bei Rooney der englische Satz „Then he vanishes from the speeding car“. Das ist kein Zufall. Der Gebrauch des Verbs „to vanish“ und der Präpositionalphrase „from the speeding car“ deutet auf Folgendes hin: Der nette „Herr in Weiß“ löst sich in Luft auf (etwas feiner formuliert: eine körperliche Dematerialisation). Denn ein „speeding car“ ist eben in voller Fahrt und kann nicht auf übliche Weise verlassen werden. Ganz Ähnliches hatte sich im Juni 1988 in Kawangware (Nairobi) zugetragen. Der in Kenia lebende Inder Gurnam Singh und weitere Augenzeugen hatten ein besonderes Erlebnis am Busterminal der kenianischen Hauptstadt: Ein Mann in Weiß (zuvor auf einer Versammlung der mental und physisch heilerisch tätigen Frau Mary S. Akatsa) war ausgestiegen (noch normal) und hatte sich dann nach wenigen Schritten in Luft aufgelöst. Während der Fahrt hatte er angekündigt, er wolle „zum Himmel aufsteigen“. Das unübliche Verkehrsverhalten des Mannes in Weiß veranlasste wiederum den Journalisten Job Mutungi zu der Formulierung „vanished into thin air“. Der Leser erinnert sich. Offensichtlich war bereits im Juni 1988 in Nairobi (Kawangware) körperliche Dematerialisation im Spiel.

Sehr viel hatte der neuseeländische Verkehrsteilnehmer nicht zu sagen, denn nach der Ankündigung der Ankunft Christi verließ er rasch wieder das Gefährt. Immerhin war er auf höchst normale Weise eingestiegen. Gegen die neuseeländische Straßenverkehrsordnung hat er mit all dem wohl nicht verstoßen.

Aber die Insassen, in der Regel praktizierende christliche Ehepaare, waren dann doch überrascht. Innerhalb eines Tages gingen bei Tankstellenbediensteten und Beamten des Verkehrs- und Transportwesens im

Wesentlichen identische Erlebnisberichte ein von aufgeregten und einander nicht bekannten Autoinsassen.

Etwas weiter nördlich, eher im Zentrum der Nordinsel, muss der „Mann in Weiß" auch gewesen sein. Jedenfalls erhielt der christlich orientierte Journalist Brian Finn von „Christian Challenge Weekly" in Auckland ebenfalls im November 1990 solche Berichte und Informationen. Auf ihn nimmt Rooney in seinem Artikel Bezug. Die deutsche Zeitschrift „Magazin 2000" tut dies auch und zitiert eine Kurzmeldung aus dem „Christian Challenge Weekly" vom 16. November 1990: „Im Laufe eines Monats erhielt eine Zeitung in Neuseeland mindestens ein Dutzend Berichte über trampende Engel, die sich vor allem von Christen mitnehmen lassen und diese dann über die bevorstehende Wiederkehr des Christus informieren, bevor sie auf mysteriöse Weise aus dem fahrenden Auto verschwinden. Verkehrsbeamte behaupten, dass sie „zigmal" ähnliche Berichte erhielten."

Die Deutung als Engelgestalten ist verständlich, wie ich meine. Allein sie weist auf die Außergewöhnlichkeit der Vorgänge hin. In der „Share"-Ausgabe vom Juli/August 1991 teilt der Neuseeländer John O'Donnell in einem Leserbrief mit, dass ihn eine junge Frau angerufen habe, die in einem Auto etwas Außergewöhnliches erlebt hatte. Wie sie berichtet, sei auch ein Mann mitgenommen worden. Er habe von einem „Maitreya" gesprochen und sei dann aus dem Wagen verschwunden. Der Leser erinnert sich: Maitreya, „der von liebender Güte Erfüllte".

Doch Vergleichbares ist nicht nur in Neuseeland passiert.

„Share" liegen weitere Informationen aus Australien vor. Und das „Magazin 2000" gibt die Sache wie folgt wieder: „Im Februar 1992 gab es aus Australien Berichte über einen Tramper, den man mehrere Male nördlich von Sydney im Auto mitgenommen hatte. Nach der Ankündigung, der Christus sei in der Welt und man werde ihn bald sehen, verschwand er plötzlich aus den fahrenden Autos."

Aus Europa liegt ein Bericht der niederländischen Tageszeitung „Trouw“ vor. Darin heißt es: „Ein Mitglied der holländischen Reformistenkirche hörte die Geschichte in einer Bibelstunde: ein Autofahrer nimmt einen Tramper auf der Straße mit. Es entwickelt sich ein Gespräch über spirituelle Dinge, und das Thema vom künftigen Reich Gottes taucht auf. Der Tramper verkündet, dass Jesus (!) bald wieder erscheinen werde und verschwindet auf die gleiche Weise wie beim Abendmahl zu Emmaus. Der Autofahrer ist so erschüttert von diesem Erlebnis, dass er sein Auto am Straßenrand parkt, um sich von dem Schock zu erholen. Da kommen einige Verkehrspolizisten, denen er die Geschichte erzählt. Sie antworten darauf: „Sie sind jetzt der achte Autofahrer, der uns das erzählt.“

In den USA berichtet Harriet Card aus Memphis (Tennessee) im April 1991 „Share“ in seinem Leserbrief Folgendes: „Während einer Fahrt in Dallas nahmen eine Frau und ihre Freundin einen Tramper mit, der ihnen erzählte, dass Christus in der Welt sei. Dann verschwand er vom Rücksitz des Wagens. Sieben ähnliche Fälle wurden telefonisch während einer lokalen Radio Talk Show gemeldet.“ Offenbar hatten die Menschen erst durch die Radiosendung Mut gefasst, ihr Erlebnis weiterzugeben. Denn ohne weiteres würde man die Geschichte nicht glauben, ja nicht glauben können.

In einem anderen Leserbrief an „Share“ von Elinor McMullen aus Maben (Massachusetts) ist von Parkwächtern die Rede, die einander ganz ähnliche Berichte bekommen hätten. Danach hätten eine Reihe von Menschen zwischen Natchez (Massachusetts) und Nashville (Tennessee) einen Tramper mitgenommen. Er behauptete, Jesus zu sein und verschwand dann.

Einen weiteren beziehungsreichen Fall möchte ich dem Leser nicht vorenthalten. Wir bleiben dabei noch in den USA, kommen aber in einen ganz anderen Teil des großen Landes. Gina Simcoe aus Boulder (Colorado) informierte im April 1994 „Share“ über einen weiteren Fall einer dunkelhäutigen Frau mit christlicher Orientierung. Normalerweise nimmt sie keine Anhalter mit, aber in dem Falle hielt sie an und ließ den Mann einsteigen. Der Anhalter war ganz in Weiß gekleidet und sagte zu ihr: „Ich kann Ihnen sagen, Sie sind bestimmt Christin.“ Dann plauderten sie ein wenig miteinander. Nach kurzer Zeit sagte er unvermittelt aus der Plauderei heraus: „Gabriels Lippen sind auf seiner Posaune.“ Dann verschwand er, wobei der Schreiber wieder das Verb „to vanish“ verwendet. Gabriel ist uns als Erzengel bekannt. Im Lukasevangelium kündigt er die Geburt von Johannes dem Täufer und gegenüber Maria die Geburt Jesu an. Der Zusatz mit den „Lippen auf seiner Posaune“ spielt wohl auf ihn mit der Posaune als Verkünder der Wiederkehr des Christus an. Übrigens hat Gabriel auch im jüdisch und auch christlich beeinflussten Islam seine herausragende Stellung bewahren können. In jedem Falle machte der weiß gekleidete Anhalter eine klare Anspielung auf einen religiösen Aspekt, der mit freudvoller Erwartung zu tun hat.

Die Frau war nicht allein mit ihrem Erlebnis. Ein anderer Verkehrsteilnehmer sagte, ihm sei von mindestens vier anderen Einzelfahrern Entsprechendes berichtet worden. Die Vorfälle hatten sich eine Woche nach dem Erntedankfest (Thanksgiving) 1993 ereignet. Schauplatz war der Highway 95 zwischen West Palm Beach und Boca Raton in Florida. In einem lokalen Fernsehprogramm meldete sich dann noch eine andere Frau zu Wort und erwähnte ihr Erlebnis mit dem erstaunlichen Anhalter in derselben Region und dem entsprechenden Zeitraum. Es meldeten sich dann noch einzelne Personen, die von einem ähnlichen Vorfall bei Jacksonville (Florida) im Februar oder März des vergangenen Jahres zu berichten wussten.

Ein Fall liegt weiter zurück. In einem Brief im September 1992 an „Share“ berichtet der Neuseeländer John Turner von seiner Begegnung mit einem plötzlich verschwundenen Tramper 1977 oder 1978. Das wäre demzufolge der allererste Fall seiner Art.

Ein Anhalter also der etwas anderen Art in Neuseeland, Australien, Holland und den USA mit einer Häufung der Vorfälle zwischen November

1990 und November 1993. Die Menschen waren verständlicherweise völlig überrascht, aber es war für sie eine positive Begegnung. Für sie lag wohl das Hauptproblem darin, sich anderen Menschen mitzuteilen. Andererseits teilten sie dann doch relativ spontan Tankwarten, Parkwächtern oder Verkehrspolizisten etwas von ihrer besonderen Begegnung mit.

Vor einiger Zeit erzählte mir jemand, er habe in einem deutschen Privatfernsehen einen Bericht über den erstaunlichen Anhalter gesehen. In der Sendung sei es um ungewöhnliche Phänomene gegangen. Ich fragte ihn, ob dem Fernsehzuschauer systematischere Zusammenhänge vermittelt worden seien. Dies verneinte er. Offenbar sind die Vorgänge als isolierte dargestellt worden. Das soll keine Medienschelte sein. Die für die Sendung zuständigen Fernsehjournalisten hatten vermutlich den Eindruck, dass es sich um eine isoliert zu betrachtende Geschichte handle oder handeln müsse.

Es hatte dann am 05.10.1999 eine Wiederholungssendung gegeben. Auf „RTL 2". In der Sendung geht es um „ungewöhnliche Phänomene", wie es in der Sprache der Fernsehjournalisten verständlicherweise formuliert wird. Hier nun nähere Einzelheiten.

Ein amerikanisches Ehepaar war im Auto in Streit geraten. Der Vorname des Autofahrers und Ehemannes war David. Es ging bei dem Streit um Davids Mutter. Die Ehefrau hatte offenbar Probleme mit ihrer Schwiegermutter. Das ist allerdings noch nichts Ungewöhnliches. Doch die Geschichte geht noch weiter.

Außerdem fühlte sich die Ehefrau vernachlässigt. David habe viel mehr Zeit für andere Dinge, insbesondere aber für seine Golfpartner. Plötzlich hatten die beiden obendrein auch noch eine Reifenpanne. Pech, aber immer noch alltäglich.

Sie hielten also an und David versuchte, den Reifen auszuwechseln. Währenddessen tauchte plötzlich ein normal und eher leger gekleideter

Mann neben der wartenden Ehefrau auf. Der Ehemann kam nicht zurecht und der Fremde bot bescheiden seine Hilfe an. Sie nahmen das Angebot an und der hilfsbereite Fremde war erfolgreich. Auch das ist noch nicht ungewöhnlich.

Doch noch während der „Fremde“ den Reifen wechselte, sprach er von Liebe, die man einem Mitmenschen in seiner nächsten Umgebung geben sollte, anstatt ihn zu vernachlässigen. Das bezog sich exakt auf das Gespräch vorher, das die Eheleute geführt hatten, als der „Fremde“ noch gar nicht da war. Die Eheleute fingen jedenfalls an, sich über den „Fremden“ zu wundern. Irgendwie war sein Auftreten jenseits des Gewöhnlichen. Er war bestimmt, aber gleichzeitig freundlich, ja liebevoll.

Sie nahmen ihn dann ein Stückchen mit, obwohl der „Fremde“ zunächst eher zurückhaltend war. Er wollte sich auf keinen Fall aufdrängen.

Die Frau forderte ihn dann recht bestimmt auf, sich auf dem Rücksitz anzuschnallen. Dieser Bitte entsprach der Mann. Freundlichkeit und Ruhe gingen von ihm aus.

Der Mann sagte dann den zerstrittenen Eheleuten, es sei gut, „das zarte Pflänzchen Liebe zu pflegen, damit es nicht verwelke“. Daraufhin veränderte sich auch bei den Eheleuten die Atmosphäre zum Positiven. Sie verloren ihre Streit„lust“. Ruhe kehrte ein.

Als sich die Frau nach einer kurzen Weile zu dem „Fremden“ umdrehte, war dieser plötzlich verschwunden. Aus dem fahrenden Auto! Die Gurte waren aber noch ineinandergeschnallt! Die Eheleute wunderten sich sehr. Dann bemühten sie sich aber trotz ihres Erstaunens um eine „logische“ Erklärung und kamen zu dem Schluss, dass der „Fremde“ „irgendwie“ aus dem Auto gefallen sein müsste. So beschlossen sie, die Strecke ein Stück zurückzufahren. Aber von dem Mann gab es keine Spur mehr.

Später erzählte das Paar einem Verkehrspolizisten von dem Vorfall. Und der war nicht einmal besonders überrascht. Er meinte lediglich, sie seien schon das vierte Ehepaar, dem das passiert sei.

Am Ende wird noch erwähnt, dass die Begegnung mit dem „Fremden" für das Ehepaar zu einer Art Wiederentdeckung ihrer Beziehung geführt habe. Und Davids Mutter habe eine Veränderung zum Positiven bei den Eheleuten bemerkt. Die Begegnung mit dem „Fremden" hatte also etwas bewirkt. Und der moderierende Journalist von „RTL 2" bestätigte, dass diese unglaublich klingende Geschichte tatsächlich passiert sei. Die Begegnungen der (zunächst zerstrittenen) Ehepaare mit dem außergewöhnlichen und zugleich sehr liebevollen „Fremden" ereigneten sich auf einem Highway im US-Bundesstaat New York.

Erinnert sei kurz an die Lichtkreuze in der Kirche bei Knoxville in den USA. Auch sie hatten die positive Wirkung, dass gefährdete und von Scheidung bedrohte Ehebeziehungen wieder besser wurden und schmerzhafte Trennungen ausblieben.

Vom „Autofahren der etwas besonderen Art" kann man ebenso im folgenden Fall sprechen. Die britische Tageszeitung „Daily Mail" schildert eine Begegnung bei einer Reifenpanne, die nicht so ganz alltäglichen Erfahrungen entspricht. Zwei ältere Nonnen waren auf einer kleinen Landstraße im US-Bundesstaat Iowa unterwegs. Sie bekamen eine Reifenpanne und wussten sich nicht zu helfen. Doch sie hatten großes Glück. Ein Auto näherte sich und drei junge Männer in weißen Anzügen stiegen aus und boten ihre Hilfe an. Die Nonnen meinten, sie sollten aufpassen und sich nicht schmutzig machen. Einer legte sich auf den Boden und meinte, sie sollten sich keine Sorgen machen. Sehr geschickt wechselte er die Reifen, und als er aufstand, war er kein bisschen schmutzig, obwohl es den ganzen Tag geregnet hatte und die Landstraße alles andere als sauber war. Die drei Männer versicherten den beiden Frauen, sie hätten jetzt keine Probleme mehr. Und sie weigerten sich, für ihre Hilfe Geld zu nehmen, und fuhren fort.

Als diese Männer davon fuhren, begann ihr Auto hell zu schimmern, bis es fast durchsichtig geworden war. Und dann verschwand es ganz, mit einem abschließenden hellen Lichtimpuls. „Daily Mail" fügt hinzu, dass offenbar Dutzende solcher Fälle von überall in den USA berichtet worden waren. Man hielt solche Männer im Allgemeinen für Engel, die bei Reifenpannen als Retter in der Not auftauchten. Die „Engel" waren immer jung, lächelten freundlich und seien sogar ein wenig verspielt, würden jedoch sofort ernst und würdevoll, wenn sie ans Werk gingen. Wenn sie ihre Aufgabe beendet hätten, würde ihr ansonsten ganz normal erscheinender Wagen sich in einem magischen Schimmer dematerialisieren. Die britische Zeitung verwendet tatsächlich das Verb „to dematerialize". Im englischen Text liest sich dies so: „Their otherwise unremarkable vehicle dematerializes in a magical shimmer." Gewiss wäre das nicht in die Presse gekommen, wenn es sich nicht wiederholt hätte und mehrere Fälle vorliegen würden.

Mit Phänomenen der Dematerialisation hatten wir es bereits zu tun. Mir kommt die Sache mit der Kirche bei Knoxville mit den Lichtkreuzen in den Sinn. Auch dort waren in der Kirche drei (männliche) Wesenheiten gesehen worden, die dann auch in der Kirche wieder verschwanden. „Daily Mail" spricht in sympathisch humorvoller Weise von den drei hilfsbereiten jungen Herren als „master mechanics", also von „Meistermechanikern". Die Vorfälle ereigneten sich Anfang 1993. Die drei „Herren" in der Kirche bei Knoxville waren im November 1995 in Erscheinung getreten. Allerdings mag man es bei all dem am bemerkenswertesten finden, dass es nicht nur eine Wesenheit war, sondern deren drei.

Kapitel 14

Erstaunliches in Indien und anderswo

Im September 1995 ereignete sich an drei Tagen etwas Ungewöhnliches, was in den Medien der Welt mehr Aufmerksamkeit erregte als die anderen Phänomene, die mehrheitlich nur lokal und daher isoliert registriert worden waren. Die öffentliche Aufmerksamkeit übertraf sogar die für das Geschehen in Nairobi (Kawangware) im Juni 1988. CNN und mehrere englische Zeitungen zeigten ein nicht unerhebliches Interesse für die Vorgänge in Indien und weit über Indien hinaus. Auch die „Neue Zürcher Zeitung", sonst eher an Börsenkursen und Bankenwesen interessiert, ging auf die Sache näher ein. In den deutschen Medien war dagegen so gut wie nichts zu lesen und zu hören. Vordergründig schien es ja in erster Linie eine Serie von Vorfällen zu sein, die mit dem Hinduismus und seinen Anhängern in Verbindung standen oder stehen mussten. Und die Sache ist fast schon ein Lehrstück, wie heutige Wissenschaft mit Religion und Spiritualität umgeht, denn die Reaktion von Wissenschaftlern war diesmal massiv. Was war geschehen?

Im Hinduismus ist es üblich, auf einem Altar geweihte Speisen darzubringen, so etwa Süßigkeiten und Milch. Die Kuh als Milchspenderin gilt als heilig. Kühe dürfen nicht geschlachtet werden. Ich fand das übrigens lange Zeit eher komisch. Aber man bedenke, dass aus Milch andere Nahrungsprodukte gemacht werden (können), die hochgradig gesund, ja lebenswichtig sind. Für mich bietet die ganze Sache jedenfalls die Möglichkeit, mehr Verständnis für eine andere Religion und Kultur zu entwickeln. Diese Erfahrung sollte sich bei meinen Arbeiten für das vorliegende Buch noch verstärken. Seit Jahrtausenden halten Priester oder Priesterinnen im indischen Kulturraum einen

Löffel Milch vor die Statue eines Gottes als Weihgabe. Die Götterstatuen nennt man „Murtis".

Am 21. September 1995 tat man das wieder, in Tempeln in Neu-Delhi und in hinduistischen Tempeln weltweit. Die Weihzeremonie erfolgt in den größeren Tempeln um 4 Uhr morgens. Das hat eine lange Tradition. Und so war es auch in einem Tempel in Neu-Delhi eben an jenem 21. September. Doch die geopferte Milch verschwand aus dem Löffel, als ob die Gottheit Ganesha sie getrunken hätte. Innerhalb von wenigen Stunden wiederholte sich dies in hinduistischen Tempeln weltweit. Die Opferungen sollen spätestens bis 8 Uhr morgens erfolgen. Das ist religiöser Brauch. In der indischen Minderheit in Kenia verschwand die erste geopferte Milch um 4 Uhr 30 desselben Tages, wofür es zahlreiche Augenzeugen gab. Die Zeitschrift „Hinduism Today" recherchierte, wo überall die Milch verschwand. In ihrer Novemberausgabe (1995) bildet sie Länder und Orte des Geschehens ab. Zeitgleich und innerhalb von drei Tagen geschah das Außergewöhnliche in Indien, Bangladesh, Sri Lanka, Nepal, Hong Kong, Thailand, Malaysia, Indonesien, Fidschi, Australien, Neuseeland, Mauritius, Kenia, Guyana, Trinidad, den USA, Kanada und Großbritannien. Es geschah nicht in allen Tempeln der Welt ohne Ausnahme, aber in vielen.

Die Reaktion in der hinduistischen Welt war heftig. Doch ebenso heftig war die einiger Wissenschaftler, vor allem in Indien selbst. „Religiöse Massenhysterie" war eine der ersten Vermutungen. Dann folgten physikalische und chemische Erklärungsversuche. Durchaus verständlich und etwas fairer als die Unterstellung der Hysterie Tausender von Gläubigen, die zeitgleich an ganz verschiedenen Orten der Welt etwas beobachtet hatten. Wissenschaftlern zufolge musste es das poröse Holz gewesen sein. Doch die Statuen waren nicht aus Holz! Oder die betreffenden Leute hätten sich abgesprochen und die Opferlöffel schräg gehalten. Oder sie hätten sich nicht abgesprochen, aber unbewusst ihre Feinmotorik nicht unter Kontrolle gehabt in Erwartung eines Wunders. Oder ein Saugschwammeffekt – materialbedingt. Oder das, was Physiker wohl als „Kapillarfunktion" bezeichnen. Das klingt zumindest plausibel.

Aber bei der Hektik, die nun die Wissenschaft ergriffen hatte, blieb eines völlig ausgeklammert: Die chemischen, physikalischen und materiellen Rahmenbedingungen gab es vor dem 21. September 1995 und es gab sie nach dem 23. September 1995. Und nichts dergleichen war vor dem 21. September 1995 passiert und nichts dergleichen passierte nach dem 23. September 1995. Keine dargebotene Milch, die langsam oder in Sekundenschnelle verschwand.

Nach den wissenschaftlichen Erklärungsversuchen am 21. und 22. September 1995 machten zunächst skeptische westliche Zeitungs- und Fernsehjournalisten aus der Schweiz, den USA (von CNN) und England Aussagen dergestalt, dass sie einen erklärbaren „Mechanismus“ oder „Trickserei“ einfach nicht erkennen könnten. Bereits am 21. September hatten sich skeptische Inder entsprechend geäußert und waren dann doch von den Vorgängen überrascht. Der Schweizer Indienexperte und Buchautor Armin Risi geht in seinem Artikel im „Magazin 2000“ auf die rationalisierenden Erklärungsversuche ein und bringt Einwände im Rahmen materialistischer Modelle. Ein Südasienwissenschaftler der Universität Heidelberg kommt nach Untersuchungen mit Physikern Armin Risi zufolge zu dem Schluss: „Es gibt keine Möglichkeit, in einem Experiment glaubhaft nachzuvollziehen, wie die Milch bei diesen Murtis verschwand. Das oberflächliche Abfließen der Milch wäre sogar einem Kind aufgefallen, vor allem, da die Milch manchmal in Sekundenschnelle verschwand. Wir stehen vor einem Rätsel und gleichzeitig vor einem der bestdokumentierten so genannten paranormalen Phänomene der Geschichte.“ Ein sachliches und präzises Statement. Ein Physikprofessor außerhalb Deutschlands hatte infolge seiner „Verliebtheit“ in rein materialistische Denkmodelle vorausgesagt, es werde wieder passieren. Aber es ist bis heute nicht wieder passiert.

Für uns Europäer ist das Ereignis vom September 1995 schwer zu deuten. Aber fromme Hindus meinen, darin ein Zeichen erblicken zu können. Und die britische Journalistin Rebecca Mae, die in ihrer Skepsis ebenfalls einen „Löffeltest“ gemacht und mit anderen testenden und verblüfften Journalisten gesprochen hatte, schrieb im „Daily Express“ zur Deutung der Vorfälle durch die Hindus: „Die meisten der Andächtigen sagten, dass sie eher selten in den Tempel gingen und mit Sicherheit keine religiösen Fanatiker wären. Aber sie seien felsenfest davon überzeugt, dass ein neuer Gott geboren sei, um die Welt vom Bösen zu erretten.“ Interessant ist dabei, dass die Hindus das Ereignis positiv werten und es nicht mit diffusen apokalyptischen Endzeit- und Untergangsszenarien in Verbindung bringen. Und Ähnliches gilt für den indischen Astrologen Krishna Anratar Dubey, der erklärt, dass sich nach der indischen Mythologie solche Wunder ereignen, wenn eine große Seele in die Welt kommt. Und der Vorsteher des Southall-Tempels in London, Herr Bharbari, der wie Tausende in der britischen Hauptstadt ebenfalls das Phänomen des Verschwindens von Milch im sakralen Kontext für einen bestimmten Zeitraum beobachten konnte, äußerte dazu: „Alles, was ich weiß, ist, dass unser heiliges Buch sagt, dass, sobald das Böse auf Erden vorherrscht, eine große Seele herabkommen werde, um die Fesseln des Bösen aufzulösen, damit das Gute wieder herrschen kann. Wir glauben, dass dieses Wunder und jene in den anderen Hindutempeln ein Zeichen für die Ankunft einer großen Seele, wie Lord Krishna oder Jesus Christus, sein könnten.“ Entsprechende Berichte mit derartigen Aussagen fanden sich in britischen Zeitungen wie „The Daily Mail“, „The Guardian“, „The Daily Express“, „The Independent“ u.a.m. Natürlich war das Echo in den britischen Medien vor allem deshalb ungleich stärker als in den deutschen, da es dort im Lande einen großen Bevölkerungsteil hinduistischer Prägung gibt.

Kapitel 15

Von Mexiko City nach Las Vegas – eine Reihe von Wundern

Bei Las Vegas denkt man an Glücksspiele und nächtliche Superbeleuchtung. Aber dort hat sich etwas ereignet, was mit Glücksspiel absolut nichts zu tun hat. Und sogar das Fernsehen CBS mit dem Lokalsender „Las Vegas Channel 8" wollte mehr erfahren. Die betroffene Familie besitzt eine Videokopie der CBS-Sendung vom Juni 1993. Aber angefangen hat die Geschichte in Mexiko.

1531 erschien einem armen mexikanischen Bauern aus dem Nichts eine wunderschöne Frau. Sie sagte ihm, er solle den Bischof darum bitten, an der Stelle, an der er gerade stand, einen Schrein errichten zu lassen. Doch der Bischof war verständlicherweise skeptisch und lehnte zunächst ab. So betete der fromme Bauersmann und drei Tage später erschien ihm die Frauengestalt erneut. Das geschah im Dezember. Er sollte trotz der Jahreszeit Rosen abschneiden und sie zum Bischof bringen. Er fand sie auf einem Hügel und brachte sie dem Bischof. Dies und ihr plötzlich auf dem Umhang des Bauern Juan Diego sichtbar gewordenes Bildnis überzeugte den Kirchenmann. Zuvor hatte die Frau Juan Diego noch gesagt, sie sei die „heilige Maria von Guadalupe". Erst entstand ein Schrein und später die berühmte Basilika der Jungfrau von Guadalupe. Sie gehört zu den Attraktionen der mexikanischen Metropole. Und die Jungfrau von Guadalupe ist ein wichtiger Bestandteil mexikanischer Frömmigkeit. Bis auf den heutigen Tag.

So verwundert es nicht, wenn der Mexikaner Pablo Covarrubias 1991 eine Statue der berühmten Jungfrau von Mexiko City nach Las Vegas mitbrachte. Doch zunächst war die Jungfrau das Objekt des Misstrauens amerikanischer Zollbeamter bei Tijuana an der Grenze. Sie hätten die Dame am liebsten zerschmettert, denn sie vermuteten Rauschgift in ihr. Mexiko ist Transitland für den Drogenhandel aus Kolumbien in Richtung USA. Doch diese Aktion konnte mit Mühe verhindert werden. So gelangte die Statue an ihren Bestimmungsort. Pablo Covarrubias errichtete einen Schrein im Hinterhof seines neuen Heimes und stellte die Statue auf einen Steinsockel. Die fromme Familie aus Mexiko betete dort regelmäßig.

Zwei Jahre lang passierte nichts Außergewöhnliches. Doch am 31. Mai 1993 nahm die Tochter Tränen auf dem Gesicht der Madonna wahr. Die herbeigerufene Familie staunte und hatte keine Erklärung dafür. So erschien ihr der Vorgang als „Wunder“ und sie verständigte die Medien. Anfang Juni kamen dann Reporter von „Las Vegas Channel 8“. Vor dem Filmen der Statue musste diese vom Steinsockel entfernt werden. Die misstrauischen Reporter wollten erst einmal überprüfen, ob die Tränen durch eine Wasservorrichtung hervorgerufen worden waren. Manipulationen irgendwelcher Art wollte man ausschließen. Die Familie ließ die Leute vom Fernsehen gewähren, denn ein sachlicher Augenzeugenbericht erschien ihr notwendig. Als die Statue wieder auf dem Sockel stand, fing sie just in dem Moment zu weinen an. Auf dem noch vorhandenen Video ist deutlich das Entstehen, Größerwerden und Herunterfließen der Tränen zu sehen.

Ein Stück Baumwolle diente dazu, die vom Kinn herabfallenden Tränen aufzufangen. Die Baumwolle mit den Tränen hatte zunächst nur Devotionalienfunktion. Denn nun kamen Menschen zu dem Ort. Wie Jahre später in Slowenien war auch die eingewanderte Familie in Las Vegas bereit, das Außergewöhnliche mit anderen Menschen zu teilen.

Doch dann kam es im Zusammenhang mit den Tränen in der Baumwolle zu medizinischen Besonderheiten und Heilungen. Einer Frau sagte ein Arzt, dass ihr Kind nicht lebend zur Welt kommen würde. Die Diagnose ließ keine andere Schlussfolgerung zu. Und gerade die pränatale Medizin verzeichnet enorme Fortschritte. Doch es sollte anders kommen, wenn man der Familie glauben darf. In ihrer Verzweiflung ließ die schwangere Frau das Stück Baumwolle sich mit den Tränen der weinenden Statue vollsaugen und rieb ihren Bauch damit. Die Schwangerschaft nahm einen überraschenden Verlauf und ein gesundes Baby erblickte das Licht der Welt.

In einem anderen Fall wurde ein Patient von einer Augenkrankheit geheilt. Ein Krebspatient machte ebenso eine außergewöhnliche Erfahrung wie einige Patienten, die in Krankenhäusern behandelt worden waren. Und eine kleine Engelsbüste vor der Statue „schwitzt" von Gesicht und Haaren her Öl, das aber nach Rosen duftet (vergl. das Phänomen mit dem Rosenduft, den ein Drogenabhängiger wahrnahm, als er vor dem Lichtkreuz in Montclair (Kalifornien) betete).

Im Oktober 1993 ereignete sich etwas noch Außergewöhnlicheres. 32 Menschen beteten vor der Statue, als sich plötzlich der Wind legte, die Wolken aufbrachen und eine Madonnengestalt am Himmel zu sehen war. Sie war von einer goldenen Aura umgeben wie sie typisch ist für Darstellungen der Jungfrau von Guadalupe. Alle 32 Menschen haben „Share" (Ausgabe Juli/August 1999) zufolge diese Vision bezeugt. Am 12. Dezember 1993, dem Festtag der Jungfrau von Guadalupe, vergoss die Statue erneut Tränen. Dann passierte fast zwei Jahre nichts Besonderes mehr. Doch am 25. September 1995 weinte die Statue wieder. Im selben Monat war die Tochter gerade beim Beten, als ein Kreuz auf der Stirn der Statue erschien. Wie bei den meisten (optisch unüblichen) Lichtkreuzen waren die waagerechte und senkrechte Linie des erschienenen Kreuzes gleich lang.

Einen Monat später besuchte der örtliche Geistliche von der St. Bridget´s Catholic Church mit vier Begleitern die Statue. Er habe „etwas Feuchtigkeit auf dem Gesicht der Statue" wahrgenommen. Aber Wunder seien erst als solche anerkannt, wenn die Kirche diese offiziell bestätigen würde. Der örtliche Bischof, wohl bis dahin kein Besucher der Statue, meinte, er glaube, die ganze Sache sei ein Schwindel. Die Kirche hatte sich über zwei Jahre lang völlig zurückgehalten. Sie hatte die

Menschen nicht dazu angeregt, den besonderen Ort zu besuchen. Trotzdem waren seit 1993 viele Menschen gekommen. Am 23. Januar 1999 war der Papst zu Besuch in Mexiko. Während der Messe bei der Basilika der Jungfrau von Guadalupe erklärte er den 12. Dezember zum Tag der Verehrung der Jungfrau von Guadalupe für ganz Amerika über Mexiko hinaus.

Im „Share"-Artikel vom Juli/August 1999 wird noch erwähnt, dass der Besuch der Statue weiterhin offen für alle sei und die dort wohnende Familie Geld dafür ablehne.

Der Leser wird sich fragen, ob diese Ereignisse um eine Marienstatue in Las Vegas die einzigen ihrer Art gewesen sind. Denn von solchen Dingen hat er doch schon gehört. Zumindest aus Italien. Dazu verweise ich auf ein Buch von Richard Bremer. Es trägt den Titel „Zeichen einer neuen Zeit – Eine Fülle von Wundern – Zeugen eines Neubeginns?" Im 3. Kapitel „Es muss ein Trick dahinter sein" trägt er weitere Fälle von Marienerscheinungen und von nicht ohne weiteres erklärbaren Vorgängen um Marienstatuen zusammen. Es zeigt sich, dass seit den 80er Jahren ein deutlicher Anstieg von derartigen Vorkommnissen zu verzeichnen ist. Und über Italien hinaus, so in den USA, auf den Philippinen, in Irland und weiteren Ländern rund um den Globus. Am bekanntesten sind wahrscheinlich die Marienerscheinungen im jugoslawischen Medjugorje in den 80er Jahren geworden. Zumindest hatten sich die internationalen Medien darauf besonders konzentriert. Andere Marienerscheinungen oder Ereignisse um Marienstatuen wurden durch örtliche Medien bekannt, fanden aber nicht den Weg in die weltweiten Nachrichten. In Medjugorje hatten viele Menschen beobachtet, wie sich am Himmel eine Buchstabenfolge bildete: „MIR". Das bedeutet im Serbischen und Russischen „Frieden" und im Russischen darüber hinaus auch „Welt". Mich erinnert es auch an die Madonnengestalt, die im Oktober 1993 in Las Vegas 32 Menschen am Himmel gesehen haben.

Kapitel 16

Weitere erstaunliche Phänomene

Der Leser mag sich an die Erwähnung der Fotos von Slowenien erinnern. Auf ihnen waren von 1996 an ohne neue Kameras plötzlich weiße, nach oben hin spiralförmige Strahlen zu erkennen, freilich erst nach der Filmentwicklung. Ich hatte die Fotos bei meinem Slowenienbesuch nebeneinander aufgereiht gesehen. Und angefangen hatte das mit einem Foto mit Herrn Vrhotnik und einem Priester. Beiden hatte eine Wasserquelle bei Tunjice (Nordslowenien) geholfen: Herrn Vrhotnik bei seiner Hauterkrankung und dem Priester bei seiner Borreliose nach einem tückischen Zeckenstich. Darüber hatte auch das slowenische Magazin „Jana" am 26. Januar 1999 berichtet.

Doch auch in anderen Teilen der Welt sind Fälle von weißen Strahlen erst nach der Entwicklung des Films bekannt geworden. In Göteborg war eine Frau im Rollstuhl fotografiert worden. Das Bild mit dem hellen Strahl ist in „Share" (Juli/August 1997) zu sehen. Von zwei weißen Lichtsäulen weiß auch die Engländerin Edna Carr zu berichten. Sie hat einen Bekannten, der am 2. April 1996 Aufnahmen in seiner Firma in Caudbec-les-Elbeuf (Frankreich) gemacht hat. Nach der Entwicklung mehrerer Fotos zeigten sich auf einem zwei weiße Lichtsäulen. Auf den anderen war nichts dergleichen zu sehen. Das Foto mit den Lichtsäulen zeigt „Share" in seiner Ausgabe vom Juli/August 1996. Ein weiteres Foto mit einer weißen Lichtspirale erst nach der Entwicklung gab es in Leeuwarden (Holland) im Februar 1999 (siehe „Share", Juli/August 1999).

Auf derselben Seite der Juli/August-Ausgabe findet sich ein Bild oben.

Es zeigt einen Mann beim Operieren. Am äußersten linken Rand ist der Anästhesist noch zu erkennen. Zunächst eine ganz normale Sache. Ein junger Arzt aus Nicaragua musste zum Abschluss seiner Spezialausbildung zum Chirurgen in den USA eine Operation durchführen. Er hatte vorher zu Jesus um Beistand für sein Abschlussexamen gebetet. In dieser besonderen Prüfungssituation wollte er sich bei seiner Operation für ein Erinnerungsfoto fotografieren lassen. Nach der Entwicklung des Fotos ist nun zwischen dem angehenden Chirurgen und dem Anästhesisten eine männliche Gestalt klar zu erkennen. Sie trägt keinen Mundschutz. Aber das ist nicht schlimm, denn während der Operation war diese Gestalt ja eigentlich gar nicht anwesend. Man kann aber noch ein interessantes Detail erkennen: Die Gestalt legt eine Hand auf die Schulter des jungen Arztes aus Nicaragua – eine Geste der Unterstützung. Erinnert sei hier an das Erscheinen des Christuskopfes nach der Fotoentwicklung bei einem in Tlacote geheilten Mann.

Im September 1997 hat „Share“ das Foto eines deutschen Ehepaares vorlegen können. Was war passiert?

Das Ehepaar hatte seinen Urlaub in Mittenwald (Bayern) verbracht. Ganz in der Nähe der Kirche des Ortes befindet sich eine Grotte. In ihr ist ein Bild in Anlehnung an Lourdes zu sehen. Die Mutter Maria mit einem Rosenkranz an ihren Fingern schaut auf Bernadette herab. Dem jungen französischen Mädchen war sie ja im letzten Jahrhundert bei Lourdes erschienen. Die Urlauberin machte davon ein Foto. Nach der Entwicklung des Fotos ist auf ihm nicht der Kopf der Maria zu sehen, sondern der Christuskopf. Auf dem Foto von „Share“ (englische Ausgabe) ist das tatsächlich deutlich genug zu erkennen. Und Christus blickt auf dem entwickelten Foto nicht nach unten, sondern nach oben zum in die Grotte einfallenden Lichtstrahl. Der Rosenkranz an den Fingern der Mutter Maria ist nicht mehr zu sehen. Es gibt also drei Veränderungen nach der Fotoentwicklung.

Im März 1994 machte eine Frau aus den USA einen Bummel durch die Altstadt von York, England. Und auch in ihrem Fall ist auf einem Foto nach seiner Entwicklung eine helle Lichtsäule zu erkennen. Das jedenfalls wusste Charlie Acker aus Kalifornien „Share“ im Oktober 1994 zu berichten. Auf Seite 14 ist das besondere Foto zu sehen. Eine weitere Lichtsäule auf einem entwickelten Foto gab es bei einer Familie in dem spanischen Dörfchen Torrenteras. Jedes Jahr organisiert sie für eine Woche ein Sufi-Seminar. Der Sufismus ist Teil der islamischen Mystik. Die Amerikanerin Glenna Draffen hatte während einer Weihnachtsfeier mehrere Aufnahmen gemacht. Auch sie stellte nach der Filmentwicklung überrascht fest, dass auf einem der Fotos ein weißer spiralförmiger Strahl zu sehen war. Diese Fälle sind neueren Datums. „Share“ führt sie im April 1999 an.

Weniger „profan“ ist der Fall einer katholischen Frau aus San Sebastian (Spanien). Sie war nach Lourdes gefahren. Die tiefe Bedeutung des südfranzösischen Ortes ist bekannt. Auch sie machte eine Aufnahme. Als der Film entwickelt war, tauchte oben auf dem Bild ein Kreuz auf. Es ist deutlich erkennbar („Share“, Juli 1994, englische Ausgabe) und erweckt den Anschein, aus den Wolken am Himmel gekommen zu sein.

In Verulam in Südafrika erschien in einem katholischen Privathaus in einem Spiegel ein Jesusantlitz. Leroy Gordon sah es als erster. Nach sieben Tagen verschwand es wieder, um wenige Monate später im Januar 1998 erneut zu erscheinen, aber diesmal mit einer Dornenkrone um das Antlitz und den Worten „Alpha“ und „Omega“ unter ihm. Skeptische Wissenschaftler untersuchten die Sache und rückten dem Antlitz sogar mit Wachs zuleibe. Aber sie fanden für das Auftauchen, Verschwinden und Wiederauftauchen des Antlitzes einfach keine wissenschaftliche Erklärung. Manipulation war ebensowenig im Spiel. Nach der Behandlung mit Wachs war das Antlitz nicht mehr zu sehen. Nach bloßer „Säuberung“ und ohne eine wissenschaftliche Erklärung gefunden zu haben, gaben sie dem Eigentümer den Spiegel zurück. Das war morgens. Am Abend desselben Tages erschien das Jesusantlitz erneut im Spiegel. Erzbischof Napier hatte sich das sakrale Gesicht im Laufe der Monate mehrmals angesehen und auch die Veränderungen bemerkt. Er sagte dazu, dass er wie andere Menschen gerne erfahren würde, welche Wahrheit dahinter sei. Die Zeitungen „Sunday Tribune" und „Courier" (beide in der Republik Südafrika) hatten über die ungewöhnlichen Vorfälle berichtet, was 1998 zahlreiche Besucher anlockte.

Beim Durchblättern der (englischen) „Share"-Ausgabe vom Juli/August 1998 stieß ich auf ein Foto mit einem besonderen optischen Phänomen über einer Kirche in Grand Forks (North Dakota, USA). Das Foto datiert vom 4. Mai 1998. Und genau auf derselben Seite bezieht sich „Share" auf einen Bericht des „Houston Chronicle". Es geht um eine Marienstatue in Corpus Christi (Texas). Zehn Jahre lang war nichts geschehen. Doch dann entdeckte ein Passant, dass sie sich bewegte. Er verständigte sofort den Besitzer des Privatgrundstückes. Der war ebenso überrascht wie der Passant. Nach Bekanntwerden der Kopf und Körper bewegenden Marienstatue sind der texanischen Zeitung zufolge Tausende von Menschen zu der Statue geströmt und beten dort auch. Und die „Detroit News" berichteten von einem Bild der Maria mit dem Christuskind. Es befindet sich oberhalb der Küchentür. Bild und Küchentür gehören zu einer Wohnung irakischer Christen, die in die USA eingewandert waren. Sie bekennen sich zur Antiochischen Orthodoxen Kirche. Das Bild hatten die Einwanderer aus dem Irak in einem Kloster auf Zypern erstanden. Fast zehn Jahre lang war nichts geschehen. Doch dann „weinte" die Maria Öl. Joe Nickell vom „Sceptical Inquirer" besuchte das Haus und wollte die Sache genauer untersuchen. Doch die näheren Umstände überraschten auch ihn. Inzwischen besuchen viele Menschen das Privathaus der irakischen Familie Bidawid. Von montags bis freitags können die Menschen kommen. Am Wochenende will die Familie ihre Privatheit genießen. Natürlich verlangt sie kein Geld von den Besuchern. Mary Bidawid berichtet von einer Freundin, die unfruchtbar war. Als sie ihr mit dem mitgebrachten Öl den nackten Bauch einrieb, änderte sich das. Die Freundin wurde schwanger.

Als ich im „Lichtkreuzland" Slowenien war, wurde mir ein Foto gezeigt. Auf dem Foto ist ein kleines Lichtkreuz auf einer Weinflasche zu sehen. Das Foto wurde Heiligabend (!) bei der Zusammenkunft einer Familie aufgenommen, natürlich ohne ein solches Lichtkreuz. Ich weiß, dass es inzwischen in einer Ausgabe von „Share“ abgebildet ist. Das Foto datiert vom 24. Dezember 1996. Dass ein solches Lichtkreuz später auf einem Foto auftaucht, das am 24. Dezember entstand, ist gewiss kein Zufall. Ein weiteres Zeichen.

Kennen Sie Yankalilla? Ich auch nicht. Es ist ein kleiner „verschlafener“ Ort südlich von Adelaide in Australien. Die Nachrichtenagentur „Reuters“ bekam plötzlich Interesse an dem kleinen Ort. Und BBC Radio 5 in London. Und eine Lokalzeitung in Alabama (USA). Und natürlich größere Zeitungen in Adelaide und „The Age“ in Melbourne. Und das Fernsehen. Im August 1994 nahm das Gemeindemitglied Susan Fehlburg auf der Wand ihrer anglikanischen Kirche die Umrisse der Madonna und des Christuskindes wahr. Der Geistliche Reverend Andrew Nutter nahm dasselbe wahr. Etwas Außergewöhnliches war geschehen. Und im Juli 1996 berichtete der Geistliche darüber in einer lokalen Kirchenzeitung. Dann ging die Nachricht über australische Zeitungen in die Welt hinaus.

Eine Australierin namens Lisa Foley wurde vom „Adelaide Advertiser“ eingeladen. Sie brachte die Erscheinung der Madonna und des Christuskindes mit anderen ungewöhnlichen Phänomenen weltweit in eine logische Verbindung. Und so gab es im „Advertiser“ in Adelaide einen Bericht, der zum ersten Mal eine globale Perspektive bei den „Wundern“ einnahm. Das war bis dahin in den internationalen Medien eher nicht der Fall gewesen. U n g e w ö h n l i c h e E r e i g n i s s e wurden als v ö l l i g i s o l i e r t e V o r g ä n g e b e t r a c h t e t und e n t - s p r e c h e n d d a r g e s t e l l t. M a n w u n d e r t e s i c h u n d g i n g d a n n s c h n e l l w i e d e r z u r T a g e s o r d n u n g ü b e r.

In dem australischen Zeitungsartikel mit einer Leserschaft von nahezu einer halben Million Menschen war zu lesen, dass ein bedeutender Lehrer in der Welt sei, der für alle sechs Milliarden Menschen da sei und die Religionen der Welt vereinigen würde. Er würde ein Zeitalter universeller spiritueller Weisheit einleiten. Was ich persönlich daran interessant finde, ist die Bezeichnung „Lehrer“. Eine Art globaler Weisheitslehrer also. Und es erinnert mich ein wenig an die „große Seele“, die in der Welt sein soll, wie viele Hindus nach dem „Milchwunder“ in und außerhalb Indiens glauben.

Kapitel 17

Und wieder Wasser, das heilt

Die Geschichte aus Australien wird noch interessanter. Ein Wünschelrutengänger war auf die Medienberichte aufmerksam geworden. Er wies den Geistlichen auf eine Wasserader unterhalb der Kirche hin. Das war für den Reverend der Kirche wie eine Bestätigung. Er hatte nämlich die Intuition, dass die Marien- und Christuskinderscheinung über seine kleine Gemeinde hinaus für ganz Australien von Bedeutung sein könnte. Inzwischen hatte eine Australierin von dem britischen Buchautor Benjamin Creme im fernen London die Information erhalten, wo genau man nach dem Wasser bohren müsse. Dieser Autor hat einen besonders guten „Draht". Zumindest macht er das geltend. Per Fax gab er an: Zwei Meter von der Mauer der Kirche entfernt, parallel zum Bildnis von Maria und dem Kind. Man bohrte und stieß in der Tat auf die Wasserader. Der Brite hatte sich bereits über Tlacote geäußert. Er wusste gut darüber Bescheid.

In Afrika hatten wir uns bereits aufgehalten. Nairobi mit Kawangware war der Ort des Staunens. Doch nun von Kenia nach Kamerun. Im Mai 1996 erschien an neun Tagen die Jungfrau Maria sieben jungen Mädchen in dem Dorf Nsimalen bei Yaounde, der Hauptstadt Kameruns. Eine Augenzeugin berichtete der katholischen Wochenzeitung „The Tablet" im September 1996 darüber. Die Jungfrau Maria war über einem Baum schwebend gesichtet worden. Sie war ganz in Weiß. Und n i c h t a l l e i n (vergl. andere Fälle weltweit und seit 1988). Auch ihre männlich aussehenden Begleiter waren ganz in Weiß. Und der Baum mit der Jungfrau Maria als „Besucherin" hat schon ungewöhnliche Heilungen bewirkt. Nach der Kunde von dem nicht alltäglichen Geschehen strömten viele Menschen zu der Stelle.

W a s s e r kam aus der Rinde und sammelte sich unten am Baum an. Es wird von den Menschen getrunken. Und offensichtlich nicht ohne Folgen: Ein kleines stummes Mädchen vermochte wieder zu sprechen und ein blinder Mann wurde wieder sehend! Und eine gehbehinderte Frau brauchte nach dem Besuch des Baumes keine Krücken mehr. Sie warf sie weg. Letzteres ist auch schon in Nordenau passiert.

Wasser spielt auch im nächsten Fall eine entscheidende Rolle. Er führt uns nach Russland. Die Nachrichtenagentur „Tass“ meldet 1996 die Entdeckung einer Quelle, deren Wasser angeblich Trunksucht heilt. Zumindest gäbe es das Gerücht, dass einige trunksüchtige Ehemänner bereits zu absoluten Abstinenzlern geworden seien. Ganz plötzlich sei Wasser aus einem nicht mehr benutzten Brunnen gesprudelt, der nicht ordnungsgemäß abgedeckt war. „Tass“ schließt ihre Meldung mit dem Satz: „Das Wasser nahm auf seinem Weg zur Oberfläche antialkoholisierende Eigenschaften an.“ „Euronews“ gibt in ihrer Meldung als Ort die Diözese Kostroma an. Sie ist etwa 300 Kilometer von Moskau entfernt. Die heilende Quelle befindet sich in unmittelbarer Nähe einer Kirche. Sie wurde bei Restaurationsarbeiten an der Kirche entdeckt. „Euronews“ zufolge wird das Wasser in Flaschen abgefüllt und für einen geringen Betrag verkauft. Das Geld kommt der Instandhaltung baufälliger Gebäude zugute.

Kapitel 18

In einer Kirche in Russland und bei einer Indianerin in den USA

Bleiben wir in Russland. Die Nachrichtenagentur „Associated Press" meldet Ende 1998 einen Vorfall um eine Ikone. Es handelt sich dabei um das Porträt von Zar Nikolaus II, der 1918 grausam hingerichtet worden war. Am 7. November 1998 war es von einem Gläubigen der russisch-orthodoxen Kirche in eine kleinere Kirche gebracht worden. Seitdem „weint" die Ikone fast täglich Myrrhe. Kirchenvertreter wollten die Sache untersuchen lassen. Die Nachrichtenagentur fügt hinzu, dass gemäß der russisch-orthodoxen Tradition das Auftauchen von wohlriechenden Flüssigkeiten wie Myrrhe auf Ikonen als „Wunderzeichen" betrachtet werde.

Von Russland nach Amerika zu einer Indianerfrau. Die Zeitung „The Arizona Republic" machte Meldung von Ereignissen in einer Privatwohnung. Etheleena Miller war am 9. März 1999 gerade beim Beten, als ihr nach einem Lichtstrahl ein Engel erschien. Danach tropfte an mehreren Stellen in der Wohnung Öl herunter. Es hatte einen unüblichen süßlichen Geruch. Der Reporter der erwähnten Lokalzeitung „inspizierte" die Wohnung und machte dann ein Interview mit Frau Miller. Katherine Stanley, eine Freundin der Bewohnerin, konnte mehrmals beobachten, dass immer dann neues Öl in der Wohnung austrat, wenn die fromme Indianerin anfing zu beten. Menschen hörten von diesen Vorgängen, so auch eine Frau aus Oregon. Sie hatte ihren kranken Sohn mitgebracht und bat Frau Miller, für ihn zu beten. Frau Miller zufolge wurde der Sohn geheilt.

Kapitel 19

Ein Wasserkrug in Japan und besondere Zeichen in islamischen Ländern und in Israel

Japan war ebenfalls „Schauplatz“ eines außergewöhnlichen Vorganges. Er erinnert mich ein wenig an einige Lichtkreuze in Fenstern von Privatwohnungen. Bei der Familie Yajima in Nagano erschienen plötzlich und optisch nicht erklärbar vier Bodhisattva-Bildnisse im Badezimmerfenster und auf den Wänden der Wohnung. In einem Fall hielt der Bodhisattva einen W a s s e r k r u g in der Hand. Er hatte eine Höhe von etwa 40 Zentimetern. Andere Menschen kamen, um das Besondere zu bestaunen. Bei manchen Besuchern kam es unmittelbar zu Heilungen und/oder Schmerzlinderungen. Frau Yajima entwickelte plötzlich ungewöhnliche Diagnosefähigkeiten, wenn sie Menschen mit Krankheiten sah. Sie entdeckte auch, dass sie von da an Menschen durch Handauflegen zu heilen vermochte. Manche Nachbarn waren ein wenig neidisch und versuchten, Frau Yajima zu kritisieren. Doch sie hatte das Gefühl, dass es sich um den „Nyorai“, den „Kommenden“ handele und der Ort deshalb geschützt werden müsse. Inzwischen wurde ein kleiner Tempel gebaut, nachdem man zur Überzeugung gelangt war, dass es sich um ein übernatürliches Phänomen handeln müsse. Immer wieder wurde beobachtet, wie von dem Bildnis des Bodhisattvas ein regenbogenartiges Licht ausstrahlt. Das leuchtet bei dem Bildnis auf der Wand ganz besonders ein. Im Buddhismus haben Bodhisattvas eine überragende Bedeutung. Sie sind heilstiftende himmlische Wesen, die völlige Erleuchtung erlangt haben, allerdings keine Götter. In den Geburtslegenden Buddhas werden damit auch Wesen bezeichnet, die als frühere Daseinsformen des künftigen Buddha angesehen werden. Ein solcher künftiger Buddha wird im Buddhismus erwartet. Als Maitreya-Buddha. Das ist eine Parallele zur Erwartung des Christus im Christentum, des Messias im jüdischen Glauben, des

Imam Mahdi im Islam und einer Reinkarnation von Krishna im Hinduismus. Im asiatischen Raum gibt es mehrere Maitreyastatuen (meist dargestellt mit einer Lotusblume und Amrita, dem Unsterblichkeitstrunk der Götter). In einem Fall aber ist Maitreya mit einem Wasserkrug auf der rechten Schulter dargestellt. Eine Abbildung dieser Statue findet sich in einer „Share"-Ausgabe, meines Wissens im Jahr 1995. So ist das plötzliche Erscheinen der Maitreya-Gestalt mit einem Wasserkrug auf einer der Wände der Wohnung in Nagano ganz offensichtlich kein Zufall und hat eine tiefere Bedeutung. Ein weiteres Zeichen in unserer Zeit.

Moslems konnten ebenfalls in den 90er Jahren ganz ungewöhnliche Vorgänge beobachten und bestaunen. Die französische Zeitschrift „L´Actualité Religieuse" berichtete über einen Vorfall im Senegal. Unmittelbar vor dem islamischen Ramadan-Fastenmonat entdeckte ein Bauer in Taiba-Ndiassana die Aufschrift „Allah" auf einer Wassermelone. Die ungewöhnliche Buchstabenerscheinung wurde von der örtlichen moslemischen Autorität bestätigt. Das islamische Institut in Dakar tat dies ebenfalls. Sheik Absoul Moneim Zein bestätigte darüber hinaus, dass auf der Wassermelone ebenso die Buchstabenfolge „Hamdoulillah" klar zu erkennen war. Die Buchstabenfolge bedeutet „Lob sei Gott". Derselbe Sheik bestätigte der französischen Zeitschrift gegenüber das Erscheinen der Buchstabenfolge „Allah" auf einem Fisch, der nahe Popenguine ins Netz gegangen war. Popenguine ist zugleich der Ort mit der größten katholischen Gemeinde im Senegal. Im Tschad war ein Baby geboren worden mit dem Zeichen des Propheten Mohammed auf seiner Hand. In den letzten Jahren gab es mehrere solcher Fälle, die in einigen afrikanischen Zeitungen Aufmerksamkeit erregten, jedoch so gut wie kein Interesse der europäischen Medien fanden. Zeitungen in Dakar veröffentlichten dagegen das Foto eines Waldes in Deutschland, in dem auf einigen Bäumen ein Vers aus dem Koran zu erkennen war.

In Holland leben bekanntlich nicht wenige Türken. Mikail Güclü ist einer von ihnen. Er ist Lebensmittelhändler in Den Haag. Routinemäßig kaufte er frische Eier auf einem Bauernhof, um sie dann später in seinem

Laden zu verkaufen. Bei zwei Eiern entdeckte er Besonderheiten. Er schaute näher hin und war völlig verblüfft. Auf ihnen stand geschrieben: „Es gibt nur einen Gott und Mohammed ist sein Prophet." Er zeigte die Eier mehreren Personen, die dasselbe lesen konnten. Später hatte er Bohnen, auf denen die Buchstabenfolge „Allah" erschienen war. Er wusste auch von einem Fall in Ankara. Dort war die identische Buchstabenfolge auf einem Apfel erschienen. Er sprach über die außergewöhnlichen Vorfälle auch mit seinem Imam in der Moschee in Den Haag. Der sagte ihm, es sei ein Zeichen für ihn und er solle standhaft bleiben in seinem Glauben. Einmal betrachtete ein iranischer Bekannter die Eier mit dem oben genannten Satz. Er konnte jedoch „nur" den Namen „Allah" erkennen, diesen aber ganz deutlich. Erinnert sei an die blauen Herzen in dem Lichtkreuz in Novo Mesto in Slowenien. Nur drei Frauen nahmen es unabhängig voneinander wahr, nicht aber Frau Lindtner, die in der Wohnung lebt. In der Türkei tauchte nicht nur auf einem Apfel der Name Allahs auf, sondern auch auf einer Honigwabe. Die britische Tageszeitung „Daily Mail" berichtete 1996 von einer „wundersamen Aubergine". Als eine Moslemin in Bolton (England) die Frucht halbierte, sah sie, wie die Kerne in Form des muslimischen Symbols „Ya-Allah" angeordnet waren. Das bedeutet „Allah ist da". Menschen kamen, um das zu sehen. Und der Imam der Masjide Gosia-Moschee betrachtete den Vorgang als ein echtes Wunder.

Aber die Fälle im Senegal, im Tschad, in Holland bei einem dort lebenden Türken, in England und in der Türkei waren nicht die einzigen Besonderheiten im islamischen Kulturbereich. Das holländische Fernsehen berichtete in der Sendung „Heilung durch Glaube" von einem „Mann in Weiß", der in verschiedenen Ortschaften im Nahen Osten auftauchte und ungewöhnliche Heilungen bewirkte. In Kairo kam es ebenfalls zu ungewöhnlichen Heilungen in dem Slumviertel Moccotan. Ein koptischer Priester hatte eine Kirche erbauen lassen, nachdem er von Gott dazu aufgefordert worden war, um den Menschen in den Slums Hoffnung zu geben. Die Menschen leben dort vom Müll. Die soziale Lage ist katastrophal. Der ortsansässige Arzt hat die ungewöhnlichen

Heilungen bestätigt. Es handelte sich dabei sogar um Heilungen von Querschnittslähmungen und zerquetschten Wirbelsäulen. In einem Fall habe der Priester Saman eine Botschaft von Gott erhalten, nachdem er gebetet hatte. Die göttliche Botschaft war, dass der Kranke geheilt werden würde und eine Operation nicht mehr notwendig sei.

Die Kopten sind eine christliche Minderheit in Ägypten. Heilungen hatten aber koptische Christen und um Hilfe bittende Moslems in gleicher Weise erfahren können. Die Erscheinung des „Mannes im weißen Gewand“ in Dörfern des Nahen Ostens wurde auch von der „Evangelischen Fernsehgesellschaft“ in Holland bestätigt. Der Fernsehgesellschaft zufolge nennen ihn die Moslems dort „Isa“, was der moslemisch-arabische Name für Jesus ist. Es ist fast schon überflüssig, darauf hinzuweisen, dass all diese Geschehnisse im islamischen und koptischen Umfeld in den 90er Jahren zu beobachten waren. Und die Ereignisse im Slumviertel Moccotan mögen an die Vorgänge im Armenviertel Kawangware in Nairobi erinnern. Weitere Parallelen also.

Ungewöhnlich ist auch das Erlebnis eines moslemischen Mädchens. Ende Oktober 1996 gab es mehrere Fernsehberichte über sie. Die 12-jährige Hasnah Mohamed Meselmani aus dem Libanon fing plötzlich an, Tränen aus Kristall zu weinen. Begonnen hatte das im März 1996. Ihre Augen blieben dabei völlig unverletzt, obwohl die Kristalle so scharf waren wie geschnittenes Glas. Der Augenarzt Dr. Araji aus der Nachbarstadt Chtaura bestätigte die Echtheit der Kristalle, hatte aber keine wissenschaftliche Erklärung dafür. Und der Nachrichtenagentur Reuters zufolge kündigte der Augenchirurg Dr. Nasib El-Lakkis an, er wolle den Fall auf einem Kongress von Augenspezialisten in Spanien zur Sprache bringen.

In „Share International“ vom Dezember 1996 sind zumindest in der englischsprachigen Ausgabe auf Seite 15 zwei Fotos von dem netten Mädchen zu sehen. Auf dem unteren ist dabei ein Kristall im linken Auge zu erkennen. Dem Mädchen passierte aber noch etwas Erstaunliches.

Kurz vor dem Einschlafen klopfte es an ihrem Fenster. Sie schaute hinaus und sah einen Mann in einem weißen Gewand auf einem weißen Pferd. Er stellte sich ihr als „Botschafter Gottes“ vor. Sie sprachen miteinander. Doch der kleine Bruder des Mädchens konnte diesen Mann nicht sehen. Er hörte nur seine Schwester sprechen. Die kleine Hasnah sagte, der „weiße Ritter“ habe sie noch mehrmals besucht. Er sagte ihr auch, dass er für die Kristalltränen verantwortlich sei. Bei der allerersten Begegnung hatte er sie gleich mit ihrem korrekten Namen angesprochen. Er sagte dem kleinen Mädchen, alles würde nach dem Willen Gottes geschehen.

Das Weinen von Tränen aus Kristall ereignete sich auch während einer Untersuchung durch den Augenarzt Dr. Salamoun vom amerikanischen Akademischen Krankenhaus in Beirut. Das war dann der Auslöser für Berichte in Zeitungen und im Fernsehen. So ist dieser Fall ausreichend belegt, denn dem Vater wurden danach fast 100.000 Mark angeboten, wenn er die Geschichte zurücknehmen würde. Er wurde wohl noch anderweitig unter Druck gesetzt und widerrief die ganze Geschichte vor laufenden Fernsehkameras. Er selbst habe die Kristalle in die Augen „befördert“.

Ein Reiter auf einem weißen Pferd erscheint dem Propheten Mohammed an einer Stelle im Koran. Der Reiter gibt dem Propheten die Anweisung, „am entferntesten Ort“ eine Moschee zu errichten. Von Medina aus bezog sich das auf Jerusalem mit seiner später erbauten Al-Aksha-Moschee. Im Hinduismus erwartet man Vishnu als Kalki-Avatar auf einem weißen Pferd.

Aber die größte Überraschung für mich war (und ist) Folgendes: In der Johannesoffenbarung (19,11) ist ebenfalls von einem Reiter auf einem weißen Pferd die Rede („Dann sah ich den Himmel weit geöffnet. Da stand ein weißes Pferd. Auf ihm saß einer, der heißt der Treue und Wahrhaftige. Er urteilt und kämpft gerecht.“). Ich warf einen Blick in meine Bibel zuhause. In der Fußnote im Kommentar ist von „Christus, dem Reiter auf dem weißen Pferd" die Rede. Er kämpft gegen die „gottfeindlichen Mächte" (das Tier und den Lügenpropheten). Jedenfalls haben wir es in allen drei Fällen mit einer positiven Figur zu tun.

Das gilt übrigens noch in der persischen Tradition für die Figur des Sosiosh, der am Ende eines Zyklus auf einem weißen Pferd erwartet wird. Die russische Theosophin Helena P. Blavatsky gibt im „Lexikon der Geheimlehre" die folgende Erläuterung: „Sosiosh. Der mazdaistische Erlöser, der wie Vishnu, Maitreya-Buddha und andere am Ende des Zyklus auf einem weißen Pferd erwartet wird, um die Menschheit zu retten."

Wie auch immer, ein Vergleich des Symbols des Reiters auf dem weißen Pferd zwischen den verschiedenen Religionen zeigt, dass es für eine positive und erwartete Wesenheit steht. Für Moslems ist der Fall des Mädchens mit den Kristalltränen und dem für die Tränen aus Kristall verantwortlichen weißen Reiter jedenfalls bedeutungsvoll.

In Israel hatten im März 1980 zwei Rabbis, Yisrael Abu Hatseira aus Nitivot und Mordechai Scharabi aus Jerusalem in derselben Nacht einen Traum: Der Messias ist da. Darauf muss es große Aufregung in der orthodoxen Gemeinschaft Israels gegeben haben. Die Nachrichtenagenturen „Associated Press" und „United Press International" berichteten darüber. Der Sohn des Rabbis aus Nitivot sagte zu dem Traum seines Vaters: „Mein Vater interpretiert den Traum als ein Zeichen dafür, dass der Messias nun sehr bald kommt." Der Ausdruck „sehr bald" ist natürlich relativ, aber im Juni 1997 geschah dann tatsächlich etwas Besonderes und Bedeutungsvolles: Die „Washington Jewish Week" meldete, dass ein rotes Kalb das Licht der Welt erblickt habe. Rabbis ließen dazu verlauten, dass es in der Geschichte Israels nur neun rote Kälber gegeben habe. Und der jüdische Philosoph Maimonides (12. Jahrhundert) meinte, das zehnte rote Kalb werde vom Messias selbst zubereitet werden. Entsprechend bedeutungsvoll wird das Ereignis aus dem Jahre 1997 also gewertet.

Yehuda Zabari aus Jerusalem war Studiogast in der Sendung „Omega“ im holländischen Fernsehen. Sie wird von einem kircheneigenen Sender ausgestrahlt. Der Gast sprach von einer Engelsbegegnung. Während einer Gebetsversammlung in Jerusalem hatte er plötzlich das Gefühl, sie kurz verlassen zu sollen. Ebenso plötzlich verspürte er den Wunsch, einen Freund anzurufen. Er tat dies und sein Freund weinte am Telefon, denn sein Neffe war nach einem heftigen Herzanfall in die Intensivstation eines Krankenhauses eingeliefert worden. Obwohl er den Neffen des Freundes gar nicht persönlich kannte, entschied er sich, die Veranstaltung an jenem Tag ganz zu verlassen und sofort zum Krankenhaus zu fahren. Aber dort wurde ihm zunächst nicht gestattet, den Kranken zu besuchen. Unverrichteter Dinge verließ er die Klinik. Direkt vor der Klinik sprach ihn ein Mann in weißer Kleidung an und fragte ihn, ob er ihm folgen wolle. Der Pförtner ließ beide durch. Deshalb dachte Yehuda Zabari, sein Begleiter sei ein Arzt der Klinik. Der vermeintliche Doktor sagte ihm, die Intensivstation sei zu seiner Linken. Herr Zabari ging nach links und drehte sich noch einmal kurz um. Der „Doktor“ war verschwunden. Y. Zabari setzte sich ans Bettende des vom Tod bedrohten Verwandten seines Freundes, nahm dessen Hand und betete zu Gott um seine Heilung. Innerhalb von Sekunden richtete sich der Kranke auf, trank aus einem neben ihm stehenden Glas Orangensaft und fing an, Fragen an den Besucher am Bettende zu richten. Als sich der Krankenhausbesucher nach dem „Doktor“ erkundigte und ihn beschrieb, sagte ihm das Personal, dass sie einen solchen Arzt in ihrer Klinik nicht kennen würden.

Das Kapitelende möchte ich noch der Schilderung eines Ereignisses in einem islamisch geprägten Land vorbehalten: Westtürkei, August 1999. Ein schreckliches Erdbeben sucht das Land heim. Es verschüttet Menschen und legt unbarmherzig Schwächen offen. Ein extremes Ausmaß an Korruption und Nachlässigkeiten im Baugewerbe. Im Zusammenhang mit dem Erdbeben in der Westtürkei berichten die niederländischen Medien „Het Parool“ und „De Volkskrant“ über einen Jungen in der Stadt Gölcük, die besonders schlimm betroffen war. Als der Junge von einem französischen Rettungsteam gefunden wurde, verweigerte er das Wasser und das Essen, das ihm die französischen Helfer anboten. Er sagte, ein „alter Mann mit einem langen weißen Bart" habe sich um ihn gekümmert.

Es handelt sich dabei wohl um ein weiteres besonderes Zeichen in der islamischen Welt. Andere Zeichen hatte ich zuvor beschrieben.

Kapitel 20

Der Wunderfelsen in Westaustralien

Von Israel und der Türkei ein Sprung nach Australien. Im Dezember 1995 machte der Farmer Julian Webb in Beverly östlich von Perth während eines nächtlichen Rundganges auf seiner Farm eine Beobachtung, die ihn sehr verblüffte. Ein Lichtstrahl beleuchtete einen Felsen. Aus dem Nichts erschien auf dem Felsen ein Christusantlitz! Einige Tage zuvor hatte er eine Stimme vernommen, die er aber zunächst für eine Halluzination gehalten hatte. Die Stimme hörte er sagen: „Lass mich, den Herrn, dir den Weg zeigen.“ Sein Sohn Adrian konnte die Beobachtung bestätigen. Herr Webb besucht eher selten die Kirche und meinte ganz schlicht zu dem Vorfall: „Ich bin nur ein einfacher Kerl, der ein Wunder erlebt hat, und die Leute können es glauben oder auch nicht.“ Der Mann ist mir mit seiner Schlichtheit und Ehrlichkeit sehr sympathisch. Immerhin hat die englische Tageszeitung „Daily Mail“ über den besonderen Vorfall in Westaustralien berichtet.

Erinnert sei an das plötzlich zu sehende Christusantlitz auf dem Foto eines in Tlacote geheilten Mannes. Er hatte als „Restfoto“ eigentlich nur seinen neuen ausgeschalteten Fernseher fotografieren wollen. Oder an das Antlitz des Christus anstelle des Antlitzes der Maria nach der Fotoentwicklung eines Ehepaares, das in einer Grotte bei Mittenwald (Bayern) gewesen war.

Kapitel 21

Der kleine Gabriel in Argentinien: Wie er heilt und nicht nur das

Die Vorkommnisse um den kleinen Jungen aus Argentinien sind so außergewöhnlich, dass ich sie trotz meiner Absicht, ein möglichst nicht zu umfangreiches Buch zu schreiben, an dieser Stelle in einem gesonderten Kapitel wiedergeben möchte. Zudem findet sich meines Wissens dieser neue Fall nicht mehr in dem bereits erwähnten Buch „Zeichen einer neuen Zeit“ von Richard Bremer. Die Informationen über Gabriel verdanken wir argentinischen Presseberichten und einer spanischen Mitarbeiterin von „Share“, die infolge der bemerkenswerten Presseinformationen nicht nur eigene Verwandte in Argentinien besucht, sondern auch den erst fünfjährigen Jungen und seine Eltern aufgesucht hat.

Gabriels Familie lebt in dem kleinen Dorf Pocito in der Provinz San Juan in Westargentinien. Im März 1998 erschien ihm und einer Gruppe spielender Kinder auf der Wand einer Reparaturwerkstatt ein Bild der Madonnagestalt. Das sprach sich erst in der Provinz herum, dann im ganzen Land. Die Tageszeitung „Diario de Cuyo“ berichtete recht ausführlich über die weiteren Ereignisse nach der Madonnamanifestation. Gabriel sagt, dass ihm danach in der Nacht die Madonna regelmäßig erschienen sei ebenso wie die Gestalt Jesu. Dieser habe einen blauen und roten Strahl auf seiner Brust erscheinen lassen und ihm gesagt, er solle diese Strahlenkraft den Menschen zuführen, die er am nächsten Tage heilen sollte. Gabriel sagte dazu: „Es sind Jesus und die Madonna, die heilen. Sie erzählen mir, was ich zu tun habe und ich heile Menschen, die hierherkommen. Wenn sie nicht geheilt werden können, sage ich ihnen das auch.“ Viele werden tatsächlich geheilt, was sich schnell herumspricht. Nachdem etwa 3000 Menschen gekommen waren, kam auch

Rosa de Quinteros. Sie hatte eine Gehirntumoroperation hinter sich. Sie sagte: „In besonderer Weise nehme ich einen Duft von Rosen wahr." Sie wusste nicht, dass es jener Rosenduft war, den auch Gabriel spürte, wenn ihm die Madonna erschien. Und der kleine Gabriel sagt weiter: „Auf die Bitte von der Madonna und Jesus hin" heile er, weil er das zu tun habe. Natürlich nimmt er kein Geld dafür. Aber er heilt nicht nur zuhause. In der Nacht erscheine und zeige ihm die Madonna Patienten in Häusern und Krankenhäusern, die er am nächsten Tag heilen solle. Die Mutter bestätigt, dass er dann ohne Orientierungsprobleme zu den Patienten findet, die er heilen soll. Auch die Krankheit des Patienten wird ihm von der Madonna mitgeteilt. Es sei, als hätte er die Patienten bereits vorher besucht. Nach den Madonnaerscheinungen hat sich das Leben der Familie sehr verändert. Aber als die Mutter den kleinen Gabriel bat, die ganze Sache aufzugeben, weigerte er sich. Er sagte, er werde der Madonna gegenüber nicht ungehorsam sein.

Die spanische „Share"-Mitarbeiterin Laura Fernandez beschreibt dann im Juni 1999 in der Monatszeitschrift ihre Begegnung mit Gabriel und den Eltern, speziell der Mutter. Sie hatte anfangs größte Bedenken, bemerkte aber rasch, dass Gabriel genau zu unterscheiden wusste zwischen seiner heilerischen Tätigkeit und den ganz normalen Aktivitäten im Tagesablauf. Natürlich war die örtliche Kirche mehr als skeptisch. Der Familie wurde sogar unterstellt, sie nähme Geld von den Heilungssuchenden. Dies trifft wohl nicht zu, was auch die spanische Besucherin bestätigt. Der Junge heilt, indem er seine Hand mit einem Rosenkranz auf den Kopf des Kranken legt. Er sagt dann: „Das ist es. Gott heilt, wo er kann." Patienten und weitere Zeugen geben an, dass von Diabetes über Knochenbrüche und Krebs bis hin zu Herzproblemen Heilungen eingetreten sind. Ärzte wundern sich, dass bei Patienten Tumore und Knochenfrakturen verschwinden und haben keine Erklärung dafür. Fernandez fügt auch hinzu, dass es allerdings noch keine systematischen klinischen Untersuchungen zu den Fällen gegeben habe.

Doch die Menschen wissen um die Heilungen durch Gabriels Handauflegen und kommen weiterhin zu der Familie. Inzwischen sind die Termine für 3 Uhr nachmittags am Montag, Mittwoch und Freitag festgelegt worden. Dann ist es sehr heiß. Die Eltern schlugen daher vor, es später zu tun. Doch Gabriel erwiderte, Gott sei kein Supermarkt, den man gemäß der Jahres- oder Tageszeit öffne. Er heile um 3 Uhr. Fernandez verweist kurz auf die Tatsache, dass eine Wesenheit namens Maitreya ebenfalls um 3 Uhr nachmittags Menschen segne.

Wie auch immer, es sollte noch mehr passieren. Die Mutter namens Dora erzählt von einer hellsichtigen Frau, die eines Tages gekommen war. Sie sagte der Familie, Gabriel sei die Wiederverkörperung (Reinkarnation) des heilig gesprochenen Martin de Porres. Er hatte von 1579 bis 1639 gelebt und die meiste Zeit seines Lebens im Kloster verbracht. Martin de Porres ist in Argentinien recht bekannt und berühmt für seine ungewöhnlichen heilerischen Fähigkeiten. Er bevorzugte die bescheidensten Arbeiten im Kloster, insbesondere das Fegen mit dem Besen, und wurde deshalb als „Bruder Besen« bezeichnet. Die Eltern schmunzelten, denn der Besen ist das Lieblingsspielzeug des kleinen Gabriel.

Und Laura Fernandez weiß noch etwas anderes zu berichten. Sie kam einige Tage nach dieser Reinkarnationsgeschichte an einer Apotheke mit dem Namen „Sankt Martin de Porres“ vorbei. Sie und ihr mitgereister Ehemann fragten nach einem möglichen Bild von Martin de Porres. Die Apothekerin gab ihnen daraufhin eine kleine Statue von ihm mit. Sie wickelten sie ein und zeigten sie an einem weiteren Heilungsnachmittag dem ungewöhnlichen Jungen. Der reagierte ganz spontan und sagte nur: „Oh, ich wollte schon immer wissen, wie ich ausgesehen habe.“ Dann wandte er sich wieder den Heilungssuchenden zu. Die Spanierin und ihr Ehemann baten darum, ein Foto des heilenden Jungen machen zu dürfen. Doch mit größter Bestimmtheit lehnte Gabriel dies ab. „Nein, mir wurde gesagt, diesmal nicht.“ Noch erstaunlicher sind zwei weitere Begebenheiten um den Jungen aus Argentinien.

Als die Mutter die von Laura Fernandez mitgebrachte Zeitschrift „Share“ sah, fragte sie zum Erstaunen der spanischen Besucher: „Wissen Sie, warum Gabriel immer von zwei Wesenheiten spricht, von Christus und Jesus, als seien sie zwei verschiedene Wesenheiten? Ich verstehe das nicht. Weiß mein Sohn, was er da redet?«

Dann zeigten die Gäste aus Spanien ein Foto des „Mannes in Weiß“, der im Juni 1988 im Armenviertel von Kawangware (Nairobi) vor Tausenden von betenden Menschen erschienen war. Die Gäste erzählen noch mehr über mögliche Zusammenhänge. Die Mutter hört aufmerksam zu. Dann wechseln die Anwesenden das Thema. Plötzlich hat die Mutter eine Idee. „Lassen Sie uns sehen, ob Gabriel den Mann auf dem Foto wiedererkennt, denn er spricht immer von einem „Mann in Weiß“. Sie ruft ihren Sohn herein, der gerade draußen mit anderen Kindern spielt. Er kommt herein und sie zeigt ihm das Foto, das er sich anschauen soll. Er schaut seine Mutter an, lächelt und sagt, ohne über die Frage besonders überrascht zu sein: „Ja, ich kenne ihn.“ Die Mutter fragt weiter: „Weißt du, wer er ist?“ Mit verblüffender Festigkeit antwortet Gabriel: „Mami, er ist der Christus.“

Die Mutter ist irgendwie etwas verwirrt und kann nicht umhin, eine weitere Frage zu stellen. „Aber woher kennst du ihn?“ Er antwortet: „Aus dem Himmel, Mami, wenn die Madonna mich mitnimmt (zu Kranken, Anm. d. Verf.), sprechen sie mit mir.“ Sobald er das gesagt hatte, rannte er zurück auf den Hof zum Spielen. Die anwesenden Erwachsenen waren sprachlos.

Kapitel 22

Eine erste Zwischenbilanz: Die Logik der Wunder

Weltweit geschehen seit 1988 in steigendem Maße außergewöhnliche Dinge. Der für die Weltöffentlichkeit interessante Beginn scheint mit einer außergewöhnlichen, einfachen und grundehrlichen Frau in einem afrikanischen Armenviertel in Verbindung zu stehen. Und mit ungewöhnlichen Lichtkreuzen in einem kalifornischen Armenviertel bei Los Angeles im Mai 1988.

Die Geschehnisse sind positiv. Oft stehen sie im Zusammenhang mit Heilungen. In anderen Fällen wird Menschen in der einen oder anderen Weise geholfen. Ein „Mann in Weiß" scheint dabei eine nicht unwichtige Rolle zu spielen. Kulturübergreifend werden Wasserquellen entdeckt, die über das quellen- und bäderheilkundlich Übliche hinausgehen.

Andere besondere Ereignisse sind so, dass sie gewissermaßen auf die einzelnen Kulturkreise abgestimmt sind und als religiös und spirituell bedeutsam erfahrbar werden *können*. Vorgänge, die in einem Kulturkreis klar symbolträchtig sind, sind es in einem anderen nicht. Sie würden dort gar nicht verstanden werden. Dafür gibt es dort andere nicht minder symbolträchtige Ereignisse ungewöhnlicher Art.

Die Lichtkreuze sind eher begreifbar für Kulturkreise mit christlichem Hintergrund. Das gilt auch für die Marienerscheinungen und ähnliche Vorgänge, die sich ebenfalls seit dem Ende der 80er Jahre häufen. Das „Milchwunder" ist frommen Hindus ein Hinweis. Christen, Moslems und Buddhisten können damit weniger anfangen. Die Bodhisattva-Erscheinung im japanischen Nagano ist wiederum für Buddhisten bedeutungsvoll, wobei auch hier wieder Heilungen, Schmerzlinderungen und vorher nicht vorhandene Heilungsfähigkeiten (bei Frau Yajima) die Folge sind.

Das Außergewöhnliche hat also eine ihm innewohnende Systematik. Diese weist zugleich eine deutliche globale Tendenz auf. Gleichzeitig besteht aber immer die Möglichkeit, sie einfach zu ignorieren, wenn wir das vorziehen. In Details ergeben sich beim genaueren Hinsehen bemerkenswerte Parallelen.

Darüber hinaus deutet nicht wenig darauf hin, dass nicht nur eine höhere Wesenheit uns Hinweise geben möchte, sondern mehrere. Es geschieht nicht aufdringlich. Und in einzelnen Situationen wird dabei Menschen geholfen.

Erinnert sei auch an den „Anhalter in Weiß", der über die Erde verteilt in Neuseeland, Australien, Europa (Holland) und auf dem amerikanischen Kontinent (USA) auftauchte. Er kündigt dabei meist die Wiederkehr Christi an. In einem anderen Fall spielt er auf die entsprechende Ankündigung des Erzengels Gabriel an. Einmal spricht der Anhalter von der Ankunft eines Maitreya, und in Holland (in der Zeitung „Trouw") ist von der Wiederkehr Jesu die Rede, wie ein Mitglied der dortigen Reformistenkirche zu berichten weiß. Und „RTL 2" berichtet von einem Fremden in Autos von zerstrittenen Ehepaaren, der von „Liebe" spricht und Streit schlichtet.

Auffällig ist, dass der „Anhalter in Weiß" die Begriffe „Christus" („der Gesalbte") und „Maitreya" („der von liebender Güte Erfüllte") synonym (also sinnverwandt) verwendet.

Und der Reiter auf dem weißen Pferd, der einem libanesischen Mädchen erschienen ist, ist ein Zeichen für Moslems, über den Libanon hinaus. Auch im Christentum und Hinduismus hat der Reiter auf dem weißen Pferd eine tiefere symbolische Bedeutung. Als Christus und Kalki-Avatar. Und in der moslemischen Welt häufen sich in den 90er Jahren Buchstabenfolgen in gekauftem Obst mit eindeutig religiösen islamtypischen Bedeutungen. Islamische Geistliche können dabei zu ihrer eigenen Überraschung bestätigen, dass die Vorgänge übernatürlich sind und nicht etwa bloß „Tricks“ der Obstverkäufer oder -käufer.

Erinnert sei auch an den frommen Moslem Ebrahim Arabia in Kenia. Ihm wurde im Traum eine Vision zuteil: von einer Stelle in der Gegend von Chyulu Range (Südostkenia), an der er auf besonders heilwirksames Wasser stoßen würde. Und so geschah es.

Und zwei holländischen Zeitungen und „Share“ zufolge wurde in der westtürkischen Stadt Gölcük nach einem schweren Erdbeben offenbar auf wundersame Weise ein verschütteter Junge von einem „alten Mann mit einem langen weißen(!) Bart“ mit Essen und Wasser versorgt, bevor ein französisches Rettungsteam den kleinen Jungen entdecken konnte.

Im Juni 1997 erwähnt die „Washington Jewish Week“ die Geburt eines zehnten roten Kalbes. Rabbis weisen darauf hin, dass in der langen Geschichte Israels nur neun rote Kälber das Licht der Welt erblickt haben. Die Geburt eines zehnten roten Kalbes wird mit dem Wiederkommen des Messias in Verbindung gebracht.

Und das Lichtkreuzphänomen seit 1988 scheint auch nicht völlig neu zu sein, wenn man an die Lichtkreuzvision des Johannes denkt, wie sie in den frühchristlichen „Johannesakten“ beschrieben ist und die ihm offenbar von einer besonderen Wesenheit gegeben wurde.

In den „Johannesakten“ erwähnt ein verwunderter Johannes gegenüber Jakobus auch noch, dass die ihm erscheinende Wesenheit ihre Gestalt wechselt. Mal erscheint sie als Frau oder Mann, mal als Kind oder Greis. Auch das passiert offenbar in unserer Zeit erneut und weltweit. Davon weiß der bereits erwähnte Autor und Journalist Richard Bremer in seinem Buch „Zeichen einer neuen Zeit“ zu berichten. Und Johannes betont gegenüber Jakobus: Mal sei der Körper der Wesenheit normal fest, mal nicht fest. Auch das ist verblüffend, denn für den bereits erwähnten Maitreya soll gelten, dass er keinen üblichen festen Körper habe, sondern einen „Scheinkörper“ (auf Sanskrit „mayavirupa“). Und von einer Christusgestalt mit einem „unfesten“ Körper ist auch im frühen Christentum immer wieder die Rede. Diese Vorstellung hat sogar einen Fachausdruck erhalten: Man spricht vom so genannten Doketismus bzw. von einer doketistischen Christologie. Das stammt vom altgriechischen Verb „dokein“ und bedeutet „scheinen“ bzw. „erscheinen“ und entspricht wiederum dem Wortbestandteil „maya“ (Schein) in dem Sanskritwort „mayavirupa“! Weitere deutliche Parallelen also.

Was seit 1988 geschieht, umfasst die ganze Welt. Die gesamte Menschheit ist angesprochen. Das zeigte sich ja auch in den Kapiteln 6 bis 21 noch einmal besonders deutlich. Und nicht selten spielt Wasser dabei eine Rolle.

Trotz dieser Nüchternheit meiner Aussagen deutet das Gesamtbild auf etwas sehr Positives hin. Das ist meinerseits der Versuch, aus den vielen Einzelinformationen der Kapitel 1 bis 21 mit aller gebotenen Vorsicht eine Essenz herauszuarbeiten. Und vielleicht empfinden Leserinnen und Leser diese sachlogische Zusammenschau als hilfreich und als dienlich für die weitere Lektüre.

Und die Frage ist nicht mehr abwegig: Leben wir in einer ganz besonderen Zeit?

Kapitel 23

Kennen Sie Wayne Peterson? – Der US-Diplomat, die Marienerscheinung und die Ankündigung am Karfreitag 1945

Im vorletzten Kapitel zeigte ich die Logik der Wunder seit 1988 auf. Auch der Fall von Wayne Peterson unterliegt einer festen Logik, die sich seit den 80er Jahren verdichtet.

Wayne Peterson, der seinem Vater Anfang der 90er Jahre Wasser aus Tlacote mitgebracht hatte, erblickte 1941 in den USA das Licht der Welt. Sein soziales Umfeld war gefestigt. Seine Familie ist fromm und katholischen Glaubens.

Die nun folgenden Informationen vertraute er dem Autor Thomas Curley in den USA an.

Karfreitag 1945: Der kleine Wayne war krank. Er hatte Schmerzen in der Magengegend. Seine Eltern vermuteten eine Magenverstimmung und legten ihn auf das Sofa im Wohnzimmer. Danach nahmen sie in der Küche das Mittagessen ein. Plötzlich hörte Wayne in der Nähe ein Geräusch. Er wunderte sich. Sollte da jemand kommen? Die Eltern hatten doch keinen Besuch erwartet.

Doch es „kam" jemand. Langsam näherte sich eine Mariengestalt seinem Bett. Sie hatte ein warmes und freundliches Lächeln für ihn. Und sie trug ein blaues Kopftuch. Genau das trug auch eine kleine Marienfigur, die damals im Besitz der Familie war. Sie sagte dem kleinen Wayne, er solle unbedingt seinem Vater sagen, dass er einen Arzt rufen solle. Die Familie sei sicher traurig, wenn Wayne „fortgehen" würde. Und dann sagte sie ihm noch etwas: „W e n n d u s e h r v i e l ä l t e r bist, wirst du Christus sehen.“ Sie kündigte ihm also das Erscheinen des Christus an, noch zu seinen Lebzeiten! Wie gesagt: Karfreitag 1945.

Dann legte die Mariengestalt noch sanft die Bettdecke von Wayne zurecht. Sie drehte sich beim Weggehen noch einmal kurz zu ihm um und erinnerte ihn an das, was er seinem Vater unbedingt sagen sollte, und verschwand. Da der kleine Wayne nach wie vor Schmerzen hatte, sagte er seinem Vater, er möge einen Arzt rufen. Trotz der Tatsache, dass es Karfreitag war, war der Arzt erreichbar. Es sollte sich später herausstellen, dass Wayne keine gewöhnliche Magenverstimmung hatte, sondern eine akute Blinddarmentzündung. Er konnte noch gerade rechtzeitig operiert werden!

Die Jahre vergingen und nichts Aufregendes passierte. Wayne erzählte die Begegnung mit Maria nur ganz wenigen Menschen. Er studierte an der Universität von Wisconsin. Dann trat er in das Friedenscorps ein. Zwei Jahre später gelang es ihm über einen Freund seines Vaters, die diplomatische Laufbahn einzuschlagen. Er arbeitete zunächst in Brasilien und war mitverantwortlich für ein spezielles von der Kennedy-Regierung entwickeltes Sozialprogramm für Lateinamerika. In seinem Fall ging es um besondere Hilfsmaßnahmen für Armenviertel in Städten Nordbrasiliens. Dort ist die Armut besonders groß. Peterson wurde in andere Länder versetzt: in Länder Asiens und Afrikas. Innerhalb Afrikas führte ihn der Weg nach Nairobi in Kenia. Später war er dann Direktor des „Fulbright Scholarship Program“. Das ist eine regierungseigene Institution zur Forschungsförderung für US- und Auslandswissenschaftler.

Die Ankündigung, dass er noch in seinem jetzigen Leben Christus sehen werde, hatte ihn nicht mehr sonderlich beschäftigt. Sie schien in den vielen Jahren der Normalität „unterzugehen“. Bis er im Fernsehen in Washington ein Interview mit dem Engländer Creme sah. Der sprach ganz natürlich und entspannt davon, dass Christus in der Welt sei und Bezeichnungen wie Christus, Messias, Maitreya, Krishna und Imam

Mahdi (vom Islam erwartete Leitfigur, sprich „h“ in „Mahdi“ wie „ch“) „lediglich“ verschiedene Bezeichnungen für d i e s e l b e W e s e n h e i t seien. Und tatsächlich ist ja die Bezeichnung „Christus“ kein (individualisierender) Eigenname.

Leserinnen und Leser seien in dem Zusammenhang und unabhängig von Creme an die synonyme Verwendung von „Christus“ und „Maitreya“ durch den „Anhalter in Weiß“ in Neuseeland, Australien, Holland und in den USA sowie seine Anspielung auf den Erzengel Gabriel als Verkünder der Wiederkunft Christi im Lukasevangelium erinnert und an weitere auffällige Parallelen speziell in Kap. 22 über die globale religionenübergreifende „Wunderlogik“ mit nicht mehr zufälliger Gesamttendenz seit 1988.

Doch das konnte Peterson damals in Washington natürlich noch nicht so genau wissen. Und so reagierte er nicht enthusiastisch, sondern nachdenklich. Über die Möglichkeit verschiedener Bezeichnungen für ein und dieselbe Wesenheit im oben beschriebenen Sinne hatte er (als Katholik) noch nie zuvor nachgedacht. Und dennoch: Könnte das irgendwie doch mit seinem Maria-Erlebnis als 4-jähriger Junge zu tun haben? Aber dann ging er wieder zur Tagesordnung über.

Noch einmal sollte ihm Creme begegnen. Er hielt einen Vortrag über Maitreya („der von liebender Güte Erfüllte“) in Washington. Fragen wurden gestellt und beantwortet wie auch an anderen Orten. Die Fragen und Antworten sind übrigens in den Büchern von Creme abgedruckt. Doch Peterson und andere Politiker, die anwesend waren, blieben skeptisch. Zu betonen ist allerdings, dass das Fernsehinterview und der Vortrag deutlich vor den Ereignissen von Kawangware und El Monte (Lichtkreuze) stattfanden. Man nahm Cremes Bemühungen höflich zur Kenntnis und ließ ihn ebenso höflich wieder abreisen. Ich drücke das bewusst so aus, um dem Leser zu zeigen, dass einfach keine „Aufbruchstimmung“ herrschte. Allerdings wirkte Creme auf die Anwesenden seriös und aufrichtig. Man merkte schon, dass das nicht eine oberflächliche „New Age"-Veranstaltung war. Den Eindruck hatte ich übrigens in München auch, als ich Creme dort sprechen hörte. Trotz der Seriosität des Herrn aus England also kein „Durchbruch", weder bei Peterson noch bei anderen.

Ein anderes Ereignis, das von Creme nicht beeinflusst werden konnte, sollte bei Peterson viel mehr bewirken. In einem Privathaus, in dem er sich gerade aufhielt, sah er plötzlich ein fast ballgroßes goldenes Licht. Er dachte zunächst, er würde halluzinieren. Doch dann tauchten drei Gestalten auf, die sanft wirkten und ihm keinerlei Angst einflößten. Sie waren in blaue Gewänder gekleidet. Nach kurzer Zeit tauchte aus ihrer Mitte heraus eine männliche Gestalt in Weiß auf. Der Mann in Weiß sprach ihn an: „Von Zeit zu Zeit sind die Meister und ich hier und laden Menschen ein, von denen wir glauben, dass sie bereit sind, uns bei unserer Aufgabe zu unterstützen. Möchten Sie uns helfen?" Er war sich in dem Moment intuitiv sicher, dass es Maitreya sein müsse. Der Mann in Weiß hatte eine wunderbare Ausstrahlung und sagte zu Peterson dann noch, er könne ihm seine früheren Leben auflisten, doch dürfe er dies nicht. Maitreya ist ja nicht Gott. Offenbar ist es noch (!) nicht vorgesehen, dass Peterson hier Näheres erfährt. Das respektiert Maitreya. Es wäre sonst die vorzeitige Preisgabe göttlichen Wissens.

Aufgrund seines Marienerlebnisses als kleines Kind und an weite Reisen gewöhnt, beschloss Peterson, nach Medjugorje zu fahren, als er von den dortigen Marienerscheinungen hörte. Was er dort erlebte, beeindruckte ihn tief. Aber erstaunt war er, als er mehrere Personen traf, die über Maitreya Bescheid wussten. Das war noch vor 1988. Und sie sagten ihm: Wenn Sie wissen, dass Maitreya der Christus ist, kennen Sie das letzte Geheimnis. Er traf auch eine Person, der die Maria eine Vision gegeben hatte. Und Maria sagte ihr, sie solle das Geheimnis über Maitreya noch für sich behalten.

Wayne Peterson hielt nach seiner persönlichen Begegnung mit Maitreya und ihn begleitenden Meistern einige Vorträge im Osten der USA. Einen Vortrag hielt er auch in Philadelphia. Danach bekam er dann die zuverlässige Information von einem politischen Vertreter, dass dieser während einer internationalen Konferenz außerhalb der USA eingeladen worden sei in den Palast des Monarchen, in dessen Land die Konferenz stattfand. Dort seien neben dem Monarchen mehrere bekannte Repräsentanten der Weltpolitik zugegen gewesen. Man habe über Maitreya und seinen Unterstützungsplan für die Menschheit gesprochen. Maitreya und der gute Plan seien den Anwesenden durchaus bekannt gewesen.

Und Peterson vertraute Curley noch etwas an, nämlich dass er über Maitreya auch mit persönlichen Freunden des Papstes („with personal friends of the Pope") gesprochen habe. Als US-Diplomat hat er natürlich Zugang zu Repräsentanten von Politik und Religion. Auch bestimmten katholischen und evangelischen Geistlichen ist Maitreya im positiven Sinne bekannt. Das gilt weiter für ausländische Regierungschefs und für Wirtschaftsvertreter, die dem amerikanischen Präsidenten nahe stehen.

In einem anderen Fall veränderte ein hoher Repräsentant der Weltpolitik seine geplante Rede noch etwas, um Gedanken von Maitreya in diese einfließen zu lassen. Es geht dabei vor allem um wesentlich mehr soziale und wirtschaftliche Gerechtigkeit in der Welt. Die Herstellung von deutlich mehr Gerechtigkeit weltweit wäre die Voraussetzung für einen globalen Neuanfang, der die Menschheit in ein neues großartiges Zeitalter führen könnte – fernab von jeglichen prophezeiten Apokalypsen und dramatisch ausgedachten Weltuntergangsszenarien.

Peterson weiß auch, dass drei Wesenheiten, darunter Maitreya, einer weltpolitisch wichtigen Person erschienen sind, die vor allem die Verantwortung trägt für das Verhältnis zwischen den reichen Ländern der nördlichen Erdhalbkugel und den ärmeren Ländern in anderen Teilen der Welt.

Aus all dem bekommt man den starken Eindruck, dass der Gesamtkomplex schon bekannter ist. In Deutschland weiß die breitere Öffentlichkeit praktisch nichts von diesen außergewöhnlichen Vorgängen.

Eine klare Bestätigung dafür sind auch die zwei Interviews Petersons mit Dick Larson in den 90er Jahren. Besonders im zweiten Interview sagt Peterson ganz klar, dass zahlreiche politische Vertreter der USA, der Weltpolitik insgesamt und Repräsentanten sämtlicher Weltreligionen längst um Maitreya und seine herausragende Funktion für die Menschheit wissen!

Und offenbar auch Mikhail Gorbatschow. Dazu heißt es in dem gerade neu erschienenen Buch Petersons „Extraordinary Times – Extraordinary Beings: Experiences of an American Diplomat with Maitreya and the Masters" auf Seite 95 (wegen der Außergewöhnlichkeit belasse ich es bei einem amerikanischen Originalzitat):

„There was one individual, however, who made it clear he had no problem with the public knowing h e h a d m e t t h e C h r i s t. H i s na m e w a s M i k h a i l G o r b a t s c h e v (optische Hervorhebung durch d. Verl.). Since he was now out of political power in his country I assume he felt he had nothing to fear or to lose from such a disclosure.
I was not surprised to learn this about Mr. Gorbatschev, since I had heard much earlier of his involvement with Maitreya from a Pentagon official."

Gorbatschow kann also offener über das Außergewöhnliche sprechen, da er nicht mehr an der Macht ist.

Das Buch Petersons wird sehr wahrscheinlich im Frühjahr oder Sommer 2001 beim „Neue Aspekte Verlag" in München in deutscher Sprache erscheinen.

Auch Präsident Bush (sen.) muss etwas wissen, denn auch er hatte während des Golfkrieges und in der Krisenzeit zuvor außergewöhnliche Erfahrungen machen können. Das beschreibt Peterson auf den Seiten 81 bis 83 näher. Aber Politiker haben einen freien Willen. Maitreya kann nur Hinweise oder Ratschläge geben. Die politischen Akteure haben nicht das getan, was ihnen Maitreya und Meister (als hohe Eingeweihte) geraten haben. Die weitere traurige Geschichte kennen wir (Kriegsausbruch und viele Tote).

Peterson erwähnt noch etwas: Dem Italiener Giorgio Bongiovanni erschien seit April 1989 wiederholt eine Mariengestalt. Und sie sagte ihm klar, dass man mit der Wiederkehr des Christus in unserer Gegenwart nicht rechne, er aber wiederkommen werde. In dem Zusammenhang macht Bongiovanni geltend, dass die Verkündung der dritten Botschaft von Fatima durch den Vatikan am 26. Juni 2000 nicht vollständig gewesen sei. Es sei darin nicht nur um das Papstattentat von 1981 gegangen, sondern auch um die Wiederkehr Christi!

Peterson verweist unter Berufung auf Bongiovanni auch auf Hinweise in der Bibel: Christus wird wiederkommen und (zunächst) wird kaum jemand bemerken, dass er bereits unter uns ist.

Und ich stelle die Frage: Sollten dem Vatikan die Lichtkreuze weltweit wirklich völlig entgangen sein? Und die anderen längst nicht mehr zufälligen „Wunder“?

Ausdrücklich verweist Peterson auf den Fall eines engeren Freundes, der zugleich ein hohes Amt in der Clinton-Administration bekleidet. Ihm sind Maitreya (und weitere Wesenheiten) erschienen. Körperliche Materialisation und Dematerialisation habe er dabei erlebt. Er sage ihm das im Vertrauen. Das Problem für ihn sei, wie er das Journalisten und der breiteren Öffentlichkeit erklären solle.

Wayne Peterson wirkte auf mich als Videobetrachter absolut klar im Geiste und außerordentlich sympathisch. Er strahlt Persönlichkeit aus.

Er verkörpert für mich eine angenehme, ja fast wunderbare Mischung aus Pragmatismus und tiefer Menschlichkeit. Und Dick Larson als Interviewpartner hat mir ebenfalls sehr gut gefallen. Ausgesprochen sympathische Menschen.

Die geistige Klarheit des Wayne Peterson und seine tieferen Einblicke in Geschehnisse „hinter den Kulissen" haben mich dazu bewogen, dieses Kapitel ausschließlich ihm zu widmen. Und natürlich fand ich seine eigenen Erlebnisse und die von anderen Personen beeindruckend. Dass er überaus glaubwürdig ist, bedarf eigentlich keiner weiteren Hervorhebung mehr.

Der ehemalige US-Diplomat bezieht sich im Interview und in den Aufzeichnungen Curley gegenüber auf eine Konferenz in London. Sie fand am 21. und 22. April 1990 statt. Peterson war auf dieser Konferenz selbst nicht anwesend, aber politische Freunde aus den USA. Eine Konferenz mit Maitreya. Eingeladen hatte der Senior Swami Nirliptananda. Andere Repräsentanten der Weltpolitik waren ebenso zugegen wie Diplomaten, Wirtschaftsvertreter, Wissenschaftler und Repräsentanten verschiedener Religionen, einschließlich des Christentums und des Islams. Der Hinduismus wurde vertreten vom Senior Swami Nirliptananda. Ein Monarch war auch unter den Zuhörern und vierzig Journalisten, die meisten natürlich aus England.

Journalisten der „New York Times" und der „Washington Post" war aufgefallen, dass überhaupt an jenem Wochenende bedeutende Figuren der Weltpolitik gen London strebten. Auch der inzwischen leider verstorbene König von Jordanien und Arafat waren in London. Die US-Journalisten vermuteten, es handle sich um eine Nahost-Geheimkonferenz. Doch Frau Hussein, die an jenem Wochenende in New York weilte, verneinte dies eindeutig.

Es ist möglich, dass diese weniger offensichtlichen Vorgänge „hinter den Kulissen" an den Medienschaffenden der Bundesrepublik Deutschland vorbeigegangen sind. So wie das „Wunder“ von Kawangware am 11. Juni 1988.

Die freie Journalistin Patricia Pitchon sagte mir noch zusätzlich, dass die Konferenz den Titel „Ecology and Spirituality“ (Ökologie und Spiritualität) gehabt habe. Sie habe in Croydon im Süden Londons stattgefunden. Unter den meist britischen Journalisten waren auch zwei japanische Radiojournalisten aus Osaka. Zurück in Japan haben die Journalisten dann im Radio über die Konferenz berichtet. Tatsächlich hat ja das japanische Fernsehen 1994 eine Sendung über außergewöhnliche Vorgänge weltweit ausgestrahlt. Und die Japaner waren auch die ersten, die begriffen hatten, dass etwa die drei Heilquellen in Nordenau, Tlacote und Nadana Village keine „Zufallsprodukte“ sind. Sie tun sich auch nicht schwer mit der Idee, dass es so etwas wie einen gemeinsamen „Weltlehrer“ (ohne die sonst so üblichen Abgrenzungen der Kulturen und Religionen) geben könnte. Allerdings ist bei den japanischen Journalisten zu berücksichtigen, dass sie eben an dieser außergewöhnlichen Konferenz in London unmittelbar teilgenommen haben. Nicht der britische Autor Creme, sondern die eigene Erfahrung war für sie entscheidend.

Patricia Pitchon sagte mir auch, man brauche gegenüber dem Senior Swami Nirliptananda nur „the Master“ („der Meister“) zu sagen. Damit sei Maitreya gemeint. Der Senior Swami und Creme waren übrigens schon in einer lokalen Fernsehstation in Birmingham aufgetreten, um ganz sachlich über das Thema zu informieren.

In England wollten mehrere Journalisten über die Konferenz berichten. Das wurde jedoch von einigen Chefredakteuren blockiert. Patricia Pitchon sagte mir, einige hätten einfach nicht den Mut, vor der Öffentlichkeit die Wahrheit auszusprechen, obwohl diese so positiv ist. Journalisten achten immer sehr darauf, was die Mehrheit der Menschen denkt. Und sie wissen nicht, wie sie der Mehrheit das so Außergewöhnliche vermitteln können. Das „Problem“ ist nicht Maitreya, sondern der Journalismus selbst. Wie soll man wunderbare Nachrichten weitergeben, wenn man vorher zumeist Überbringer von Hiobsbotschaften war? Und das erwartet die Öffentlichkeit sogar! Sie ist daran gewöhnt. Nicht etwa an Lichtkreuze und Heilungen durch Lichtkreuze. Ein Eisenbahnunglück entspricht mehr der akzeptierten Alltagsrationalität.

Im Interview von Wayne Peterson mit Dick Larson wird zudem deutlich, dass die Aktivitäten in der Weltpolitik nicht von Büchern (zum Beispiel von Anrias, Avalon, Bailey, Courtenay, Creme und Jurriaanse) ausgelöst worden sind. Ebensowenig von den Vorträgen Cremes in Europa, Nordamerika und Japan mit abgedruckten Fragen und Antworten in einigen seiner Werke. Vielmehr hat die B e r i c h t e r s t a t t u n g d e s US-Fernsehsenders C N N über Kawangware im Juni 1988 die Neugier und anschließende „Betriebsamkeit" ausgelöst. Natürlich waren auch der regierungseigenen „Information Agency" der damaligen Bush-Administration die Geschehnisse um den „Mann in Weiß" nicht entgangen. Und auch nicht die Krücken von Gehbehinderten unter den vielen Zuhörern, die sie nun nicht mehr brauchten und wegwarfen. Ob auch das später bildlich festgehalten worden ist, weiß ich allerdings nicht.

Kapitel 24

Glenda Greens wunderbare Begegnungen

Glenda Green ist Künstlerin und Kunsthistorikerin in den USA. Sie hat einen christlichen Hintergrund und studierte unter anderem an der Texas Christian University. Sie verfügt auch über eine besondere Befähigung zur Porträtmalerei. Sie ist verheiratet und führt ein normales Leben in gesicherten Verhältnissen.

1989 hatte ihr Ehemann einen Traum. Er träumte davon, dass seine Frau ein Bild von Jesus malen würde. Das verwunderte ihn.

Seine Frau war aufgrund ihrer starken christlichen Erziehung offen für diesen Traum und versuchte tatsächlich, nach ihren Vorstellungen eine Jesusgestalt zu porträtieren. Doch immer wieder hatte sie Probleme mit ihren künstlerischen Bemühungen. Wie sollte es ihr gelingen, einen „authentischen" Jesus zu porträtieren? Sie sagte sich, eigentlich müsse er ihr persönlich erscheinen, um dieser Aufgabe gerecht werden zu können.

Am 23. November 1991 ereignete sich dann tatsächlich etwas höchst Außergewöhnliches, was in der Folge den Traum ihres Ehemannes voll zu bestätigen schien. Zunächst wurde sie telepathisch (!) gegrüßt und hörte auch so ihren Namen. Eine große Gestalt erschien ihr, die sich als Jesus zu erkennen gab. Sein Körper schien gleichsam durchsichtig zu sein und eine strahlende Aura umgab ihn. Ein Gespräch entwickelte sich, das nicht mehr telepathisch war. Und es sollte nicht dabei bleiben. Denn die Jesusgestalt erschien Glenda Green regelmäßig bis zum 12. März 1992. Also etwa vier Monate lang! Weit über einhundert Stunden verbrachten die beiden insgesamt miteinander, wobei es zu vielen Gesprächen kam. Green gewöhnte sich daran, der Jesusgestalt die unterschiedlichsten Fragen zu stellen. Sie hatte dazu das Glück, dass ihr Ehemann und ihr unmittelbares Umfeld mit Offenheit auf das Ungewöhnliche reagierten, wobei sich der Ehemann natürlich an seinen Traum erinnerte.

Die Jesusgestalt „bat" sie sogar, ein Bild von ihr zu malen. Aber dieses „Bitten" war ganz anders: Sie gab der Künstlerin eine dreidimensionale holographische Projektion (Vision) einer Tal- und Flusslandschaft, die die Jesusgestalt überblickte – mit einem Schaf auf ihrem Arm. Es war eine Landschaft, durch die Glenda Green schon mit ihrem Auto gefahren war. Die Vision, die ihr gegeben wurde, knüpfte also an etwas ihr Vertrautes an.

Die Vision war von größter Klarheit und so malte sie das Bild. Langsam sprach sich die Sache herum und sie wurde gebeten, das gemalte Porträt verschiedenen Kirchengemeinden zu zeigen. Zuerst zeigte sie es in Gemeinden in Texas, anschließend in vier weiteren Bundesstaaten der USA. Insgesamt sollten es ab April 1992 achtzig Gemeinden werden, die das Porträt betrachten konnten.

Im Juli 1992 war sie wieder unterwegs, als durch einen unglücklichen Zwischenfall das Porträt in der Mitte deutlich sichtbar beschädigt wurde. Sie machte sich als Kunsthistorikerin bereits intensiv Gedanken um eine erfolgreiche Restauration des Kunstwerks. Doch als sie am nächsten Morgen aufwachte und mit der Beseitigung des Schadens beginnen wollte, war nichts mehr zu sehen. Sie schaute genau hin: nicht mehr der kleinste Hinweis auf die vorher eingetretene und nicht unerhebliche Beschädigung. Der materielle Zustand des Bildes hatte sich ohne jedes Zutun einfach zum Positiven, ja Perfekten verändert.

Das Bild zeigt die Jesusgestalt, zwei Schafe (davon ein Lamm auf ihrem linken Arm), eine ausgesprochen friedvolle Landschaft mit einem Fluss im Hintergrund und unter anderem eine Wolke, aus der deutlich die Gestalt eines Löwen zu erkennen ist. Green nannte das Bild „Das Lamm und der Löwe“. Es ist auch auf dem Rückendeckel ihres Buches zu sehen.

Das Buch trägt den Titel: „Love Without End: Jesus Speaks“ (Grenzenlose Liebe: Jesus spricht). Nach ihren Gesprächen mit der Jesusgestalt hat sie abends mit großer Sorgfalt wichtige Gesprächsteile niedergeschrieben. Was ihr besonders wichtig erschien, hat sie sogar während der Gespräche schriftlich fixiert, was von der Jesusgestalt mit einem liebe- und verständnisvollen Lächeln begleitet wurde.

So entstand ein Buch, das aus zwei Teilen besteht: Im ersten Teil geht es um die Vorgeschichte und die Situation insgesamt, im zweiten wesentlich längeren Teil um die Gesprächsinhalte.

Ich habe mir das Buch besorgt. Es ist von einer Tiefe und Weisheit, die ungewöhnlich ist. Man gewinnt bei der Lektüre in der Tat den Eindruck, dass hier eine herausragende Wesenheit ihre Gedanken weitergibt. Ein „normaler“ Mensch hat diese Tiefe einfach nicht. Trotzdem ist das Buch von großer Klarheit und hat immer wieder einen unmittelbaren Bezug zum Leben.

Die Jesusgestalt betont ständig, dass wir Menschen eigentlich aus Liebe gemacht sind. Das zieht sich wie ein roter Faden durch das gesamte Buch. Das „Böse“ ist das „Sich Entfernen vom Guten“, das eigentlich der Ausgangspunkt des Menschseins ist. Man gewinnt zwar den Eindruck, dass die Jesusgestalt um unsere vielen Probleme absolut Bescheid weiß, aber sie versucht immer, uns einen Weg zu weisen. Ganz besonders auffällig ist, dass nie die Rede ist vom Verurteilen oder Strafgericht, das für viele Christen zentral ist und übrigens auch stark mit der Wiederkunft des Christus in Verbindung gebracht wird. Auf Seite 251 heißt es sogar: „The last judgment will be the judgment against judgment itself.“ Will sagen: „Das letzte Gericht wird das Gericht gegen das Gericht selbst sein.“ Nichts von einem „donnerhaften“ zürnenden Gott. Es geht der Jesusgestalt um das tiefe Verstehen von menschlicher Unzulänglichkeit. Auch das durchzieht das Buch.

Darüber hinaus weist die Jesusgestalt darauf hin, dass wir in uns selbst ein göttliches Potenzial haben, es aber nicht aktualisieren bzw. verwirklichen. Gleichzeitig ist sie aber fern von jeder „Selbstvergottung“ des Menschen. Den äußeren Gott erwähnt die wunderbare Gestalt ebenso klar. An mehreren Stellen spricht sie von „meinem Vater“ (my father), was uns vertraut ist.

Die Erbsündenlehre wird nicht bestätigt. Ebensowenig die grundsätzliche Sündhaftigkeit des Menschen, wie sie uns im Römerbrief des Paulus begegnet. Die „Sündhaftigkeit“ gilt der Jesusgestalt nicht als die eigentliche Grundlage des Menschseins, auch wenn sie gleichzeitig sehr deutlich unsere Probleme wahrnimmt.

Wiederholt kommt die Jesusgestalt auf Bibelstellen zu sprechen. Sie erläutert sie, wobei deutlich das Bemühen erkennbar wird, Missverständnisse und Fehldeutungen auszuräumen. Besonders interessant ist hier eine Stelle auf Seite 154: Es geht um eine zentrale Aussage im Lukasevangelium (17,21): Offenbar ist an einer Stelle gemeint: „The kingdom of God is within (!) you.“ Also: „Das Reich Gottes ist in (!) euch.“ In den meisten Bibel-Ausgaben heißt es: „Das Reich Gottes ist unter (!) euch.“ Interessanterweise gibt es in meiner Bibel-Ausgabe in der Fußnote den Hinweis, dass die Übersetzung „Das Reich Gottes ist in (!) euch“ eine zweite Übersetzungsmöglichkeit (!) darstellt. Diese Übersetzung wird dann aber wieder relativiert.

Wiederholt geht die Jesusgestalt auf die Beziehung des historischen Jesus zu den Jüngern ein. Man gewinnt den Eindruck, dass sie damals unmittelbar dabei war, als wenn sie sich somit an ihr früheres Leben als uns bekannter Jesus von Nazareth erinnern würde. Bemerkenswert ist das schon.

Besonders stark empfand ich dies bei der Lektüre der Seiten 54 bis 56, auf denen die Jesusgestalt das Verhältnis des historischen Jesus zu Judas beschreibt. Es ist eine sehr tiefgründige Analyse, die sich nicht auf das Bild von Judas als Verräter beschränken lässt. Sie zeugt vielmehr von einem tiefen und mitfühlenden Verständnis für das Anderssein des Judas. Neutral stellt die Jesusgestalt fest, dass Judas fest in der „Struktur" gewesen sei. Damit ist das dichte Geflecht der sozialen und religiösen Konventionen von damals gemeint. Gegen das hatte der historische Jesus ja so hart zu kämpfen. Das verdichtete sich dann bei den zahlreichen und rigiden Sabbatgeboten und -verboten der damaligen Zeit.

Das Buch enthält an keiner Stelle eine „Polemik" gegen Religionen oder religiöse Institutionen. Weise ist bei der Jesusgestalt, dass sie einfach ihre Gedanken vor uns ausbreitet. Die Menschen bekommen somit indirekt Gelegenheit, die Aussagen der Jesusgestalt mit etwaigen (eigenen) Dogmen zu vergleichen und Unterschiede festzustellen, sofern sie vorhanden sind. Es ist ein wunderbares und sanftes Vorgehen der Jesusgestalt.

Ausführlich geht die Jesusgestalt auch auf die zehn Gebote des Moses ein. Aber auffallend ist dabei, dass sie den bekannten und eher formalen bzw. formalistischen Deutungen tiefere Deutungen hinzufügt. Das Kapitel heißt daher nicht bloß „The Ten Commandments" (Die Zehn Gebote), sondern „The Ten Commandments Of Love" (wörtlich: Die Zehn Gebote der Liebe). Die Jesusgestalt verbindet also die Gebote bzw. Verbote mit dem Liebesaspekt.

Im Kapitel 12 äußert sich die Jesusgestalt über sehr grundsätzliche naturwissenschaftliche Fragen („Jesus on Science"). Dabei bestätigt sie unter anderem, dass jeder Mensch ein Auraenergiefeld hat. Das wurde bislang eher in die „esoterische Ecke" gestellt und wenig ernst genommen. Sie verweist ausdrücklich darauf, wie sich Liebe auf dieses feinstoffliche Energiefeld eines jeden Menschen auswirkt!

Zum Schluss kommt die Jesusgestalt auf Gravitation, Materie, Antimaterie und Magnetismus zu sprechen. Naturwissenschaftler, mit denen Green später über die Aussagen der Jesusgestalt gesprochen hat, zeigten sich erstaunt über deren konkretes und enorm hohes Wissen. Für die Wissenschaftler war das mehr als nur „vages Herumreden". Man gewinnt in dem 12. Kapitel deutlich den Eindruck, dass die Jesusgestalt über enormes Wissen verfügt und uns damit zugleich helfen will. Im Hintergrund der gesamten kosmischen (!) Wirklichkeit ist immer Gott als strukturierendes Geistwesen. Das erinnert übrigens stark an eine entsprechende Aussage des Physikers Max Planck.

In diesem Kapitel 12 kommt es zu einer Aussage, die ohne jede Polemik vorgetragen wird: Die Religionen hätten die Tendenz, Gott in die ferne Vergangenheit oder in die ferne Zukunft zu rücken! Sicherlich ist diese Aussage der Jesusgestalt nicht rein zufällig.

Und viele Leute erweckten bei ihr den Eindruck, mehr über Religion als über Gott zu wissen (Seite 293). All das wird ruhig und sachlich vorgetragen. Das Liebevolle schwingt immer mit, auch an Stellen, die mit „Kritik" zu tun haben, sofern der übliche Kritikbegriff überhaupt im Rahmen des Auftretens der Jesusgestalt anwendbar ist.

Das Wunderbarste an den Aussagen der Jesusgestalt ist eigentlich, dass sie den Menschen nicht als schlecht darstellt, wohl wissend, dass wir enorme Probleme haben. Wir haben viel Licht in uns – als Potenzial zum Positiven hin. Und vielleicht ist es dieses Licht in uns, das wir sehen, wenn wir sterben. Es erinnert mich an entsprechende Schilderungen aus so genannten Nahtoderlebnissen. Offenbar versucht die Jesusgestalt, uns zu vermitteln, dass wir dieses Licht in uns bereits vor unserem Tod wahrnehmen können und in tägliche Handlung umsetzen können und vor allem sollten. Aber gleichzeitig scheint sie zu wissen, wie schwer das für uns ist.

Hat das vielleicht auch damit zu tun, dass wir von uns selber ständig meinen, grundsätzlich sündhaft zu sein? Entziehen wir uns selber damit den Odem des Guten? Nelson Mandela soll gesagt haben, dass wir uns mehr vor unserem Licht als vor unserer Dunkelheit fürchten.

Sehr deutlich wird auch in dem Buch, dass wir selbst unsere Probleme schaffen. Es gibt an keiner Stelle des Buches irgendeinen auch nur entfernten Hinweis auf Apokalypsen, die von außen auf uns hereinbrechen. Das erinnert an die Diskussionen um das Weltklima und seine Entwicklung. Immer mehr Menschen spüren, dass die Wetter„apokalypsen" keine Apokalypsen sind, sondern im höchsten Maße „hausgemacht". Oder „menschengemacht", wie man es sicherlich auch formulieren könnte.

Es sei übrigens noch erwähnt, dass sich Glenda Greens Originalporträt der Jesusgestalt inzwischen in einer kleine Kirche in Fort Worth (Texas) befindet. Die Kirche ist allen Menschen offen. Die Religionszugehörigkeit spielt keinerlei Rolle. Darauf legt die Gemeinde größten Wert. Sicherlich in Übereinstimmung mit der Jesusgestalt.

Und der Vorgang um die Jesusgestalt lässt mich persönlich wiederum an die Ankündigung des „Anhalters in Weiß" denken, wonach auch Jesus zurückkehren werde.

Kapitel 25

Und nicht nur Glenda Green

Schwester Anna wurde 1966 in Nairobi geboren. Sie wurde 1983 sehr krank und Erzbischof Milingo betete für sie. Ende August 1987 erschien ihr aus dem Nichts eine Gestalt, die sagte, sie sei Jesus. Schwester Anna weilte inzwischen in Rom. Sie war erstaunt, aber sie glaubte ihm. In den Folgemonaten erschien er ihr regelmäßig. Das setzte sich 1988 fort. Im April 1988 geschah aber etwas ganz Außergewöhnliches: Jesus bat sie, zwei Fotos von ihr zu machen. Er wolle jetzt wirklich gesehen werden. Sie entsprach seiner Bitte. Auf dem ersten Foto sieht man sein Gesicht, das sehr sanft wirkt. Auf dem zweiten Foto sieht man sein Gesicht mit Tränen aus Blut. Schwester Anna und Erzbischof Milingo gaben 1994 zu all dem eine Pressekonferenz in Rom. Meines Wissens gab es über Italien hinaus auch im französischen Fernsehen eine recht ausführliche Berichterstattung darüber.

Im Jahre 1995 ist einer einfachen bei Paris lebenden Französin (Françoise) ebenfalls eine Jesusgestalt erschienen. Daraus ist ein Buch mit „Botschaften zur Umkehr der Herzen" entstanden. Erinnert sei dabei an das Lichtkreuzerlebnis der jungen Hughette bei Paris, die anschließend besondere Heilungen als Masseuse zu bewirken vermochte.

Bereits 1931 ist eine Jesusgestalt einer jungen und frommen Polin in Krakau erschienen. Es handelt sich um Schwester Faustine. Sie forderte sie auf, ein Bild von ihr zu malen. Das tat dann eine andere Person anstelle von Faustine, die selber zeichnerisch nicht so begabt war, aber sehr genaue Angaben machen konnte. Dieses Bild findet man zuweilen in Kirchen. Die Jesusgestalt hatte zu der jungen Ordensfrau gesagt: „Male ein Bild von mir, so wie du mich siehst!“ Das ist eine interessante Parallele zu der Amerikanerin Glenda Green. Die Jesusgestalt von 1931 bat die Polin noch, unter das Bild zu schreiben „Jesus ich vertraue auf dich“. „Vertraue mir“ war das, was eine Stimme einem kleinen Jungen aus dem Lichtkreuz heraus sagte, das sich im slowenischen Novo Mesto manifestiert hatte. Aus dem wiederholten Erscheinen der Jesusgestalt vor Faustine entstand ein Buch.

In dem Buch ging es mehr als in dem Buch von Glenda Green um Warnungen. Doch die Jesusbegegnung der Polin blieb in Deutschland und international weitgehend unbeachtet. Zwischen 1939 und 1945 folgte dann der Zweite Weltkrieg mit mehr als sechzig Millionen Toten.

Eine besondere Begegnung mit Jesus hatte „Weekly World News“ (USA) zufolge der serbische Soldat Josip Hoxha. Er hatte im Kosovo -Konflikt im Namen von Slobodan Milosevic als früherer Leutnant viele Menschen getötet, wie er selbst zugab. Er wolle nach der Begegnung mit Jesus keine Waffe mehr in die Hand nehmen. Die Begegnung mit Jesus ereignete sich, als er gerade seinen Männern den Befehl geben sollte, drei albanische Männer, deren Frauen und vier Kinder zu erschießen. Er handelte wiederum auf höheren Befehl. Als die Menschen vor ihm standen und besonders die Frauen und Kinder um Gnade und ihr Leben flehten, trat plötzlich hinter ihnen ein junger Mann hervor, den er und die Soldaten zuvor gar nicht bemerkt hatten. Der junge Mann war freundlich und hatte überhaupt keine Angst. Und er fragte den Soldaten ganz ruhig, warum er den Wunsch habe, unschuldige Menschen zu töten. Der Soldat habe in dem Moment intuitiv gefühlt, dass er sich in der Gegenwart von „Jesus Christus“ befunden habe. Er sei sofort mit Scham und tiefer Reue erfüllt worden. Den anderen serbischen Soldaten erging es genauso. Sie waren nicht mehr in der Lage, den Tötungsbefehl auszuführen. Zum Erstaunen aller löste sich der junge Mann in nichts auf. Die Soldaten ließen die Menschen, die sie erschießen sollten, gehen und setzten sich nach Mazedonien ab. Josip Hoxha kümmerte sich dort um verlassene Kinder in einem der Flüchtlingslager.

„Weekly World News“ konnte auch über eine wunderbare Heilung berichten: „Morris Hiltfen aus Chicago wurde auf wunderbare Weise von einem inoperablen Gehirntumor geheilt, nachdem Jesus ihn besucht hatte. Laut Hiltfen „wuchs der bösartige Gehirntumor in meinem Hirn täglich, und die drei Ärzte sagten, dass mir niemand mehr helfen könne. Um ehrlich zu sein, wollte ich damals auch nicht mehr gerettet werden. Ich konnte nicht mehr sprechen und mich auch nicht mehr selbstständig bewegen. Ich hatte ständig Schmerzen und keine Kontrolle mehr über meine Körperfunktionen. Mit fünfzig war ich zu einer solchen Belastung für meine Familie geworden, dass ich nur noch sterben wollte, um ihrem und meinem Leiden ein Ende zu setzen. Als Jesus mein Zimmer im Hospiz betrat, dachte ich erst, ich phantasiere. Aber er stand da und sah in seinem Gewand und seinen Sandalen so aus, als sei er direkt aus der Bibel herausspaziert. Er ging schweigend zu mir, legte beide Hände auf meinen Kopf und sagte – mit der freundlichsten Stimme, die ich jemals gehört habe – zu mir, dass mein Leiden zu Ende sei und dass es mir morgen wieder gut gehen werde. Ich dachte, er wollte mir damit sagen, dass ich bald bei ihm im Himmel sei. Aber fast im gleichen Augenblick waren die Schmerzen, die meinen Körper monatelang gequält hatten, verschwunden. Innerhalb von Stunden konnte ich wieder so klar sprechen wie früher, ich konnte gehen, essen und denken wie ein Mann, der noch nie in seinem Leben krank war. Mein Arzt konnte seinen Augen kaum trauen. Und als er am nächsten Tag Röntgenaufnahmen machte, konnte er seinen Augen wirklich nicht mehr trauen, weil der Riesentumor in meinem Kopf weg war – ganz und gar, auf unerklärliche Weise weg. Ich war über Nacht wieder in die Normalität zurückgekehrt.“

Erinnert sei an dieser Stelle an die Gehirntumorheilung von Joan Anderson (jetzt J. Calvert) durch das Lichtkreuz in der Kirche bei Knoxville (Tennessee, USA).

„Weekly World News“ gibt 1999 nähere Einzelheiten zu einem anderen Fall: „Judy Gallereau aus Jacksonville in Florida erzählt, wie Jesus „mich vom Selbstmord abhielt, nachdem mein Mann gestorben war, und mir half, weiterleben zu wollen“. Nachdem ihr Mann gerade gestorben war, ging sie verzweifelt an den Strand in der Nähe und weinte. „Dann spürte ich, wie sich eine Wärme in meinem Körper ausbreitete. Ich hob den Blick und bemerkte einen Mann, der neben mir saß. Ich hatte ihn zuvor nicht wahrgenommen und daher keine Ahnung, wo er herkam. Aus unerfindlichem Grund hatte ich das Gefühl, dass ich ihm trauen konnte. Er nahm meine Hand, aber daran war nichts zweideutig oder zudringlich. Er schien nichts zu wollen und sagte auch nichts. Er hatte einen Bart und trug ein Gewand, sein Haar war lang, und er hatte die freundlichsten Augen, die ich je gesehen habe. Mit einem Mal schüttete ich ihm mein Herz aus ... Als ich fertig war, spürte ich eine Leichtigkeit, einen Frieden, wie ich es bisher nicht kannte. Ohne jeden Zweifel wusste ich, dass ich (meinen Mann) Mel wiedersehe und dass es mir wieder gut gehen wird. Der Mann stand auf, um zu gehen, und ich fragte ihn, wer er sei – obwohl ich es irgendwie schon wusste. Und schließlich sagte er: „Johannes 10,14.“ Ich ging nach Hause und schlug die Stelle in der Bibel auf. Sie lautete: „Ich bin der gute Hirte und kenne die Meinen und bin bekannt den Meinen.“

Auch hier sei eine kleine Anmerkung erlaubt: Der „Anhalter in Weiß“ machte einer Fahrerin gegenüber ebenfalls eine Anspielung auf die Bibel: auf den Erzengel Gabriel als Verkünder der Wiederkunft Christi im Lukasevangelium.

„Tiefpunkt“ lautet die Überschrift zu einer weiteren Begebenheit, die von „Weekly World News“ wiedergegeben wird: „Victor Reblane aus Columbus in Ohio berichtet: „Bevor mich Jesus besuchte, war ich wirklich auf dem Tiefpunkt angelangt. Seit fast drei Jahren nahm ich harte Drogen und trieb mich mit üblen Leuten herum. Ich hatte auch meinen Job verloren und war völlig pleite. Sogar meine Drogendealer-Kumpel waren nicht mehr meine Freunde. Ich brauchte dringend Geld – und der schnellste Weg dazu war, es aus der Kirche in der Nähe zu stehlen, wo mein Bruder Pfarrer ist. Als ich an diesem späten Abend auf dem Parkplatz vor der Kirche stand, hatte ich die feste Absicht, ein Fenster einzuschlagen, reinzuklettern und das Geld zu klauen. Doch als ich an die Tür kam, erschien ein bärtiger Mann vor mir, der wie ein Pfarrer gekleidet war. Ich wusste sofort, wer es war: Jesus. Er sagte, ich solle nur friedlich sein und an ihn glauben, und alles würde wieder gut. Ich sprach einige Augenblicke lang mit ihm, und dann ging er weg. Aber nach dieser kurzen Begegnung stiegen in mir Freude und Hochgefühl auf, wie ich sie noch nie erlebt hatte. Meine schreckliche Drogenabhängigkeit verschwand auf wundersame Weise – ich erlebte eine vollkommene Freiheit. Am nächsten Tag rief mich mein ehemaliger Chef an und bot mir meinen alten Job wieder an."

Hier haben wir es mit einer seelisch-geistigen Heilung zu tun. Sie führt zum Ende der Drogenabhängigkeit. Entsprechendes geschah bei zwei jungen Leuten im Zusammenhang mit den Lichtkreuzen in El Monte und (später) in Montclair.

Kapitel 26

Die Vision Hunderter von Soldaten: Golfkrieg, 11. Februar 1991

Nicht nur „Share“ berichtete im Mai 1991 darüber. Auch dem amerikanischen Wochenblatt „Sun“ war die Sache nicht entgangen.

So heißt es in der „Sun“: „Jesus erscheint unseren Jungs in Saudi-Arabien: blendende Sonnenuntergangsvision überwältigt Truppen“, so posaunte die sensationelle Überschrift auf der Titelseite. Der Artikel beginnt mit den Worten: „Eine blendende Vision Jesu Christi erschien bei Sonnenuntergang am Himmel über der Wüste von Saudi-Arabien und segnete unsere Truppen, wie unter den höheren Militärs unter vorgehaltener Hand verbreitet wurde.“ Es geschah am Montag, dem 11. Februar, wie das Blatt berichtet, unmittelbar außerhalb von Kahfiji in Saudi-Arabien und wurde von einer Aufklärungskompanie einer bewaffneten Division bezeugt. Als die Soldaten Anstalten trafen, ihre Abendmahlzeit einzunehmen, erschien am südwestlichen Himmel ein hell strahlendes Licht. „Sun“ fährt fort und zitiert einen hochrangigen Beamten des Geheimdienstes, der von einem Stabsfeldwebel über das Ereignis unterrichtet worden war: „Plötzlich trat unter den Soldaten vollkommene Stille ein. Niemand wusste zuerst, was geschehen war, aber jedes Geräusch verstummte, und die üblichen Gespräche während der Mahlzeit brachen ganz plötzlich ab.“ Angeblich fielen einige Soldaten auf die Knie und begannen zu beten, als sie das Bild Jesu am Himmel sahen. Wegen der besonders gefährlichen Mission, auf der sich die Division befand, waren keine Berichterstatter anwesend, aber die Kunde von diesem Ereignis verbreitete sich schnell im Alliierten Kommando, schreibt „Sun“, und sie wurde von amerikanischen und britischen Militärstellen privat bestätigt. Ein Sprecher der britischen Armee wird folgendermaßen zitiert:

„Nach den Berichten, die ich erhielt, verblasste plötzlich der rote Himmel, und ein riesiges weißes Bild erschien. Es war eine Vision Jesu in voller Größe. Er war weiß gekleidet, seine Arme ausgebreitet, so als ob er den Soldaten seinen Segen gebe." Die sonst eher lautstarken Soldaten „waren noch eine Viertelstunde völlig verstummt, als die Erscheinung bereits verschwunden war", sagte der britische Sprecher.

Danach, wie es in „Sun" heißt, „überkam die meisten Männer ein überwältigendes Gefühl der Liebe und des Friedens". Der Stabsfeldwebel behauptet: „Wir wussten, nachdem wir Jesus gesehen hatten, dass Gott auf unserer Seite ist. Wir alle wissen jetzt, dass Jesus über uns wacht, und wir haben nichts zu fürchten." Wahrscheinlich hatten die irakischen Truppen, die eine ähnliche Vision erlebten, das gleiche Gefühl.

Natürlich wurde den Soldaten auf beiden Seiten nicht die Vision gegeben, um damit die Richtigkeit ihrer jeweiligen Sache zu unterstreichen. Das ist die nachträgliche Deutung aus einem noch sehr begrenzten Bewusstsein heraus. Vielmehr sollte an die Bereitschaft zur Liebe und zum Frieden appelliert werden. Es ist auch kein Zufall, dass christlichen u n d islamischen Kriegsteilnehmern gleichermaßen die Vision zuteil wurde.

Diese Aussage wird man sicherlich sachlich begründet und guten Gewissens machen können.

Kapitel 27

Der Menschheit soll geholfen werden

Ich glaube, der Leser ist inzwischen nicht mehr überrascht, wenn er erfährt, dass diese „Wunder“ weltweit seit 1988 kein Zufall mehr sind. Die Zeichen und Hinweise häufen sich. Sind sie eigentlich noch zu übersehen?

Gibt es höchst entwickelte Wesenheiten, die hinter der Alltäglichkeit und ihrer Normalität die Menschheit unterstützen möchten?

1994 hätte ich den Sinn dieser Frage noch nicht erkannt. Zwischen 1988 und 1994 war eigentlich bereits eine Menge geschehen, aber ich wusste davon nichts. Und vielen Lesern wird es jetzt (im September 2000) vermutlich auch noch so ergehen.

Autoren wie Anrias, Avalon, Bailey, Courtenay, Creme und Jurriaanse machen geltend, dass es solche Wesenheiten gibt. Und das sind gewiss nicht die einzigen Autoren. Es handelt sich lediglich um die mir bekannten. Und Hindus ist der Gedanke wohlvertraut, dass sich in größeren Zeitabständen immer wieder „große Seelen“ verkörpern oder wiederverkörpern, um eine besondere Aufgabe für einen großen Kulturkreis oder gar für die Menschheit zu erfüllen. Diese großen Seelen kommen nicht, um einfach nur im landläufigen Sinne „das Leben zu genießen“, sondern um einer Kultur oder der gesamten planetaren Zivilisation der Erde einen Dienst zu erweisen.

Ein prominentes Beispiel für uns ist Jesus von Nazareth, der zu seiner Zeit völlig neue Gedanken entwickelte und damit weltgeschichtliche

Bedeutung erlangen sollte. Christen wie Nichtchristen sehen in ihm eine Gestalt, die eine besondere epochale Aufgabe erfüllen sollte. Dabei wirkte er „Wunder“, die uns aus dem Neuen Testament bekannt sind: Handlungen, die außergewöhnliche Fähigkeiten des Mannes aus Nazareth erkennbar werden lassen.

Bereits 1939 verfasste der Autor David Anrias ein Büchlein, in dem er Wesenheiten auflistet, die kommen werden, um der Menschheit zu dienen und deren Seelen bereits unter anderem Namen auf der Erde verkörpert waren. Und wie Courtenay erwähnt er dabei die Namen „Maitreya“ und „Jesus“ (als „Meister Jesus“). Die Bezeichnung „Meister“ ist uns ebenso vertraut. An mehreren Stellen in der Bibel sprechen die Jünger Jesus von Nazareth als „Meister“ an. Bei Courtenay findet sich sogar dreimal ein Bezug auf Maitreya im Zusammenhang mit dem (historischen) Jesus, den er besonders ausführlich behandelt.

Alice Bailey verfasste in den 30er Jahren zwei Bücher mit den Titeln „Die Wiederkunft Christi“ und „Die geistige Hierarchie tritt in Erscheinung“. Wie die Mariengestalt am Karfreitag 1945 gegenüber dem kleinen Wayne (Peterson) kündigt sie dabei sein Erscheinen an, wobei sie vom Ende des 20. Jahrhunderts als Zeitpunkt ausgeht. Das ist im Falle der Mariengestalt zumindest zeitlich ähnlich. In dem Buch „Die geistige Hierarchie tritt in Erscheinung“ ist die Rede von mehreren (!) Wesenheiten, die die Menschheit unterstützen wollen. Dabei werde sich keine feste Organisation, aber eine Art Organismus weltweit herausbilden. Einige tausend Menschen werden sich ehrlich und nach Kräften darum bemühen, die Informationen über hervortretende Wesenheiten an andere Menschen weiterzugeben. Sie werden auf Skepsis stoßen, aber mehr und mehr Menschen werden sich öffnen, wenn die Zeichen immer deutlicher werden. Es wird sich ein Kreis von „Jüngern“ bilden und einer oder einige werden eine aktivere Rolle spielen.

Eine Bemerkung am Rande: Ich persönlich bin natürlich weit davon entfernt, ein „Jünger“ zu sein. Ich bin nur ein ganz normaler Autor, der durch Zufall mit diesen ungewöhnlichen Dingen in Berührung gekommen ist. Nordenau war mein Ausgangspunkt.

Der südafrikanische Autor Aart Jurriaanse vermittelt uns in seinem Buch „Bridges“ (Brücken) ebenfalls Kenntnisse über „Meister“, die eine „menschheitsdienende“ Rolle übernehmen werden. Sein Buch wird sehr wahrscheinlich im Frühsommer 2001 auch auf Deutsch erscheinen (unter dem Titel „Philosophie der Synthese“). Es ist die ausführlichste und klarste Beschreibung der Meister und ihrer Aufgaben im Dienste der Menschheit. Das englische Manuskript konnte ich bereits einsehen. Der Leser wird ein sehr systematisches und tiefgründiges Buch lesen können. Ein wunderbares Buch.

Der britische Autor Benjamin Creme beschreibt die Aufgaben von Maitreya und dem wiederkehrenden Jesus als Meister Jesus. Sehr klare Aussagen macht er dazu im 3. Band seiner Trilogie „Maitreya´s Mission“, der im Sommer 1997 herauskam.

Die folgende Übersicht von mir ist eine Zusammenfassung dessen, was Autoren wie Anrias, Avalon, Bailey, Courtenay, Creme und Jurriaanse herausgearbeitet haben.

Maitreya sieht demnach für sich die Aufgabe, durch seine Anwesenheit und Zeichen weltweit der Menschheit ein klareres Bewusstsein zu vermitteln, dass sie eine Einheit ist, über Telekommunikation und Weltfinanzmärkte hinaus. Er soll in einer neuen Zeitentwicklung auf globale Synthese hinwirken, ohne dass die Kulturen dabei ihre Identität verlieren. Mit „globaler Synthese“ ist gemeint, dass die Menschen aus allen Kulturen stärker das Gemeinsame wahrnehmen und „die Illusion des Getrenntseins“ aufgeben.

Das gerechtere Teilen der Ressourcen weltweit ist die Voraussetzung für das Überleben der Menschheit als planetare Zivilisation. „Teilt und rettet die Welt!“ lautet die wichtigste Botschaft Maitreyas an die gesamte Menschheit.

Dies wird von ihm noch näher konkretisiert: Seine vier globalen Forderungen sind dabei: das Beenden des Hungers, ein Dach über dem Kopf für alle, ein notwendiges Minimum an Gesundheitsversorgung für alle und ausreichende Hygiene für alle.

In dem Zusammenhang geht Maitreya aber davon aus, dass wir zu all dem fähig sind. Er sieht in uns nicht nur Egoisten, sondern auch unsere Fähigkeit zum Gegenteil: zum Altruismus. Auch Maitreya sieht enorm positive Potenziale. Ganz wie die Jesusgestalt, die uns im Buch Glenda Greens so angenehm entgegentritt. Und Maitreya sagt, wir sollen uns nicht ständig einreden lassen, nur egoistisch zu sein. Mehr globale Gerechtigkeit ist möglich und keineswegs nur bloße Utopie.

Die Religionen werden nach anfänglicher Verunsicherung positiv auf ihn reagieren. Die Religionen sind aber in erster Linie das Anliegen des Meisters Jesus, der dabei von weiteren Meistern unterstützt werden wird. Drei von ihnen seien dabei in einem ihrer früheren Leben die Jünger Johannes, Petrus und Paulus gewesen.

Maitreya will sich an die Menschheit wenden, wodurch diese zum ersten Mal ein starkes (und überlebensnotwendiges) Bewusstsein von ihrer Einheit bekommt. Dies sei mit momentanen Absichtserklärungen nicht vergleichbar. Weitere besondere Zeichen und Heilungen weltweit werden den Prozess seines Hervortretens begleiten. Die Vorgänge zwischen 1988 und heute (September 2000) werden also ihre sichtbare Fortsetzung finden.

In der Wissenschaft wird sich vor allem eine Anschauung (ein Paradigma) herausbilden, die über das jetzt noch herrschende materialistisch-mechanistische Weltbild hinausgehen wird. Die „Wunder“ seit 1988 sollen uns Menschen sanft auch auf diesen Zusammenhang aufmerksam werden lassen. Aus der Sicht Maitreyas oder des Meisters Jesus und weiterer Meister sind die „Wunder“ weltweit keine Wunder, sondern die Umsetzung eines Wissens, das unsere konventionelle

„Schulwissenschaft“ noch nicht hat. Allenfalls gibt es momentan in ihr „Querdenker“, die in naher Zukunft neue Akzente setzen werden.

Es waren im Wesentlichen diese wichtigen Punkte, deretwegen Maitreya im April 1990 Staatsmänner, Diplomaten, Wirtschaftsexperten, Geschäftsleute guten Willens, religiöse Vertreter, Wissenschaftler und Journalisten zu seiner Konferenz einladen ließ.

Tatsächlich gibt es in der UN, in den USA und anderswo, ja sogar in der Weltbank und beim Internationalen Währungsfonds (IWF) verantwortungsbewusste Menschen, die klar erkannt haben, dass die Menschheit in eine völlige Sackgasse geraten ist. Auch Wayne Peterson deutet dies in seinem zweiten Interview mit Dick Larson an.

Maitreya, der Meister Jesus und weitere im Moment noch weniger bekannte Meister sehen, dass die Menschheit einer großen Unterstützung bedarf. Sie wird aber überleben, da sie mit eben der Unterstützung dieser Wesenheiten guten Willens alte Muster aufgeben wird. Die „Apokalypse“ wird ausbleiben. Im Gegensatz zu uns, die wir durch die Medien meist Hiobsbotschaften empfangen, sehen die Meister viel stärker auch unsere positiven Potenziale. Ihre Wahrnehmung sei umfassender und gehe über üblichen Pessimismus hinaus. In der Tat war das ja auch eine der Kernaussagen der Jesusgestalt, der Green vielfach begegnet ist. Sie hat diese Kernaussage in ihrem Buch festgehalten.

Die vielen Jesusbegegnungen von Menschen in unterschiedlichsten Lebenslagen (siehe die Kapitel 24 bis 26) mit einer Intensivierung in den 90er Jahren sind natürlich kein Zufall. Dabei verändert er sein Aussehen je nach Erwartung der Menschen, denen er begegnet. Er ist (wie übrigens auch Maitreya) dazu in der Lage. Der Meister Jesus will vor allem die Religionen näher zusammenführen, inner- wie außerchristlich. Im Falle des Christentums möchte er die geistige und spirituelle Führung übernehmen.

Maitreya und der Meister Jesus haben auch im Zusammenhang mit dem Golfkrieg Zeichen gegeben. Das habe ich beschrieben. Maitreya hat sich um die Verhinderung des Ausbruchs des Golfkrieges bemüht. Doch Politiker haben wie alle Menschen einen freien Willen.

Maitreya ist es darüber hinaus wichtig, dass wir um ein Lebensgesetz wissen und darüber mehr erfahren, weil es für alle sechs Milliarden Menschen Gültigkeit habe. Er beschreibt dieses Lebensgesetz als das „Gesetz von Ursache und Wirkung“.

Es wirkt sowohl während des menschlichen Einzellebens als auch über mehrfache Leben hinweg. Es handelt sich dabei aber nicht um die Seelenwanderungslehre wie sie im asiatischen Raum üblich ist. Es geht um noch Tiefgründigeres.

Wenn die Menschheit das „Gesetz von Ursache und Wirkung“ in seinem tieferen Sinne verstanden habe, werde das global gleichsam einen „moralischen Schub“ bewirken. Die Wirkungen werden dann sehr konkret sein: erstens im Bereich der zwischenmenschlichen Beziehungen und zweitens in unserem Verhältnis zu Natur und Umwelt. Im zwischenmenschlichen Bereich wird sich dies im Sinne von „Harmlosigkeit“ positiv auswirken: Wir werden viel achtsamer und vorsichtiger miteinander umgehen. Aus der Sicht Maitreyas ist nicht grundsätzliche „Sündhaftigkeit“ unser Problem, sondern das Nichtwissen um das „Gesetz von Ursache und Wirkung“. Das „Gesetz“ ist dabei mit dem Gnadenaspekt gänzlich vereinbar. Hier gibt es aber noch so erhebliche Missverständnisse, dass Hinweise an die Menschheit einen tieferen Sinn haben.

Das großartige christliche Prinzip der Nächstenliebe sei ein wichtiger Bestandteil des Gesetzes von Ursache und Wirkung. Das gelte auch für das Prinzip der sozialen Gerechtigkeit, das in den Religionen und mit besonderem Akzent im Islam eine große Rolle spielt.

Wir werden auch durch das tiefere Verstehen des Gesetzes von Ursache und Wirkung eine ruhigere und weniger „stresshafte“ Grundeinstellung zum Leben bekommen. Durch das tiefere Begreifen des Gesetzes von Ursache und Wirkung werden in Zukunft auch weniger Krankheiten auftreten. Diese hätten auch damit zu tun, dass wir davon ausgehen, dass uns nur ein Leben zur Verfügung stehe, was enormen seelischen Druck in uns erzeugen würde.

Die bessere Einstellung zu Natur und Umwelt werde sich auch deshalb einstellen, weil wir nun wüssten, dass wir „wiederkommen“. Wir werden langfristiger denken und nicht mehr nur bezogen auf die Lebenszeiträume unserer Kinder und Kindeskinder. Das „Gesetz“ von Ursache und Wirkung ist dabei moralisch und spirituell zu verstehen. Mit einem formalen Rigorismus habe es nichts zu tun.

Überhaupt gilt für Maitreya u n d den Meister Jesus in gleichem Maße, dass sie der Menschheit nicht ein geschlossenes „verkopftes“ theologisches Lehrsystem vermitteln werden, sondern eine einfache alltagsbezogene „Lehre“, die mit Liebe zu tun hat. Irgendwelche „offiziellen“ oder fundamentalistischen Dogmen sind ihnen ohnehin unbekannt.

Sie werden unsere Herzen ansprechen, nicht unseren analytischen Verstand, der wichtige Aspekte des Lebens gar nicht wahrzunehmen vermag. Gleichzeitig wird ihr Wirken und das Wirken anderer Meister wie bereits erwähnt große Fortschritte in der Wissenschaft bringen.

Dafür ein Beispiel: Wir werden verstehen lernen, dass unsere Gedanken feinstoffliche Energien sind und die Summe der Gedanken der sechs Milliarden Menschen sich auch auf das Wetter- und Klimageschehen auswirken. Dies sei den Meteorologen und Klimatologen noch nicht bekannt, weil sie sich in ihrem Denken noch (!) im Rahmen eines materialistisch-mechanistischen Weltbildes bewegen. Ungünstig würden sich in dem Zusammenhang auch die vielen Gewaltdarstellungen der Fernsehprogramme der ganzen Welt in ihrer Summe (!) auswirken, da sie bereits starke gedankliche Energien zur Folge haben. Das tiefere Verstehen dieser Zusammenhänge würde uns ebenfalls sehr helfen. Maitreya und die Meister möchten den Dialog mit unseren Wissenschaftlern. Sie vermögen ihnen neue und wichtige Anstöße zu geben.

In Anspielung auf sein späteres Erscheinen 1988 im afrikanischen Armenviertel von Kawangware in Nairobi sagte Maitreya in seiner 128. Botschaft (von insgesamt 140) im Jahre 1982 Folgendes:

„Sucht nach mir an den dunklen Plätzen,
wo es Hunger und Streit gibt.
Erkennt mich als Bruder der Armen,
der Ausgestoßenen der Welt.
So seht ihr mich, meine Freunde und Brüder,
als den Herrn der Liebe."

Dies ließ er von London aus verlauten.

In einer anderen Botschaft (Nr. 42 vom 12. September 1978) bezeichnet sich Maitreya als „der W a s s e r t r ä g e r".

Im Zusammenhang mit dem Meister Jesus weiß ich von einem ungewöhnlichen Foto. Dazu heißt es dann auf der Rückseite:

„Eine Person fotografierte einen Priester während der Hl. Wandlung. Beim Entwickeln des Filmes kam zu seiner großen Überraschung das Bild der Hl. Familie zum Vorschein. Wegen meines Zweifels der Echtheit dieser Aussage sandte ich die Fotos nach Italien, in die Nähe von Rom, um sie von einer begnadeten Person begutachten zu lassen. Ich erhielt darauf die Antwort, dass das Bild wahrhaftig authentisch ist. Auf die Frage, woher das Bild kommt, sagte Jesus: „Es ist die Familie von Nazareth. Es bringt meinen Segen. Mit ihm kommen Glauben, Gebet und meine Gegenwart. Ich selber komme damit ins Haus."

Unterschrieben ist diese Information mit „P. Christian Michel SAC", wobei „P." wohl „Pater" bedeutet. Offenbar gibt es bereits Geistliche und womöglich Mitglieder des Vatikans, die um die Existenz vom Meister Jesus „in der Nähe von Rom" wissen. Das deckt sich übrigens mit den Aussagen von Creme: Der Meister Jesus lebe seit 1989 bei Rom, sei aber in der Lage, den Menschen anderswo plötzlich zu erscheinen. Solche erstaunlichen Vorgänge kennen wir sowohl aus der Bibel als auch aus den (bereits erwähnten) „Johannesakten".

Noch einmal zurück zu Maitreya: Maitreya geht davon aus, dass sein Hervortreten und das der anderen Meister insgesamt zu einem Klima von mehr Offenheit führen werde. Zurzeit würden noch zu viele Informationen von Regierungen und Wirtschaftsunternehmen „unter Verschluss" gehalten. Es handele sich dabei um Dinge, die zwar nicht Profit bringen, aber das Leben der gesamten Menschheit deutlich leichter machen würden, nicht zuletzt in energietechnischer und ökologischer Hinsicht.

In der Tat wäre das ein ganz entscheidender Hoffnungsfaktor.

Ich möchte dabei an dieser Stelle den geschätzten Leser auf die Forschungen zur so genannten „Freien Energie" hinweisen. Sie besteht weltweit, vor allem aber in Japan und den USA. Die US-Wissenschaftsjournalistin Jeane Manning hat darüber ein sehr interessantes Buch verfasst („Freie Energie – Die Revolution des 21. Jahrhunderts"). Auch auf die Bücher „Tatort Erde – Kosmische Energie oder Planetare Katastrophe" und „Akte X – Planet Erde" von Hans-Peter Thietz sei verwiesen. Diese Bücher gehen in die Richtung dessen, was Maitreya meint. Doch wird noch mehr bekannt werden, was bisher nicht bekannt war. Das wird uns sehr helfen und uns auch in der Wissenschaft ein neues Zeitalter bringen.

Maitreya empfiehlt dringend „detachment", also „Loslassen". Damit meint er auch das „Loslassen" von (natur)wissenschaftlichen Dogmen.

Sie blockieren uns noch und erschweren spürbare Lebenserleichterungen. Wir hätten noch Erkenntnispotenziale, zu denen die konventionellere Wissenschaft noch keinen Zugang habe: als Folge von Selbstblockierung. Diese Erkenntnispotenziale gingen sogar noch über gegenwärtige „alternativwissenschaftliche" Konzepte hinaus. Insgesamt werde das Hervortreten von Maitreya, Meister Jesus und weiteren Helfern der Menschheit einen „Schub an Erkenntnissen" bringen. Ich ahne das zumindest nach meiner Lektüre des Buches von Glenda Green und dem enormen Wissen der dortigen Jesusgestalt.

Das „Loslassen" (detachment) bezieht sich noch auf zwei weitere Aspekte: ein Nichtanhaften an materiellen Gütern und ebenso ein Nichtanhaften an politischen, ökonomischen, religiösen und spirituellen Doktrinen. Stattdessen innere Gelassenheit und „Aufrichtigkeit im Herzen" (wiederholte Ausdrucksweise Maitreyas). Inniges Beten wäre ein gutes Beispiel für „Aufrichtigkeit im Herzen". Solches Beten zu Gott könnten Maitreya und der Meister Jesus im Rahmen ihrer Möglichkeiten unterstützen. Sie könnten in Einzelfällen Zeichen der Ermutigung geben, ohne damit den Willen Gottes zu verletzen. Sie würden sich zum Teil des göttlichen Planes machen können. Doch das Beten ist ja die Entscheidung des einzelnen Menschen. Sie kann uns von Gott oder etwas höher entwickelten irdischen Wesenheiten nicht abgenommen werden. Auch hier kommt wieder der freie Wille zum Zuge. Erinnert sei an das wunderbare Beispiel des angehenden Chirurgen aus Nicaragua: Er betete zu Jesus, bestand seine Facharztprüfung in den USA und erhielt ein zusätzliches Zeichen: Auf einem Foto tauchte nach dessen Entwicklung eine Gestalt auf, die ihre Hand auf seine Schulter gelegt hatte.

All das zeigt, wie konkret und begründet die Hoffnungen für die Menschheit sind, wenn sie die angebotene Hilfe und Weisheit der Meister aufgreift. Die endgültige Entscheidung für diese Hilfe fiel im Jahre 1945. Wegen des Gesetzes von Ursache und Wirkung dürfen die Meister nicht unseren freien Willen verletzen. Damit würden sie für sich selber negative Folgen erzeugen. Da sie natürlich keine „Götter" sind, unterliegen auch sie den göttlichen „Gesetzen“. Das ist für sie insofern ein Zwiespalt, weil sie natürlich gleichzeitig Fehlentwicklungen der Menschheit wahrnehmen und uns eigentlich davor bewahren möchten.

Doch hier noch ein Letztes: Im Juli 1988 berichtete der Südafrika-Korrespondent der Londoner Times über eine Pressekonferenz der damaligen Gattin Nelson Mandelas Winnie Mandela. Sie äußerte anlässlich seines 70. Geburtstages am 18. Juli 1988 die Meinung, dass seine Freilassung aus dem Gefängnis im Laufe der kommenden Jahre „kaum denkbar“ sei.

Maitreya ließ über einen seiner Mitarbeiter im September 1988 in London mitteilen, dass Nelson Mandela b a l d frei sein werde. Am 3. Oktober berichtete der „Guardian“ (London), Präsident Botha von Südafrika habe gegenüber Präsident Mobutu von Zaire geäußert, dass Nelson Mandela freigelassen würde.

Und so geschah es.

Kapitel 28

Meisterliche Worte

Die Meister stehen natürlich miteinander in Verbindung, und ein Meister informiert den Briten Benjamin Creme nach dessen Zustimmung im Jahre 1972 über wichtige Vorgänge und seit 1988 über die „Wunder“ weltweit. Daher weiß Creme bereits vorher von „Wundern“, über die in den internationalen Nachrichtenagenturen erst später berichtet wird.

Der Meister, der in „Share“ regelmäßig Kommentare abgibt bzw. abgeben lässt, tat dies erneut im Oktober 2000. Ich drucke den Oktober-Kommentar ab, weil er Leserinnen und Lesern zugleich einen tieferen Einblick in das Denken und Fühlen der Meister der Weisheit zu geben imstande ist.

Unter der Überschrift „Gelegenheit und Aufgabe“ führt einer der Meister der Weisheit Folgendes aus:

„Die Probleme, die auf die Menschheit einstürzen, sind zahlreich und schwierig zu lösen; einige sind gefährlich und müssen unverzüglich angegangen werden. Ohne Hilfe und Rat ist es unwahrscheinlich, dass die Menschen schnell genug und wirklich angemessen reagieren, um eine Katastrophe zu verhindern. Allein aus diesen Gründen ist es notwendig, dass wir, die Älteren Brüder uns jetzt als Berater und Lehrer zu erkennen geben.

Wir werden darum unsere Plätze unter euch einnehmen und euch helfen, eure Welt wiederherzustellen. Seid ohne Furcht, dass unser Kommen eure Würde als Menschen schmälern könnte; wir kommen allein, um zu helfen. Euer freier Wille wird von uns geachtet und niemals angetastet werden.

Viele Menschen bezweifeln heute, dass es uns überhaupt gibt. Viele halten unser Kommen nur für ein Kindermärchen. Bald werden die Menschen aber sehen, dass dieses Märchen wahr wird, und begreifen, dass wir immer hinter euch standen, euch behütet und beschützt und ungeduldig auf den Tag gewartet haben, wo wir wieder offen unter euch leben können."

Und weiter unter der Zwischenüberschrift „Heilige Pflicht":

„Wenn wir nun also, e i n e r n a c h d e m a n d e r e n (optische Hervorhebung durch den Autor), in euer Leben treten, empfinden wir es als unsere heilige Pflicht, euch in jeglicher Hinsicht zu helfen. Aus langer Erfahrung kennen wir die Wendungen des Lebens. Dieses Wissen und die so hart errungenen Gaben werden wir vor euch ausbreiten, um euch zu erbauen und zu trösten. Wir werden euch eure lange Geschichte vor Augen führen: Ereignisse, die viele tausend Jahre zurückliegen, werden für euch wieder lebendig werden. Und ihr werdet staunend die Herkunft des Menschen erkennen können. Dann werdet ihr euch der Herrlichkeiten bewusst, die verloren gingen, und an die Errungenschaften der Vergangenheit anknüpfen wollen. So wird es sein, und damit werdet ihr eine neue Bescheidenheit und Ehrlichkeit erfahren."

Unter „Höhen":

„Wenn ihr seht, aus welchen Höhen ihr kommt, werdet ihr sicher die Bilanz daraus ziehen und euch fragen, warum ihr in Anarchie und Unfrieden versunken seid. Ihr werdet sehen, dass die Ursachen in dem Materialismus liegen, auf den ihr euch Jahrhundert um Jahrhundert, zu sehr auf euer eigenes Wohl bedacht, immer mehr eingelassen und darüber den Plan vergessen habt. Aber jetzt müsst ihr euch dies wieder bewusst machen und den Weg einschlagen, der allein euch zum Licht führt. Es hängt jetzt viel davon ab, dass der Mensch die richtigen Entscheidungen trifft, denn nie befand er sich in größerer Gefahr. Wir beobachten und warten auf unsere Gelegenheit, euch die Hand zur Freundschaft und zum Beistand zu bieten, und wir sind sicher, dass ihr sie gern annehmen werdet."

Unter „Doppelt gesegnet":

„Für uns, eure Älteren Brüder, ist dies eine doppelt gesegnete Zeit: Als Geistige Hierarchie kehren wir jetzt offiziell in die Welt zurück, weil uns eine höhere Evolution ruft; und ihr, unsere jüngeren Brüder, bietet uns ein Dienstfeld und eine Aufgabe an, die wir mit Freude ergreifen. Der Plan und seine Umsetzung durch den Menschen sind unser zentrales Anliegen; die Menschen haben noch vieles zu lernen und als Lehrer für die unteren Reiche noch vieles zu vermitteln.

Wenn auch noch unerkannt, so sind wir doch in wachsender Zahl schon hier. Bald werdet ihr uns sehen und inspiriert sein, uns auf unseren Wegen nachzueifern: Unsere Zusammenarbeit wird euren Wettbewerb ablösen, unsere Großherzigkeit eure Intoleranz, und unsere Liebe wird eure Gewalt und euren Hass überwinden. So wird es sein, und so werdet ihr euch wieder dem Plan zuwenden und ihn euch zu eigen machen."

Von den 140 Botschaften Maitreyas zwischen 1977 und 1982 von London aus an die gesamte Menschheit war bereits die Rede.

Maitreya, der von Liebe Erfüllte, bat den Briten Creme, seine wichtigsten Botschaften über das Teilen erneut abzudrucken. Dies geschah dann in der „Share"-Ausgabe vom Oktober 2000. Hier die ungekürzte Wiedergabe:

„Wir werden zusammen eine neue Welt erschaffen: eine Welt, in der die Menschen ohne Furcht leben können, ohne Misstrauen und ohne Spaltung, in der sie die Gaben der Erde miteinander teilen und gemeinsam die

Seligkeit der Einheit mit unserem Ursprung erleben. All dies ist euch bestimmt. Ihr müsst nur die ersten Schritte tun, dann kann ich euch führen. Erlaubt mir, euch zu helfen. Erlaubt mir, euch den Weg nach vorn in ein einfacheres Leben zu zeigen, in dem es den Menschen an nichts mangelt, in dem kein Tag dem anderen gleicht, in dem die Freude der Brüderlichkeit sich durch alle Menschen kundtut.“ (Botschaft Nr. 3)

„Vor allem müssen sich die Menschen als Brüder begreifen, als Söhne des einen Vaters. Das ist unumgänglich, wenn sie der Gottheit einen Schritt näher kommen wollen. Überall in der Welt gibt es Männer, Frauen, Kinder, die nicht einmal das Notwendigste zum Leben haben; sie bevölkern die Städte in vielen der ärmsten Länder der Welt. Dieses Verbrechen erfüllt mich mit Scham. Meine Brüder, wie könnt ihr diese Menschen vor euren Augen sterben sehen und euch noch Menschen nennen? Mein Plan ist es, diese meine Kleinen vor dem Verhungern und sinnlosen Sterben zu retten.

Mein Plan ist es, euch zu zeigen, dass der Ausweg aus euren Problemen heißt, wieder auf die wahre Stimme Gottes in euren Herzen zu hören und den Ertrag dieser überaus großzügigen Welt mit euren Brüdern und Schwestern überall zu teilen ... Doch der Erfolg meiner Mission hängt von euch ab: Ihr müsst die Wahl treffen – ob ihr teilt und lernt, als wahre Menschen in Frieden zu leben, oder ob ihr gänzlich untergeht. Mein Herz sagt mir eure Antwort, eure Wahl, und es ist froh.“ (Botschaft Nr. 11)

„Gesellt euch zu jenen, die teilen und lieben wollen, zu jenen, für die Gerechtigkeit göttlich ist. Trefft eure Wahl jetzt, lasst euer Licht hinausscheinen und erleichtert mir den Weg.“ (Nr. 18)

„Mein Plan ist es, euch auf eine Reise in ein neues Land mitzunehmen, euch einen neuen Weg zu einem Leben zu zeigen, an dem alle Menschen teilhaben können. Lasst mich euch führen, lasst mich euch den Weg zeigen, lasst mich euch emporheben in das Licht einer neuen Wahrheit.“ (Nr. 26)

„Wenn ihr mich seht, werdet ihr wissen, warum ich kam, denn mit folgenden Worten werde ich euch aufrufen: Rettet meine Kleinen. Speist eure Brüder. Bedenkt, dass die Menschen eins sind, Kinder des einen Vaters. Gebt vertrauensvoll die Güter der Erde allen, die in Not sind. Tut das jetzt und rettet die Welt.“ (Nr. 31)

„Als Brüder unter Brüdern werde ich euch alle sprechen, eurem Sehnen und Hoffen Ausdruck verleihen, den Wunsch aller Menschen nach einer friedlichen Welt verkünden, nach einer gerechten und großherzigen Bereitschaft zum Teilen, nach der Gestaltung einer Gesellschaft, die auf Frieden und Liebe gegründet ist. Wenn ich diese Prinzipien verkünde, werdet ihr mich erkennen und entdecken.“ (Nr. 61)

„Meine Lehre, so einfach sie ist, wird euch die Notwendigkeit des Teilens zeigen, um einen gemeinsamen Pool des Lebensnotwendigen zu schaffen, aus dem alle Menschen schöpfen können, und sie wird euch die Notwendigkeit zeigen, Gier durch Zusammenarbeit und Vertrauen zu ersetzen und die innere Göttlichkeit des Menschen zu verwirklichen.“ (Nr. 64)

„Meine Ankunft wird die Welt verwandeln, die Hauptarbeit der Erneuerung liegt jedoch bei euch. Ich bin nur der Architekt des Planes. Ihr, meine Freunde und Brüder, seid die willigen Erbauer des leuchtenden Tempels der Wahrheit. Ich werde euch den Schlüssel dieses Tempels geben, und wenn ihr ihn betretet, werdet ihr Gott schauen. Auch meine Meister rechnen auf eure Reaktion auf ihre Unterweisungen. Schenkt ihnen euer Vertrauen und lasst sie euch in die Morgendämmerung geleiten; teilt miteinander die Erzeugnisse der Erde; erlebt miteinander die Freude der Brüderlichkeit; verwirklicht gemeinsam das Göttliche in euch allen.“ (Nr. 65)

„Wie könnt ihr zufrieden sein mit eurer jetzigen Lebensweise: wenn Millionen Menschen hungern müssen und im Elend sterben; wenn die Reichen ihren Wohlstand vor den Armen zur Schau stellen; wenn jeder

Mensch der Feind seines Nachbarn ist; wenn niemand seinem Bruder traut? Wie lange noch müsst ihr so leben, meine Freunde? Wie lange noch könnt ihr diese Entwürdigung ertragen? Es ist mein Plan und meine Pflicht, euch einen neuen Weg zu offenbaren, einen Weg nach vorn, auf dem das Göttliche im Menschen aufleuchten kann. Das meine ich sehr ernst, meine Freunde und Brüder. Hört meinen Worten gut zu. Der Mensch muss sich ändern oder sterben; einen anderen Weg gibt es nicht. Wenn ihr das begreift, werdet ihr voll Freude für meine Sache einstehen und zeigen, dass es für den Menschen eine lichtdurchflutete Zukunft gibt. Meine Lehre ist einfach: Gerechtigkeit, Teilen und Liebe sind göttliche Aspekte. Um seine Göttlichkeit kundzutun, muss der Mensch sich diese drei zu eigen machen." (Nr. 81)

„Meine Aufgabe wird es sein, euch zu zeigen, wie man friedlich als Brüder zusammenlebt. Das ist einfacher, als ihr euch vorstellt, meine Freunde, denn es erfordert nur die Bereitschaft zu teilen. Teilen ist in der Tat göttlich. Es ist die Basis für jeden Fortschritt des Menschen." (Nr. 82)

„Frieden, Teilen und Gerechtigkeit sind der Kern meiner Lehren. Wo immer das Licht dieser Wahrheit aufleuchtet, schaue ich hin und sende auf dem Strahl dieses Lichts meine Liebe." (Nr. 92)

„Mein Herz schmerzt, wenn ich so viele sinnlos sterben sehe. Hunger und Krankheit suchen die Erde heim. Nichts macht mir so viel Kummer wie diese Schande. Das Verbrechen der Ausgrenzung muss von der Erde verbannt werden. Das ist mein erklärtes Ziel. Ich spreche euch als Menschen an, die nach der Wahrheit suchen. Meine Freunde, die Wahrheit ist unter euch. Die Wahrheit ist in euren Herzen. Die Wahrheit, meine Freunde, meine Brüder und Schwestern, ist Liebe und Teilen, Gerechtigkeit und Freiheit. Verwirklicht sie in eurem Leben und in euren Gemeinschaften und stellt den Plan Gottes wieder her." (Nr. 93)

„Der wahre Grund für die heutigen Probleme der Menschheit ist das Fehlen von Gerechtigkeit und Liebe. Träten diese göttlichen Aspekte morgen in Kraft, würde eine neue Süße euer Leben bereichern. Diese gütigen Gaben der Liebe und des gerechten Teilens stammen von Gott. Nur durch deren richtige Verwirklichung kann Gott erkannt werden." (Nr. 101)

„Teilen und Gerechtigkeit, Brüderlichkeit und Freiheit sind keine neuen Konzepte. Seit Anbeginn der Zeit hat die Menschheit ihre große Hoffnung auf diese verheißungsvollen Sterne gesetzt. Jetzt, meine Freunde, werden wir sie vom Himmel holen und in der Welt verankern." (Nr. 105)

„Eure Zivilisation, meine Freunde, stirbt – nein, sie ist schon tot. Aus ihrer Asche wird eine neue Schönheit erstehen, deren Grundlage Liebe, Gerechtigkeit und Teilen ist." (Nr. 107)

„Wenn ihr mich seht, werdet ihr wissen, dass meine Stimme die eure ist, denn ich spreche für alle Männer und Frauen auf der Welt. Ich spreche die Gedanken aus, die aus reiner Liebe in Herz und Verstand aufblühen. Ich spreche vom Verlangen aller nach Teilen und Gerechtigkeit. Ich zeige den Menschen, dass der Pfad zur Gerechtigkeit einfach ist, dass der Weg, der vorwärts führt, alle Menschen ruft." (Nr. 108)

„Sucht also nach einem Menschen, der von Teilen und Gerechtigkeit spricht, nach einem Menschen wie ihr, der schlicht ist und wahr. Nehmt meine Hand, meine Freunde, und lasst uns froh zusammen in die strahlende Zukunft gehen. Hört ihr nicht den Ruf? Er kommt aus meinem Herzen. Hört ihr nicht den Schrei der Qual? Er kommt aus den Herzen der Menschen. Dieser Aufschrei brachte mich hierher." (Nr. 115)

„Helft mir, meine Freunde, einen Brunnen der Liebe zu schaffen, so tief, dass an ihm alle Menschen ihren Durst stillen können. Meine Lehre ist einfach: Gerechtigkeit und Liebe, Teilen und Friede bringen den Menschen zu Gott. So war es immer. Erkennt dies und folgt mir." (Nr. 116)

„Viele erwarten meine Ankunft mit Bangen, da sie den Verlust all dessen fürchten, was sie geliebt, all dessen, was sie angesammelt und erreicht haben. Fürchtet euch nicht, meine Freunde, denn der Verlust wird nur der Verlust von Spaltungen sein, von Abgrenzung und Furcht, von Neid und Hass. Um dies aus der Welt zu räumen, muss alles neu gemacht werden. Erkennt dies, meine Freunde, und seid bereit zu teilen, in eurem Bruder euch selbst zu sehen, ihn in die Arme zu schließen und ihn Freund zu nennen. Auf diese Weise, meine Freunde, offenbart ihr den Plan Gottes.“ (Nr. 125)

„Wo immer auf der Welt ihr hinschaut, könnt ihr die Reaktion auf meine Botschaft erkennen. Das Prinzip des Teilens, das dem Leben der Menschen zugrundeliegt, bewegt viele Führer. Ein immer größerer Kreis verantwortungsvoller Menschen schlägt den Grundton einer neuen Zeit an ... Lehrt eure Kinder, die Kleinen teilen und ermöglicht es ihnen, das Gute zu entwickeln.“ (Nr. 127)

„Ein Mensch, der nicht teilt, kann Gott nicht erkennen.“ (Nr. 139)

„Ich brauche eure Hilfe, um zu euch zu kommen, um diese Welt zu segnen und zu lehren und den Menschen zu zeigen, dass der Weg nach vorn sehr einfach ist und nur der Umsetzung von Gerechtigkeit und Freiheit, von Teilen und Liebe bedarf. Diese Aspekte sind bereits in euch und brauchen nur von mir geweckt zu werden.“ (Nr. 140)

Kapitel 29

Weltweit überraschte religiöse Gruppen?

Anrias, Avalon, Bailey, Courtenay, Creme, Jurriaanse und weitere Autoren erwähnen Maitreya, aber Creme gibt im 3. Band seiner Trilogie „Maitreya´s Mission“ zusätzlich eine Übersicht über das Erscheinen Maitreyas vor religiösen Gruppen weltweit (bis zum Redaktionsschluss im April 1997). Weitere Ortsangaben finden sich in sämtlichen „Share International“-Ausgaben danach.

Die Angaben sind erstaunlich konkret und systematisch (Seite 306 bis 317). Es ist nicht relevant, ob B. Creme die Informationen telepathisch oder „normal“ bekommt. Entscheidend ist, dass sie stimmen. Nach den besonderen Vorgängen in Kawangware und anderswo auf der Welt betrachte ich es als Autor als moralische Verpflichtung, sie dem Leser nicht vorzuenthalten.

Vor Christen in Deutschland soll er wie folgt erschienen sein: Frankfurt/Main (11. Dezember 1991), Leipzig (22. März 1992), Hannover (5. April 1992) und Düsseldorf (26. April 1992). Tatsächlich waren das jeweils Sonntage.

Am 7. Januar 1996 soll er in Rom etwa dreihundert Christen etwa siebzehn Minuten lang erschienen sein, darunter „vielen kirchlichen Würdenträgern“ („including many church dignitaries“).

Am 4. Februar 1996 soll Maitreya Christen in Ljubljana in Slowenien erschienen sein. Tatsächlich manifestierte sich unmittelbar danach in Novo Mesto das erste Lichtkreuz in Slowenien. Das Lichtkreuz bewegte sich in der ersten Nacht, rasch und „flash“ artig größer, kleiner und wieder größer werdend. In den Nächten danach blieb es, aber bewegte sich nicht mehr. Weitere Lichtkreuze in dem sehr katholisch geprägten Slowenien folgten.

Zum Erscheinen Maitreyas am 8. November 1992 in Belgrad heißt es in einer (präzisierenden) Fußnote: Maitreya habe die Anwesenden gebeten, bei ihren politischen Entscheidungsträgern darauf einzuwirken, dass der Konflikt in Bosnien-Herzegovina ein Ende findet. In dem Falle ist keine religiöse Gruppe angegeben. Möglicherweise hat es sich (ausnahmsweise) um eine politische Veranstaltung (Versammlung) gehandelt.

Insgesamt soll Maitreya nach Kawangware im Juni 1988 den folgenden religiösen Gruppen erschienen sein: Katholiken, evangelischen Christen, skandinavischen Lutheranern, griechisch-orthodoxen Gläubigen, russisch-orthodoxen Gläubigen, serbisch-orthodoxen Gläubigen, Juden, Moslems, Buddhisten, Hindus, Mormonen, Adventisten, Baptisten, Methodisten, Zeugen Jehovas und weiteren religiösen Gruppen.

Moslemischen Gruppen soll Maitreya unter anderem in Bagdad (18. Dezember 1994), Istanbul (5. Februar 1995), Marrakesch (9. Juli 1995), Lahore (Pakistan, 27. August 1995), Zanzibar (Tansania, 17. Dezember 1995), Ankara (14. Januar 1996), Kairo (14. April 1996) Volgograd in Südrussland am 2. Juni 1996, Bouanane/Figuig (Marokko, 26. Mai 1996), Kabul (3. November 1996), Mogadishu (1. Dezember 1996) und Ayaguz (Kasachstan, 15. Dezember 1996) erschienen sein. Weitere Angaben zum Erscheinen vor moslemischen Gläubigen (und anderen Gruppen) finden sich in den nachfolgenden „Share“-Ausgaben mit laufenden Aktualisierungen.

Ich bin sie nicht mehr einzeln durchgegangen. Aus Gründen der Aktualität sei aber auf die Ausgabe vom Juli/August 2000 verwiesen. Darin finden sich folgende Angaben: Bahía Blanca (Argentinien, 30. April

2000), Tabora (Tansania, 28. Mai 2000) und Gambia (4. Juni 2000). In Tabora soll es sich um rund 250 Christen gehandelt haben. Im Falle von Bahía Blanca handelte es sich ebenfalls um Christen. Dafür findet sich zwar keine Angabe, aber das ist auch nicht notwendig. Es wäre nur für Buenos Aires mit seinen religiösen nichtchristlichen Minderheiten sachlogisch notwendig.

In der Oktober-Ausgabe findet sich der Hinweis auf das Erscheinen Maitreyas vor Buddhisten in der Stadt Xiangtan in China am 23. Juli 2000. Banjul war der Ort in Gambia am 4. Juni 2000. Und am 3. September 2000 soll Maitreya einer Gruppe von 150 Christen in Kroatien erschienen sein.

In Japan soll er wie folgt erschienen sein: in Osaka (29. Januar 1995, Buddhisten) und Kobe (29. Dezember 1996, Buddhisten). Angaben für Länder wie Thailand, die Volksrepublik China und die Mongolei weisen über Japan hinaus.

In der Regel soll er fünfzehn bis zwanzig Minuten lang vor den religiösen Gruppen erschienen sein. Er spricht zu den Menschen jeweils akzentfrei in deren Landessprache. Erinnern wir uns: Der „Mann in Weiß" in Kawangware teilte sich den Menschen in einwandfreiem Suaheli mit. Dort sprach er etwa zwanzig Minuten lang zu ihnen.

In Taschkent (Usbekistan) soll Maitreya zweimal erschienen sein: am 25. April 1993 (Redezeit 15 Minuten) und am 23. Mai 1993 (Redezeit 18 Minuten). In beiden Fällen handelte es sich offenbar um Moslems. So ist es angegeben.

Er stellt sich nicht mit irgendeiner Bezeichnung vor. Besonders die Bezeichnung „Christus Messias Imam Mahdi Maitreya Buddha Krishna" würde die Menschen nur verwirren. Das wäre nicht der Sinn der Sache. Er erscheine den religiösen Gruppen *in der Weise*, wie sie es von ihrer jeweiligen wiederkehrenden Leitfigur erwarten würden.

Im Zuge seines Erscheinens energetisiere er in 99% der Fälle Wasserquellen, die sich in relativer Nähe des Erscheinungsortes befinden und sich aus wissenschaftlichen bzw. natürlichen Gründen zusätzlich für eine solche Energetisierung eignen würden. Nordenau ist dafür ganz besonders typisch. Aus Maitreyas Sicht bzw. Kenntnisstand sei das ein energiemäßiger Vorgang, der sich „schul„wissenschaftlich und alternativwissenschaftlich noch (!) nicht erklären lasse. Ich verbinde als Katholik das Energetisieren mit dem Segnen von Wasser. Das feinstoffliche Energetisieren ist die Wissenschaft des Göttlichen. Gott hat auch mit Wissenschaft zu tun. Unmittelbar.

Ein Bekannter meinte interessanterweise, der Stollen in Nordenau sei eine Art „Orgon-Akkumulator", wie ihn Wilhelm Reich mit seiner Theorie der Orgon-Energie entwickelt habe. Das kann sein und schließt gleichzeitig Maitreyas Segnen des Wassers nicht aus.

Wie auch immer. Am Ende werden 777 Wasserquellen weltweit energetisiert oder gesegnet sein. Man werde sie im Laufe der Jahre entdecken. Einige wenige Länder haben offenbar bereits das Glück, außergewöhnliches heilwirksames Wasser nutzen zu können (unter anderem Deutschland). 777 Heilquellen, die nicht mit herkömmlichen Heilquellen verglichen werden können, sondern vielmehr eine neue Qualität des Heilens haben, bringen der gesamten Menschheit einen Schub an Heilung. Daraus ergäben sich zusätzlich erhebliche Anwendungsmöglichkeiten. Das ist derzeit in seiner Positivität noch gar nicht abschätzbar. Erinnert sei an die 42. Botschaft von Maitreya, in der er sich als „Wasserträger" bezeichnete.

Die meisten Heilquellen soll Maitreya vor seinem Erscheinen vor religiösen Gruppen energetisieren. So soll er die Nordenauer Quelle im Dezember 1991 energetisiert haben, bevor er im März und April 1992 in Deutschland an verschiedenen Orten zugegen war.

Warum erscheint Maitreya den religiösen Gruppen? Der Grund liegt darin, dass die verschiedenen Religionen bestimmte Erwartungen haben, wie, wo und wann ihre Leitfigur zurückkehrt. Das Problem liegt nun darin, dass sie diese Erwartungen dogmatisiert haben. Das geschah über viele Jahrhunderte hinweg. Da können Erwartungen zu Granit werden. Das hängt aber immer auch vom einzelnen Menschen ab. Auch der Jesusgestalt in Greens Buch müssen diese Zusammenhänge sehr deutlich sein. Das schwingt bei den Aussagen der Jesusgestalt deutlich mit, auch wenn sie es in ihrer Weisheit nie offen ausspricht.

Einer als eher starr geltenden Gruppe, deren Name mir bekannt ist, soll Maitreya erschienen sein. Er soll dezent über das Thema „Starrheit im Leben" gesprochen haben. Davon waren die meisten Teilnehmer bewegt. Und bei einigen Versammlungsteilnehmern sollen Maitreyas Erscheinen und vor allem seine Worte tiefen inneren Wandel bewirkt haben.

Auch der Meister Jesus habe übrigens die Fähigkeit, Wasser zu segnen. Ein Beispiel sei die Quelle in Südostkenia, zu der ein Moslem durch einen Traum hingeführt wurde. Kakamega in Westkenia hingegen stünde wie fast alle Quellen seit 1988 mit Maitreya im Zusammenhang.

Eine weitere vom Meister Jesus gesegnete oder energetisierte Quelle befinde sich in Dokkum in Westfriesland (Holland). 1991 ist dort ein Junge nach dem Trinken des Wassers von seinem Keuchhusten geheilt worden. Sechzig ungewöhnliche Heilungen sind seitdem wohl belegt. Der früher dort tätige Geistliche ist übrigens hinsichtlich des Wassers skeptisch. Er hält den Ort, an dem sich der Hl. Bonifatius aufgehalten haben soll, mehr deshalb für einen heilbringenden Ort. Das wird im Buch von Creme ausdrücklich erwähnt.

Interessanterweise stand bereits Jesus von Nazareth mit einer außergewöhnlichen Heilquelle in Verbindung. Es ist die von Betesda nördlich des Tempelplatzes in Jerusalem. Sie ist im Johannesevangelium (5,2) erwähnt. Jesus heilte dort „Kranke, darunter Blinde, Lahme und Verkrüppelte". Und in der Fußnote meiner Bibel-Ausgabe findet sich der Hinweis auf Kranke, die beim Hineinsteigen gesund wurden, „an welcher

Krankheit sie auch litten". Neuere Ausgrabungen haben die Existenz von Betesda (mit zwei Wasserbecken) im Übrigen bestätigt.

Am 21. April 2000 sendete das holländische Fernsehen in den Hart-van-Nederland-Nachrichten einen Bericht über eine Heilquelle in Geulle in der Provinz Südlimburg. In einem Nebensatz erwähnt „Share" in der Juli/August-Ausgabe, dass diese Heilquelle vom Meister „aufgeladen" sei, der in einem früheren Leben Maria, die Mutter Jesu, gewesen sei. Er sei überhaupt für all die „Wunder" verantwortlich, die im Zusammenhang mit Marienerscheinungen und übernatürlichen Veränderungen bei Marienstatuen in Italien und weltweit stünden.

Erinnert sei dabei übrigens an die Mariengestalt, die dem 4-jährigen Wayne (Peterson) am Karfreitag 1945 ankündigt, er werde noch in seinem Leben Christus sehen!

Wir hätten demnach drei Wesenheiten, die die „Wunder" bewirken: Maitreya mit seiner Christus-Funktion oder etwa auch als Imam Mahdi (Islam) in einer Zeit des hoffnungsvollen Wandels, der Meister Jesus und der Meister, der einst die Mutter Jesu war. Sie stünden hinter den „Wundern", über die die Medienschaffenden weltweit immer wieder berichten und herumrätseln, um (etwas verwirrt) danach wieder zur journalistischen Tagesordnung überzugehen.

Im Falle des Christentums sei noch angemerkt, dass dieses am Ende des 1. Jahrhunderts vor einer ernsten Spaltung stand! Das ist kaum bekannt. Und der Grund dafür wird Sie überraschen.

Die eine Auffassung war, dass Jesus gleichzeitig Christus sei. Die zweite Auffassung war, dass eine Christusgestalt gewissermaßen aus dem Hintergrund zwischen der Jordantaufe und der Kreuzigung durch Jesus gewirkt habe. Dafür hat der (übrigens unbekannte) Verfasser der Johannesbriefe den griechischen Frühchristen Kerinthos heftig beschimpft. Der Verfasser nennt ihn kurzerhand den „Antichrist". Allerdings war das nicht der eigentliche Grund. Kerinthos meinte, Christus habe einen „pneumatischen“ (nichtfesten) Körper gehabt. Genau das erzürnte den Verfasser der Johannesbriefe. Das überrascht, denn das war nicht einmal die wichtigste Aussage des Kerinthos. Der von Kerinthos geltend gemachte „pneumatische“ Körper einer zweiten (durch Jesus wirkenden) Christusgestalt entspricht übrigens exakt dem „Mayavirupa“ (Scheinkörper) von Maitreya in unserer Gegenwart!

Das ist für mich eine Überraschung insofern, als ich den Antichristbegriff immer mit der Johannesoffenbarung in Verbindung gebracht habe. Dort ist aber vielmehr vom „Reiter auf dem weißen Pferd“ die Rede und das bezieht sich auf den Christus. Meinen Irrtum (Antichristbegriff in der Johannesoffenbarung) hatte ich übrigens über mehrere Jahrzehnte!

Im Prinzip war es so: Der Verfasser der Johannesbriefe hatte eine bestimmte Meinung. Kerinthos vertrat eine andere. Daraufhin nannte der Verfasser den Kerinthos „Antichrist“. Das lag nahe, denn das Griechische war damals in Kleinasien (Raum Ephesus) das übliche Mittel der Verständigung. Aber es ist eben bloße Sprachpolemik. Höchst menschlich.

Bedauerlich ist aber, dass eine solch primitive Sprachpolemik in die zumeist von Tiefe und Weisheit geprägte Bibel Eingang fand.

Auch der kleine Gabriel in Westargentinien, der übernatürlich heilt und sich an ein früheres Leben als heilig gesprochener Mönch zu erinnern glaubt, sagte ja seiner überraschten Mutter, Christus und Jesus seien zwei. Auch das bekommt jetzt einen Sinn. Möglicherweise wird sich nun nach 1900 Jahren zeigen, dass Kerinthos weder „Antichrist“ noch „Irrlehrer“ war. Er wird rehabilitiert werden. Doch geht es hier nicht um oberflächliche religionsgeschichtliche Streitereien, sondern um bessere Lebensbedingungen weltweit. Dafür sind Maitreya, der Meister Jesus und weitere Meister der Weisheit hier. Für mich geht es auch nur um die Beseitigung eines Missverständnisses („Antichrist“), das mit dazu beigetragen hat, das Christentum zu so einer angstbesetzten Religion gemacht zu haben. Das wollte schon der historische Jesus nicht. „Hölle", „Fegefeuer", „ewige Verdammnis" und Gott und/oder Christus als „Strafrichter" sind ja weitere Angstszenarien, deren späteres Aufkommen Jesus von Nazareth nach seiner Kreuzigung nicht verhindern konnte.

Erinnert sei auch noch daran, dass der kleine Gabriel auf dem Foto von Kawangware in dem „Mann in Weiß" spontan den Christus erkannt haben will.

Und da fällt mir auch wieder Wayne Peterson ein. Er war ja in den 80er Jahren in Medjugorje als Ort zahlreicher Marienwunder. Und dort erfuhr er: „Wenn Sie wissen, dass Maitreya der Christus ist, dann kennen Sie das letzte Geheimnis."

Oder eben auch Messias, Imam Mahdi, Maitreya Buddha oder Krishna, weswegen weltweit den verschiedenen Religionen die Zeichen seiner Anwesenheit gegeben werden.

Kapitel 30

Zeitgemäßes Hervortreten

Bekanntlich leben wir heute im so genannten Informationszeitalter. Zeitungen, Radio und Fernsehen stehen uns als etwas Selbstverständliches zur Verfügung. Jeder normale Mensch bedient sich ihrer, um zu informieren und um informiert zu werden.

Jesus von Nazareth hatte diese Möglichkeiten noch nicht. Die Umstände der Wiederkehr von ihm und anderen „großen Seelen" sind also heute grundsätzlich anders.

Auch ein Verkehrsmittel wie das Auto kann für „Wunder" genutzt werden (vergl. den „Anhalter in Weiß" und den „Ehestreitschlichter"). Die Palette des „Wunder" wirkens kann in unserer modernen Zeit also über die Palette des „Wunder" wirkens im Neuen Testament hinausgehen.

Die Medien dieser Welt beobachten seit 1988 wichtige außergewöhnliche Vorgänge. Die Medienschaffenden sind dabei unterschiedlich gut informiert. Es gibt da logischerweise ein Informationsgefälle wie übrigens auch innerhalb der verschiedenen religiösen Weltgemeinschaften.

Maitreyas Absicht ist es, sich über das Fernsehen an die Menschheit zu wenden. Das ist zunächst einfach nur logisch. Diesen Tag nennt er „Tag der Erklärung". Das hat vor allem damit zu tun, dass er damit einen Hinweis geben möchte, dass es sich nicht um ein Verurteilen oder Abstrafen handelt, sondern um ein noch deutlicheres Zeichen für seine Anwesenheit in der Welt.

Er ist nicht Gott, natürlich nicht. Er ist kein „Strafrichter“, was zuweilen Christen mit ihrer Leitfigur verbinden. Er versteht sich als Ratgeber, der der Menschheit ein neues und noch nicht dagewesenes Gefühl der Einheit geben möchte *und was jetzt zu einer Voraussetzung für das Überleben dieser planetaren Zivilisation* geworden ist! So sehen es die Meister in aller Deutlichkeit. Und mehr und mehr Repräsentanten mit internationaler und globaler Verantwortung. Damit engstens verbunden sind Lebenserleichterungen spürbarer Art und für mehr Menschen als bisher.

Die Vorstellung, dass eine große Seele kommen und der gesamten Menschheit durch Ratschläge und Weisheit (!) helfen wird, ist übrigens im asiatischen Raum durchaus präsent. Das schwingt im Begriff „Bodhisattva“ (Wesen der Erleuchtung) mit. Christentum, Judentum und Islam tun sich damit schwerer.

Das Kooperationsprinzip wird das Konkurrenzprinzip weltweit ablösen. Maitreya zufolge brachte das (vordergründig plausibel erscheinende) Konkurrenzprinzip großes Leid über die Menschheit. In der neuen Zeit, in die wir nun mit ihren deutlichen Zeichen hineingleiten, wird das falsche Prinzip überwunden werden. Stück für Stück.

Ein großer Sprung wird auch möglich, weil wir Menschen mehr und mehr „die Illusion des Getrenntseins“ verlieren werden. Die alte Abgrenzung von Religionen, Kulturen, Rassen und sozialen Gruppen wird Schritt für Schritt an Bedeutung verlieren. Dies wird durch die neue Kenntnis von „Meistern“ bzw. Menschheitshelfern möglich werden. Die „Wunder“ geschehen auch und vor allem deshalb im weltweiten Rahmen, um diesen Bewusstseinssprung zu fördern. Sie sind fester Teil des globalen Hilfsprogrammes. Gleichzeitig werden wir aber auf uns selbst verwiesen. Die Aussagen vom „Reich Gottes in uns“ im Buch von Glenda Green sind gewiss kein Zufall. Das göttliche Potenzial in uns bringt uns wiederum (dem äußeren) Gott näher.

Dieses Entdecken des Lichtvollen in uns selbst ohne gleichzeitige Selbstvergottung wird auch den Religionen einen guten Weg in die Zukunft weisen. Sie werden an Dogmatismus und Fanatismus verlieren, da den Menschen durch Maitreya und die anderen Menschheitshelfer ganz stark bewusst werden wird, dass Dogmatismus und Fanatismus gerade gegen das Licht in uns gerichtet sind, ja im Extremfall das göttliche Licht in uns völlig zum Erlöschen bringen können.

Die Religionen werden darüber hinaus an Dogmatismus und Fanatismus verlieren, wenn sie merken, dass Christus (Griechisch: „Der Gesalbte“), Messias (Hebräisch: „Der Gesalbte“), der Imam Mahdi, Maitreya (Buddha) und Krishna (bzw. seine Wiederverkörperung) ein und dieselbe Wesenheit sind. Daher geschehen ja auch die weltweiten „Wunder“ in einer Weise, die für jede Einzelreligion deutliche Hinweise enthält. Und daher ereignen sich auch bestimmte „Wunder“ in bestimmten Regionen der Welt und andere spezifische „Wunder“ in anderen spezifischen Regionen der Welt.

Gleichzeitig haben die verschiedenen Religionen neben ihrem erschreckenden Gewaltpotenzial ein enormes Friedenspotenzial. In Zukunft wird eben das bereits angelegte Friedenspotenzial klar die Oberhand gewinnen – als Folge des Hervortretens der erwähnten Menschheitshelfer.

Maitreya, der Meister Jesus und weitere lichtvolle Gestalten, die wir noch sehen werden, sind keine Autoritäten im herkömmlichen Sinne. Maitreya sagt daher deutlich: „Wenn ihr mir nachlauft, werdet ihr mich verlieren.“ Es geht ihm wie dem Meister Jesus und den anderen Meistern um unsere eigenen Potenziale und deren konkret-praktische Entfaltung, was von den Religionen bisher eher zu wenig beachtet wurde.

Das passive Folgen von Autoritäten ist ein markantes Merkmal der Zeit, die sich nun ihrem Ende zuneigt. Trotzdem sollten wir über die Existenz von Meistern und Menschheitshelfern Kenntnis haben. Wenn wir nicht einmal von ihnen wissen, obwohl einige von ihnen „Wunder“ wirken, können sie uns nicht einmal helfen. Das Wissen um sie und ihre Funktion kann eben nur über die Massenmedien wie Zeitungen, Radio und Fernsehen vermittelt werden. Es sollen ja möglichst viele Menschen um sie wissen, gerade weil es sich nicht um „elitäre“ Wesenheiten handelt. Das Fernsehen ist wiederum unter den Massenmedien am sinnvollsten. Die Medienschaffenden sind aus Sicht der Meister legitime Vertreter der Menschheit, die stellvertretend für die Menschen auf Maitreya und die anderen Menschheitshelfer zugehen können.

Aus Sicht der Meister ist für die Medienschaffenden nun die Zeit gekommen, für diese hohe Aufgabe Reife und Verantwortung walten zu lassen. Es handelt sich bei den weltweiten „Wundern“ und ihrem tieferen Grund nicht um Oberflächlichkeiten. Auch im Journalismus wird sich mehr Tiefe und Weisheit verbreiten. Journalismus wird in Zukunft nicht mehr so stark vom Eilen von Tagesaktualität zu Tagesaktualität geprägt sein. Er wird noch mehr als heute darüber hinausgehen. Auch hier wird sich ein höheres Bewusstsein herauskristallisieren. Die Medienschaffenden können also einen guten Beitrag leisten.

Nach den wunderbaren Heilungen seit 1988 unter unterschiedlichsten Umständen wird es am Tag der Erklärung weltweit zu Tausenden von Spontanheilungen kommen. Demnach wird sich also in größerem Maßstab wiederholen, was bereits in Nairobi (Kawangware), im Nahen Osten und anderswo auf der Welt der Fall war.

In mehreren Ländern hat Maitreya bereits Zusagen von verschiedenen Fernsehanstalten. Er ist bereit, wenn er eingeladen wird und Informationen für die Menschen vorhanden sind. Die Menschen werden immer offener über ihre Erfahrungen sprechen. Die „Aura der Kommunikation“ (so Maitreya) wird offener werden, weil es immer mehr Wissen über die „Wunder“ weltweit geben wird. Immer mehr Menschen werden

„die Logik der Wunder“ erkennen. Dieses Erkennen wird auch dem Meister Jesus und weiteren Menschheitshelfern, die bereits da sind, den Weg ebnen.

Die Zukunft ist also offen. Und zu Hoffnung besteht erheblicher Anlass. Hoffnung durch Wandel. In erster Linie aber durch uns Menschen. Gehen wir also auf die, die uns helfen wollen, zu!

Teil 3:

Statt eines Schlusswortes

Kapitel 31

Der Kreis schließt sich: Zurück nach Nordenau

Ich sprach zu Beginn von einem hintergründigen Lächeln von Theo Tommes und von einem Herrn am Frühstückstisch in meinem Aufenthaltshotel im August 1995. Herr Tommes ist über Maitreya (eher oberflächlich) informiert worden, ist aber skeptisch. Die vielen Einzelheiten in diesem Buch sind ihm nicht bekannt, können ihm so nicht bekannt sein.

Er will keinen „Rummel" um Nordenau. Das kann ich gut verstehen. Aber er sagte mir, er habe nichts gegen die Menschen, die über Maitreya und mögliche zusammenhängende Aspekte wissen. Er ist der Hotel- und Stollenbesitzer und hat hier seine Lebensaufgabe. Und das soll sicherlich so sein.

Nordenau ist schlicht und einfach ein Ort in einem Urlaubsgebiet. Es ist kein Wallfahrtsort. Dabei wird es sicherlich bleiben. Dennoch ist es nicht abwegig, gedanklich Nordenau mit Lourdes zu verbinden. Man kann das tun. Nordenau ist mit seinem besonderen Wasser ein Ort der Hoffnung, der begründeten Hoffnung. Ganz ohne Sensationsmacherei. Es ist erfreulich, dass sich die Hinweise auf das heilwirksame Wasser durch Herrn Tommes inzwischen mehr und mehr bestätigen. Seine Werbung für Hotel und Stollen ist angesichts dessen völlig angemessen.

Was jetzt wichtig ist, ist das Vorantreiben weiterer wissenschaftlicher Untersuchungen, damit auch die deutschen Krankenkassen einen mehrwöchigen Aufenthalt in dem Hochsauerlanddorf mit regelmäßigen Stollenbesuchen und ebenso regelmäßigem Wassertrinken anerkennen und der Patient nicht alles selber tragen muss. Dabei können in Zukunft wohl eine Reihe von sehr unterschiedlichen Krankheiten „abgedeckt“ werden.

Nordenau ist kein Ort für irgendwelche geheimnisvollen Treffen oder Versammlungen. Vielleicht kann man in Nordenau eine wunderbare Mischung des Wissenschaftlichen und Spirituellen sehen. Das schließt einander nicht aus! Interessanterweise findet man im Warteraum beides: links oben auf einem Brettvorsprung eine Madonnenstatue als Geschenk eines von Krebs geheilten Herrn und rechts am Fenster eine Zusammenfassung auf Englisch von dem Bericht von Herrn Dr. Gadek und Herrn Seifert.

Wie auch immer, das Nordenauer Wasser ist ein Geschenk für Deutschland. So ähnlich hat es auch Theo Tommes in seinem Interview für das Video „Wasser des Lebens“ formuliert. Ich finde das wunderbar. Er hätte es kaum besser ausdrücken können. Er ist kein „Geschäftemacher“, sondern tut viel Gutes im Zusammenhang mit dem Stollen und seinem Wasser. Dass sein Hotel praktisch immer voll ist, hat mit den heilenden Energien des Stollens und des Wassers zu tun. Wenn es den Menschen hilft, fahren sie eben hin. So einfach ist das.

Eine „Bremse“ muss ich an dieser Stelle leider einbauen: Wegen der Erdenergien im Stollen (und natürlich nicht wegen des Wassers) dürfen Besucher mit Herzschrittmacher, Frauen ab dem 7. Schwangerschaftsmonat und Kinder unter 12 Jahren nicht in den Stollen. Aber darauf wird vor Ort auch klar hingewiesen.

Zudem möchte ich dem Leser noch die folgende Information geben: Es gibt dort einen speziellen Service: maximal 10 Liter zum Abfüllenlassen nach Zusendung leerer Kanister. Zuhause sollten Sie das Wasser in den zurückgeschickten abgefüllten Kanistern umfüllen in Glasflaschen. Die Lagerung sollte im Abstand von Geräten mit Elektromagnetismus geschehen. Die optimale Temperatur liegt offenbar zwischen sechs und acht Grad Celsius. Einen Monat lang bleibt das Wasser sehr rein. Die

Keimbildung scheint langsamer zu sein. Das sind jedenfalls die Erfahrungen der japanischen Wissenschaftler um Professor Shirahata. Möglicherweise ist die Situation über einen Monat hinaus auch noch untypisch günstig. Doch darüber wissen die japanischen Forscher nichts, weil sie nach spätestens einem Monat das aus Nordenau zugeschickte Wasser für experimentelle Zwecke einsetzen.

Auf etwas ganz anderes sei noch hingewiesen: Ein Unternehmer aus Essen hatte die Idee, das Nordenauer Wasser in besonderer Weise zu nutzen. So wurden seit Anfang April 2000 im Stadtbad von Essen-Werden dem üblichen Schwimmbeckenwasser von 600.000 Litern 10 000 Liter des Wassers aus Nordenau hinzugefügt. Dies geschah sonntags. Gleichzeitig wurden zwei größere Silizium-Kristalle auf den Beckengrund gesenkt. All das sollte vor allem Rheuma- und Arthrosepatienten helfen. Tatsächlich sind in Nordenau schon wiederholt Erfolge bei Arthrose und Rheuma beobachtet worden. Erste Fälle fanden sich bereits bei der Voruntersuchung von Dr. Steinbrück. Ich habe mit einer Angestellten des Stadtbades im April oder Mai 2000 telefoniert. Sie hatte gleich zu Beginn ein „Probebad" genommen. Sie sagte mir am Telefon, dass das sonntägliche Wasser „weicher" sei. Sie habe das klar so empfunden. Leider war das nur im April und Mai 2000 der Fall. Der Unternehmer Frank Dehmann musste bedauerlicherweise die Sache wieder aufgeben, weil die Transportkosten dann doch zu hoch wurden.

Dennoch ist das eine interessante Idee und lässt über weitere Anwendungsmöglichkeiten nachdenken – wie übrigens auch die Anreicherung von Brot mit dem Wasser. Das macht nämlich der Bäcker und Konditor Friedhelm Rötz in Nordenau. Er sagte mir, es helfe gegen „Darmträgheit". Das deckt sich zumindest mit der Erfahrung meiner Verwandten, wenn sie regelmäßig kleine Mengen von dem Wasser trinkt.

Im Schwimmbad des Tommes-Hotels ist ausschließlich Stollenwasser eingefüllt. Aufgrund allgemeiner Hygienevorschriften musste natürlich Chlor hinzugefügt werden. Herr Tommes achtete dabei auf eine angemessene

Chlorung. In öffentlichen Schwimmbädern mag zuweilen zu viel Chlorung vorliegen. Das wird der „Stiftung Warentest" zufolge sehr unterschiedlich gehandhabt. Es mag sein, dass ein Bad im Tommes-Hotel Arthrose- und Rheumapatienten helfen könnte. Medizinisch Übliches kann es freilich nicht ersetzen.

Ein Freund sagte mir, er habe im Fernsehen (meines Wissens im Hessischen Rundfunk) eine Gruppe von Menschen mit Multipler Sklerose (MS) ihre Erfahrungen schildern hören. Sie sprachen ihm zufolge davon, dass regelmäßige Stollenbesuche und das Trinken des Wassers ihre Krankheit „aufgehalten" hätten. Keine stetige Verschlimmerung mehr. Könnten hier Menschen in Zukunft vor dem Rollstuhl bewahrt werden?

Die systematischen tumorbiologischen Untersuchungen der japanischen Wissenschaftler um Professor Shirahata gehen weiter. Und das ist nach den nun jahrelangen positiven Erfahrungen von Krebspatienten auch voll und ganz berechtigt. Sogar Krebspatienten im Endstadium konnten dank des Stollens und/oder seines Wassers dem Tode entrinnen. Dennoch ist Krebs bekanntlich sehr komplex und hat mit dem Inneren und Seelischen des einzelnen Menschen zu tun. Wenn einhundert Krebspatienten regelmäßig von dem Wasser trinken, bedeutet das keineswegs einhundert Langzeitheilungen. Und das Wassertrinken kann immer nur eine Begleitmaßnahme sein!

Dennoch gab es einige „Todeskandidaten", deren Tumor inoperabel war und die durch viel Wassertrinken in Nordenau ihren Tumor und die zahlreichen Metastasen aus dem Körper herausbekamen.

Der junge Mann mit dem Lungenkrebs im Jahre 1995 hatte Anfang Oktober 2000 erneut eine Krebsnachuntersuchung. Computertomografie, Kernspintomografie und Bluttest ergaben: völliges Freisein von Krebs. Er teilte mir das telefonisch mit. Sein Sohn ist inzwischen zwei Jahre alt und seine Sprachentwicklung bereitet dem jungen Mann viel Freude. Und gewiss nicht nur diese.

Ich persönlich habe aufgrund meiner eigenen Lebenserfahrungen höchste Anerkennung und Dankbarkeit für das, was Abertausende von Ärzten und Krankenschwestern Tag für Tag für die Menschen tun. Auch die jahrelange Skepsis hinsichtlich Nordenau kann ich verstehen. Aber wäre es jetzt nicht an der Zeit, sich dem Außergewöhnlichen allmählich zu öffnen?

Auch homöopathisch orientierte Apotheker und Heilpraktiker könnten das tun. Ich sehe diese Dinge pragmatisch. Ich weise auch deshalb darauf hin, da dem jungen Mann nach dem Trinken des Wassers aus Nordenau Globuli „Aqua Nordenau“ mit der Potenzierung C30 empfohlen worden waren. Er nahm sie dann für einige Zeit (sechsmal sechs Kügelchen pro Tag). Mehr zu dieser „Wasserhomöopathie“ weiß der Apotheker Georg Knappstein in der West-Apotheke in Soest. Auch Herr Courth von der Leonardo-Apotheke in Hamburg bemüht sich um diese Angelegenheit. Entsprechendes gilt für eine Apotheke in Zürich (meines Wissens die Lindenhof-Apotheke).

Es sei also gestattet, auch hier wieder über den deutschen Tellerrand hinauszuschauen. Das Tlacote-Wasser wird homöopathisch nicht nur in London, sondern auch anderswo verwertet: von der Apotheke Serra Mandri in Barcelona, von der B.K. Moore Pharmacy in Auckland (Neuseeland) und von der Gould´s Homeopathic Pharmacy in Hobart (Tasmanien, Australien). Das war jedenfalls der Stand der Dinge am 17. Oktober 1999 (damalige Information von „Share Ediciones“, Barcelona).

Interessant finde ich noch folgenden Zusammenhang, den ich dem Leser nicht vorenthalten möchte: Der Wiener Medizinprofessor Ibrahim Elmadfa hat in seiner (neuen) Studie festgestellt, dass die Chemotherapie bewirkt, dass die Konzentration von antioxidativen Vitaminen stark abnimmt. So entstehen bei der Chemotherapie noch mehr freie Radikale, deren schädliche Wirkung ich bereits im 5. Kapitel erwähnt hatte. Das legt eine besonders vitaminreiche Ernährung nahe (vergl. auch die

Empfehlungen der „Gesellschaft für Biologische Krebsabwehr“ in Heidelberg). Hier könnte das Wasser von Nordenau aber zusätzlich helfen, weil es antioxidative Wirkungen aufweist und freie Radikale in Schach hält. Wir hätten es also mit einer „Dreifachtherapie“ zu tun. Endgültiges kann ich hierzu natürlich nicht schreiben. Aber die Idee könnte nachdenkenswert sein. Der junge Mann mit dem aggressiven Lungenkrebs hatte ja praktisch diese Dreifachkombination von Chemotherapie, radikaler vitaminreicher Ernährungsumstellung und Trinken des Wassers aus Nordenau. Er hat aber auch meditiert und gebetet!

Die zu trinkende Menge des Nordenauer Wassers könnte individuell (in begrenztem Maße) unterschiedlich sein. Darüber werden wir langsam, aber sicher unser Wissen erweitern. In Mexiko hatte ja der Autor E. D. Cervantes am Ende seines Buches für das Tlacote-Wasser eine Dosierungstabelle („tabla de dosis“) für etwa einhundert Krankheiten erstellt, darunter Aids. Es sei übrigens angemerkt, dass die Vitamine A, C und E sowie das Spurenelement Selen und Mistelpräparate bei Krebs öfter empfohlen werden. Könnte diese Kombination und das Nordenauer Wasser als weitere Ergänzung auch bei der Immunschwächekrankheit Aids helfen? Das ist nur eine Frage und Idee, die ich noch einmal zum Abschluss formulieren möchte.

Inzwischen verdichtet sich wie im Falle des Wassers von Tlacote, dass das Wasser von Nordenau auch Diabetikern helfen kann. Dies muss jedoch erst noch systematischer untersucht werden. Positive Erfahrungen von Diabetikern mit dem Wasser soll es bereits gegeben haben. Im Kapitel über Tlacote (!) hatte ich einen Fall geschildert, in dem der viel zu hohe Blutzuckerspiegel gesunken war. Dr. Gadek hat bereits eine erste Untersuchung mit etwa 100 Diabetikern durchgeführt. Es ergaben sich nach regelmäßigem Trinken des Stollenwassers positive Veränderungen bei diabetestypischen Diagnosewerten! Der Mediziner konnte dazu bereits erste Ergebnisse vorlegen. So geschehen während eines internationalen Kongresses in Fukuoka (Südjapan) im November 2000. Professor Shirahata hatte ihn dazu eingeladen.

Seine Ergebnisse wird er auf Deutsch und Englisch veröffentlichen, voraussichtlich schon bis März 2001.

Doch ganz zum Schluss zurück zum Gesamtthema: „Das Phänomen Nordenau“ selbst ist wohl tatsächlich „nur“ ein „kleiner“ Teil eines komplexen Ganzen. Für Deutschland und für die Welt. Und hinter ihm mag (über Deutschland hinaus) ein dringender Appell stehen, auch wenn das dort im Hochsauerland zunächst nicht sichtbar zu werden scheint: „Teilt und rettet die Welt!“

Kapitel 32

Doch ein Geheimnis in Nordenau?

Unabhängig von Theo Tommes (damals im Urlaub) gab es eigentlich eher zufällig wegen dessen Abwesenheit ein Gespräch zwischen dem strahlenfühligen Holländer Alwin van Balkom und Memo Neupert (Video „Wasser des Lebens"). Frau Neupert gab mir dazu im Jahre 1997 die folgende Information:

Sie war 1992 nach Nordenau gereist, um dort einige Informationen für das Magazin „Share" zusammenzustellen. Der Zufall wollte es, dass sie im „Tommes-Hotel" mit der Mutter der damaligen Lebensgefährtin von Theo Tommes zusammensaß und ihr Lichtkreuzfotos von den Philippinen zeigte, die sich dort 1991 manifestiert hatten (mit anschließenden Presseberichten in dem pazifischen Inselstaat). Auch „Share" hatte darüber berichtet (mit Estrella Narvadez, Philippinen, als Gastschreiberin). Daraufhin soll die Mutter ganz spontan sinngemäß gesagt haben: „So sah es auch im Stollen aus." Sie war nicht alleine. Eine Freundin aus Kassel (in Ungarn geboren) war mitgereist. Dann kam durch Zufall der Holländer hinzu. Er soll der Mutter gesagt haben, sie möge schweigen, denn das sei doch vereinbart worden. Er habe etwas nervös gewirkt. Anschließend begaben sich Frau Neupert, ihre Freundin und Herr van Balkom vom Speiseraum zur Theke. Der Holländer erzählte dann die bereits bekannte Version von seiner besonderen Strahlenfühligkeit, die fraglos vorhanden ist, und der Funktion des Stollens als Stätte zur Weinlagerung.

Dann sprach man weitere Themen an. Das Gespräch hatte einen ruhigen Verlauf genommen.

Doch dann soll es zum Schluss zu einer Überraschung gekommen sein: Der holländische Mitbürger soll gesagt haben, er habe „Fotos von etwas" im Stollen gemacht. Die Fotos befänden sich in einem Tresor in einer Bank. Die „Bild" habe die Erstpublikationsrechte. Er werde die Fotos freigeben, wenn er von Gott eine Eingebung erhielte.

Sofern die Fotos von besonderer Art sind, ist das Anliegen des Herrn aus Holland absolut zu respektieren.

Als Autor muss ich all dies aus Gründlichkeitserwägungen aber zumindest erwähnen.

Im August 1995 sagte mir Herr Tommes, „irgendein Journalist" von „Share" sei in Nordenau gewesen und habe mit der Mutter seiner Lebenspartnerin gesprochen, und zwar „eindringlich". Sie habe dann ihre Aussage zurückgenommen. Er wolle nicht, dass Nordenau zu einem Wallfahrtsort werde. Gegen „die Maitreya-Leute" habe er nichts.

Nordenau sollte nach Ansicht des Autors vor allem wissenschaftlich vorangetrieben werden. Ich erkenne also gleichzeitig sehr wichtige Übereinstimmungen mit Herrn Tommes, den ich schätze.

Frau Neupert hat mir Anfang Dezember 2000 die Telefonnummer ihrer Freundin aus Kassel gegeben. Die Freundin konnte sich an die Einzelheiten von damals (Ende 1992) nicht mehr erinnern (persönliche Mitteilung). Auch diese Erwähnung gebietet die Korrektheit.

Allerdings erinnere ich mich an den Mann am Frühstückstisch im Hotel „Nordenauer Landhaus", der mir sagte, Theo Tommes müsse um „irgendetwas Außergewöhnliches" wissen. Er wolle das wohl für sich behalten.

Frau Neupert hat in „Share" vom Januar/Februar 1993 Folgendes schriftlich festgehalten:

„Im Januar (1992, Anmerkung durch Autor) ging Frau Tommes in die Grotte, um nach einem geeigneten Platz für den Weinkeller Ausschau zu halten. Als sie die dunkle Grotte betrat, bemerkte sie ein weißes strahlendes Licht, das die gesamte Grotte ausfüllte.

Bei dieser Erstentdeckung, sagte die Mutter von Frau Tommes, seien kleine Lichtkreuze in diesem hellen Schein zu erkennen gewesen.

Die Grotte ist daraufhin von Experten untersucht worden mit dem Ergebnis, dass sie hochenergetisch aufgeladen ist.“

Soweit Frau Memo Neupert im „Share“ vom Januar/Februar 1993.

Im Übrigen ist es möglich, dass das weiße strahlende Licht und die Lichtkreuze nur zeitweilig zu sehen waren. So sind etwa die Lichtkreuze in El Monte (Kalifornien) ganz plötzlich aufgetaucht und ebenso plötzlich wieder verschwunden – bei gleichbleibenden Glasstrukturen und unveränderten optischen Rahmenbedingungen.

Auf den Philippinen sind verschiedene Lichtkreuze erschienen. In unterschiedlicher Form und Größe. Tatsächlich hat es dort aber auch mehrere kleinere Lichtkreuze auf engstem Raum gegeben. Das war eine Besonderheit. Die meisten Lichtkreuze (global gesehen) sind größer, gleichschenklig und von einer rautenartigen Lichtform umgeben.

All dies gebe ich in aller Sachlichkeit an die Leserinnen und Leser weiter.

Anhang 1:

Der nicht geplante Anhang: Das Wunder zwischen Korbach und Nordenau

Leserinnen und Lesern wird nicht entgangen sein, dass die Kapitel 31 und 32 das Buch abschließen sollten. Doch ist kurz vor Redaktionsschluss etwas Außergewöhnliches geschehen, das sich tatsächlich in die bereits beschriebene globale „Wunderlogik“ gleich einem Puzzlestück einfügt.

Die Frau, der wir das Video „Wasser des Lebens“ verdanken, hat es erlebt. Und sie war nicht allein. Da ich Frau Neupert inzwischen gut kenne, weiß ich, dass das auch der Wahrheit entspricht. Man könnte das Geschehene nicht einmal „erfinden“.

In sehr klarer Sprache präsentierte sie das Geschehene in der Oktober-Ausgabe von „Share International“ (Okt. 2000). Sie hat mir gestattet, diesen Artikel hier wiederzugeben:

„Am Freitag, den 4. August 2000 fuhren Maria Sklorz (ein Mitglied unserer Transmissionsgruppe) und ich nach Nordenau, um Heilwasser zu holen.

Als wir in den Ort Korbach hineinkamen, sahen wir vor uns einen Mann in Zimmermannstracht – Zylinder, gestreifte Jacke, lange Röhrenhosen, die sich trichterförmig nach unten weiteten. Er hatte zwei Rollen unter dem Arm, die aussahen wie eingerollte Steppdecken, trug eine hellgraue Leinentasche über der Schulter und einen Wanderstab aus hellbraunem Hollunderholz, der sehr schön aussah. Er stand auf dem Bürgersteig und beobachtete uns.

Ganz plötzlich hatte ich das Gefühl, anhalten zu müssen und ihn mitzunehmen. Ich fragte ihn, wohin er wolle, und er sagte: „Lasst mich einfach in Medebach raus." Wir nahmen ihn also mit, und er erzählte uns, dass er vor drei Tagen noch in Hamburg gewesen sei. Als ich erwähnte, dass ich sonst nie Fremde mitnähme, schwieg er. Dann fragte ich ihn, wo er denn zu Hause sei. Er sagte, er käme vom Ammersee in der Nähe von München. Er sprach ohne Akzent.

Er sagte, er wäre Zimmermann und wolle in einem ganz kleinen Ort in der Gegend von Medebach in einer Tischlerei arbeiten und seine Meisterprüfung machen. Nach einer Weile fragte er uns, wo wir denn hin wollten, und ich antwortete ihm, wir wären auf dem Weg nach Nordenau, um dort Heilwasser zu holen. Er meinte, davon hätte er noch nie gehört. Ich erzählte ihm von der wunderbaren Heilwirkung des Wassers, und plötzlich sagte er: „Da fahre ich mit."

Als ich darüber sprach, wie schlimm und traurig es in der Welt sei, antwortete er in höflichem, aber sehr bestimmtem Ton: „Es ist schon so viel Gutes geschehen." Ich war sehr betroffen, weil ich so viel über Negatives in der Welt geredet hatte. Von da an schwieg ich, und die anderen schwiegen auch. Auf einmal spürte ich eine sehr starke Energie im Auto, und mir schien, als ginge sie von unserem Mitfahrer auf dem Rücksitz aus.

Ich beobachtete ihn im Rückspiegel und sah plötzlich ein Gesicht, das genau wie auf den Bildern von Meister Jesus aussah, die ich zu Hause habe – mit braun gelocktem langem Haar. Ich war fassungslos und musste aufpassen, richtig weiterzufahren.

Das plötzlich im Rückspiegel erscheinende Jesusantlitz entspricht übrigens exakt dem bei der Jesusvision von Schwester Anna in Rom (dazu Foto durch Schwester Anna, Rom).

Als wir in Nordenau ankamen, stieg unser Begleiter ohne sein Gepäck aus – es war seltsamerweise verschwunden. Ich zeigte ihm, wie er kostenlos in den Stollen käme, da von Personen, die nicht bezahlen können, kein Eintritt verlangt wird.

Auf dem Weg zur Rezeption sagte Maria zu mir: „Memo, unser Mitfahrer ist Maitreya." Ich meinte: „Nein, das ist der Meister Jesus, ich habe sein Gesicht im Rückspiegel erkannt. Hast du auch diese starke Energie im Auto gespürt?" Sie hatte es auch so erlebt: „Ja, meine Wirbelsäule wurde ganz heiß." (Er saß genau hinter ihr). Da wussten wir beide, es konnte nur Meister Jesus sein.

Als wir zurückkamen, trafen wir ihn erneut vor dem Hotel. Wir konnten unsere Augen nicht von ihm abwenden und beobachteten ihn, als er zur Rezeption ging.

Dort angekommen, stieß er einmal kräftig mit seinem Wanderstab auf den Boden und rief mit kraftvoller Stimme: „Gott zum Gruß!" Die Menschen starrten ihn an, einige lachten. Wir waren völlig verwirrt – einerseits wussten wir, dass es Meister Jesus war, andererseits waren wir jetzt doch etwas irritiert. Ich bat Maria: „Bitte halte ihn auf, ich möchte ihm noch etwas geben." Ich lief zum Auto, holte ein Exemplar der „Welt im Wandel" und ein Infoheft, rannte zurück und gab sie ihm. Er nahm sie lächelnd an. Mir ist dabei aufgefallen, dass er jetzt einen Pferdeschwanz trug.

Wir setzten uns auf eine Bank in der Halle, warteten, um mit dem nächsten Schub in den Stollen hineingelassen zu werden und versuchten uns klar zu werden, wie wir diese merkwürdige Geschichte einordnen sollten.

Nach einer Weile kam er zurück. Wir waren nicht fähig, irgendetwas zu ihm zu sagen. So schwiegen wir. Es fiel uns auf, dass er nun ohne seinen Wanderstab vor uns stand.

Als er den Warteraum erneut verließ, wusste ich plötzlich, wer er war, ich betete um seine Rückkehr und bedauerte, wieder eine Gelegenheit verpasst zu haben. Er kam nach zehn Minuten wieder. Wieder konnte ich kein Wort herausbringen. Dann war es Zeit in den Stollen zu gehen. Er kam als letzter und setzte sich auf einen Stuhl zwischen kranke Leute. Als wir nach zwanzig Minuten den Stollen verließen, gab man allen noch einen Becher Heilwasser zu trinken. Auch er trank und ging dann langsam nach draußen. Ich versuchte ihm zu folgen, habe ihn dann aber aus den Augen verloren. Leider ist er uns nicht mehr begegnet."

Dann erinnerten sich Memo Neupert und ihre Mitfahrerin Maria Sklorz auch an die Aussage des „Zimmermannes", dass er noch vor drei Tagen in Hamburg gewesen sei, denn exakt drei Tage vorher hatte (die in Hamburg lebende Polin) Maria Sklorz während der Meditation in Hamburg einen wundervollen Blumenduft wahrgenommen. Sollte der Fremde mit dem „Gesichtswunder" im Auto damit zu tun haben? Möglicherweise hat die scheinbar eher beiläufige Bemerkung über seinen Aufenthalt in Hamburg drei Tage zuvor doch eine tiefere Bedeutung und war von dem Fremden nicht zufällig geäußert worden. Insgesamt war es eine bedeutungsvolle Situation. So meinten die beiden Frauen und fragten Benjamin Creme mit seinem enormem Hintergrundwissen. Für ihn war es aber ebenfalls schwierig und er fragte einen der Meister, der zur Gruppe der Menschheitshelfer gehört.

Es war nicht der Meister Jesus. Aber es war ihm zufolge Maitreya! Er hatte auch drei Tage zuvor in Hamburg den so angenehmen Blumenduft erzeugt. Die Bemerkung im Auto zwischen Korbach und Nordenau schien also tatsächlich kein Zufallsprodukt zu sein!

Am Wasser und Stollen änderte sich damit nichts. Im Falle des Wassers wäre das ohnehin nicht mehr nötig gewesen.

Frau Neupert gab mir gegenüber kurz vor Redaktionsschluss noch ein wichtiges Detail an: Das Bild vom Meister Jesus im Rückspiegel im Auto auf der Fahrt von Korbach nach Nordenau war das Bild, welches als Coverbild auf dem Buch „Masters among us" (Meister unter uns) von Thomas Curley zu sehen ist. Und sein Coverbild ist wiederum identisch mit dem Coverbild auf dem Buch von Schwester Anna in Rom, die 1989 besondere Erfahrungen machen durfte. Markant sind dabei die langen, gelockten und braunen Haare. Die Jesusgestalt Glenda Greens ist anders dargestellt. Allerdings verändern Maitreya und der Meister Jesus ihr Aussehen je nach Erwartung des Menschen, dem sie Zeichen ihrer Anwesenheit geben wollen. Das ist nicht neu: Das Phänomen völligen Gestaltwechsels begegnet uns auch in der Bibel und in den „Johannesakten". Zudem nahm das Gesicht des mitfahrenden „Zimmermannes" zwischen Korbach und Nordenau wieder die Gestalt an, die es vorher hatte.

Vom Blumen- bzw. Rosenduft war die Rede. Erinnert sei noch daran, dass auch im Zusammenhang mit Lichtkreuzen und Marienerscheinungen wiederholt Rosenduft zu spüren war. Ich hatte das in früheren Kapiteln kurz erwähnt. Und nun in Hamburg während einer Transmissionsmeditation!

Diese Gruppenmeditation ist eine Meditation der Meister der Weisheit. Die Meister der Weisheit wissen um feinstoffliche Energien. Bei diesen Meditationen ist es in England, Deutschland und Neuseeland bereits zu vereinzelten Heilungen gekommen. Aber das sei hier nur angedeutet. Positive Effekte der so genannten Transzendentalen Meditation sind bereits in amerikanischen und japanischen Untersuchungen nachgewiesen worden (Herz, Kreislauf, Blutdruck). Im deutschen Wissenschaftsbetrieb sind derartige Untersuchungen wohl noch Tabuthemen.

Noch etwas Klärendes zu B. Creme. Er bekommt mehr Nachfragen als ihm lieb ist. Denn viele Anfragen haben mit Maitreya, Meister Jesus oder dem Meister, der einst die Mutter Jesu war, absolut nichts zu tun. Nur die Fälle, wo diese drei Meister ihre „Visitenkarte" gezeigt haben, werden in „Share" abgedruckt. Die anderen normalen Fälle, wo nur Anfragen auftauchen, aber nichts vorliegt, finden keinen Eingang in „Share". Das ist redaktionell sinnvoll. Mehr als 90% der Anfragen sind ohne tiefere Bedeutung.

Der Vorgang vom 4. August 2000 in Nordenau gehört zu den Vorkommnissen, die eine tiefere Bedeutung haben. Und dass dies auf dem Weg nach Nordenau und in Nordenau selbst geschah, ist ein weiteres besonderes Zeichen.

Das Gesichtswunder im Auto und überhaupt den Gestaltwandel von Maitreya und Meister Jesus bei ihrem Erscheinen weltweit kann ich als Katholik und Christ gut begreifen. Solche Wunderbeschreibungen finden sich auch im Neuen Testament und in den (außerbiblischen) Johannesakten. So schildert Johannes gegenüber Jakobus vergleichbare Vorgänge. Diese außergewöhnlichen Vorgänge wiederholen sich nun in unserer Zeit.

Mit dem „Gesichtswunder" im Auto zwischen Korbach und Nordenau wollte Maitreya auf seine unmittelbare Verbindung mit dem Meister Jesus hinweisen. Das „Wunder" geschah natürlich nicht zufällig. Und ebensowenig das „Gott zum Gruß!" an der Rezeption des Tommes-Hotels.

Vielleicht sollte der kraftvolle Einsatz von Wanderstab und Stimme nicht so sehr „die schlanke blonde Dame" an der Rezeption (so Frau Neuperts Beschreibung) „aufrütteln", sondern wohl mehr die Anwesenden überhaupt. Oder Deutschland.

Mit der „schlanken blonden Dame" an der Rezeption konnte ich mich danach in Nordenau kurz unterhalten. Frau Schacht (so ihr Name) erinnerte sich auch in dem Gespräch spontan noch an den „Zimmermann". Wie Frau Neupert war ihr auch der Pferdeschwanz aufgefallen. Und sie fand den „Zimmermann" nett und war über sein ungewöhnliches Verhalten amüsiert.

Einer der acht Stollenbegleiter (Herr Walzel) erinnerte sich ebenfalls an den „Zimmermann".

Wovon die Dame an der Rezeption und Herr Walzel nicht wissen können, ist eben das „Gesichtswunder" im Auto zwischen Korbach und Nordenau, das Erzeugen von stark wärmender Energie durch den „Zimmermann" auf dem Rücksitz und der ungewöhnliche, aber höchst bedeutungsvolle Zusammenhang mit der Meditation drei Tage zuvor in Hamburg.

Der Dame an der Rezeption sagte der „Zimmermann" noch: „Ich war schon überall auf der Welt, sogar in Australien."

Der Haartrachtwechsel – im Auto zwischen Korbach und Nordenau ohne Pferdeschwanz, in Nordenau mit Pferdeschwanz – war mit Sicherheit kein Zufall. Und überhaupt: Wenn man nicht oberflächlich ist, wird man unschwer erkennen, dass das auffällige Verhalten auch in Nordenau im Tommes-Hotel und seinem unmittelbaren Umfeld kein Zufall war. Der „Zimmermann" wollte auch im Tommes-Hotel die Aufmerksamkeit auf sich ziehen. Gewiss auch ein „Wink" Richtung Theo Tommes. Die Vorgehensweise des „Zimmermannes" trägt geradezu die Handschrift Maitreyas. Man kann das schon erahnen – auch bereits ohne Mister Creme, dessen Arbeit aber natürlich ein wichtiger Beitrag ist.

Wenn Maitreya so vorgeht, verletzt er nicht unseren freien Willen. Wir können so oder so reagieren. Das gilt übrigens für alle „Meister der Weisheit", wie sie als Gruppe eben heißen. Die Meister der Weisheit gehen behutsam vor. Wenn sie sich uns aufdrängen würden, würden sie damit ihren eigenen Schicksalslauf schädigen. Sie haben tiefere Kenntnis um derlei Zusammenhänge.

Bei Maitreya, dem Meister Jesus und den anderen Meistern gibt es keine Zufälle. Das zeigt auch das folgende Beispiel aus Slowenien, das an Nordenau erinnert:

Im „Lichtkreuzland" Slowenien ist eine Frau bemüht, andere Menschen in ihrem Land über die dortigen Lichtkreuze und deren Hintergrund zu informieren. Wie alle Menschen, die das inzwischen weltweit tun, ist sie nicht speziell „organisiert" und geht ganz normal einer Arbeit nach. Wie üblich fuhr sie einmal morgens im Bus zur Arbeit. Da stiegen zwei Herren in den Bus. Sie strahlten eine besondere Würde aus und waren völlig identisch (!) gekleidet. In jeder Hinsicht. Es handelte sich auch nicht um Zwillinge. Das konnte die Frau sehen. Die beiden völlig identisch gekleideten Herren sprachen kein Wort miteinander, obwohl es offensichtlich war, dass sie zusammengehörten. Voller Würde stiegen sie dann später wieder aus dem Bus.

Die Frau mit ihrem besonderen Hintergrundwissen überlegte hin und her. War das alles im Bus nur Zufall? Sie fragte bei „Share" an. Der Meister Cremes, der natürlich mit Maitreya, dem Meister Jesus und weiteren Meistern in ständiger Verbindung steht, bestätigte, dass der „Zufall" kein Zufall war: Die beiden Herren waren Maitreya und der Meister Jesus.

In den USA gab (und gibt) es ebenfalls eine Frau, die versuchte, ihre Mitmenschen auf die außergewöhnlichen Vorfälle weltweit aufmerksam zu machen. Eines Tages brachte sie mit ihrem Bruder zusammen eine Freundin zum Flughafen. Kurz vor dem Flughafen standen zwei Bettler an einer Straße mit Kreisverkehr. Sie hielten etwas Abstand voneinander, schienen aber doch zusammenzugehören. Die Fahrerin hielt kurz an und gab dem ersten Bettler etwas Geld. Er lächelte daraufhin und sagte: „Gott segne Sie!" Der zweite Bettler im Hintergrund lächelte ebenfalls. Dann fuhr die Frau weiter. Der Bruder sagte zu ihr, man solle solchen „Faulpelzen" kein Geld geben. Die wollten sowieso nicht arbeiten. Die Schwester erwiderte ruhig, man solle in jedem Mitmenschen seinen Bruder sehen. Ihr Bruder, der sonst immer eine Antwort parat hatte, schwieg. Die „Faulpelze" waren Maitreya und der Meister Jesus. Der „Bettler", der das Geld bekam, war dabei der Meister Jesus.

So zumindest informierte ein anderer Meister. Die Meister stehen ja untereinander in enger Verbindung. Beide Fälle befinden sich auch in zwei der zahlreichen Ausgaben von „Share".

Eigentlich wollte ich ja „nur“ die Vorfälle zwischen Korbach und Nordenau und in Nordenau selbst schildern. Aber es gibt so viele nicht mehr zufällige Parallelen. Und dann will ich nun doch nicht mehr meinen eigenen Fall aus der Darstellung ausklammern:

1997 machte ich Urlaub auf Madeira. In der „Hauptstadt“ Funchal spazierte ich herum und gelangte schließlich zu einem Einkaufscenter am Rande der Stadt unweit von Meer und Palmen. Eine herrliche Gegend. Und dann noch dieses unglaublich moderne und mondäne Einkaufszentrum. Absolute „Schickeria“. Plötzlich tauchte neben mir eine Frau auf. Ich erschrak, aber nicht über die Frau, sondern über ihren Zustand. Er war erbärmlich. Soviel Armut hatte ich an einer Einzelperson noch nicht gesehen. Sie lächelte nicht. Sie zeigte irgendwie keine Zeichen von Hoffnung. Es war einfach schockierend. Sie streckte mir die Hand entgegen. Ich gab ihr etwas Geld. Sie lächelte wieder nicht.

Ich weiß nicht warum, aber ich sagte plötzlich im Frageton: „Maitreya?“ Die Frau schaute mich eher ausdruckslos an und schwieg. Meine Frage war ja eigentlich auch absurd. So dachte ich sofort. Und die Frau war wirklich in einem absolut erbärmlichen Zustand.

Ich betrat dann das Einkaufszentrum, wo es mehrere Restaurants und Cafeterias gab. Aber nach zwei Minuten verließ ich es wieder. Ich hatte keine Lust mehr. Der Kontrast zwischen dem Einkaufszentrum und dieser „Elendsfrau“ trübte meine Laune. Ein unglaublicher Kontrast, so dicht beieinander.

Ich ging also hinaus. Die Frau war noch da und wandte sich gerade an einen wartenden Taxifahrer. Auch von ihm wollte sie etwas Geld. Er gab ihr nichts und winkte ab. Sie tat mir Leid. In dem Moment schaute sie zu mir herüber und lächelte. Ich war überrascht. Sollte das doch eine tiefere Bedeutung haben?

Aber dann wurde ich streng zu mir selbst und dachte bei mir: „Nun hör aber auf! So etwas mit Maitreya oder irgendwelchen Meistern kann man sich auch einbilden!“ Mein an Alltagsrationalität gewöhnter Verstand mit seiner dominanten linken Gehirnhälfte intervenierte also heftig und gebieterisch. Und im Übrigen ist derlei Skepsis auch höchst sinnvoll. Bloß keine Wunder- und Meisterhysterie! Das würde der ganzen Sache völlig schaden. Und dann dachte ich noch: „Das ist halt Portugal. Da gibt es eben solche Unterschiede.“ Ich war stramm auf Verdrängungskurs. Und ich war doch schließlich im Urlaub.

Ich ließ den „Funchal-Vorfall“ erst einmal auf sich beruhen. Monate später erzählte ich dann am Telefon Frau Neupert davon. Ich weiß nicht einmal, warum ich das tat. Es war eher beiläufig. Aber dann sagte sie: „Schreiben Sie doch einen kurzen Brief an 'Share‘.“ Das tat ich. Ich bekam keine Antwort. Creme und sein Meister mussten sich wohl durch Berge von Anfragen durcharbeiten. Außerdem dachte ich mir, dass da wohl nichts war.

Im Sommer 2000, also fast drei Jahre später, rief mich aus München Frau Ute Redl an. Sie ist verantwortlich für die deutsche Ausgabe von „Share“. Das bedeutet enorm viel Arbeit und sie macht das in ihrer Freizeit umsonst. Denn „Share“ ist absolut nicht profitorientiert. Und Creme kann seine Reisen nur finanzieren, weil mehrere ihn einladende Menschen Flug und Übernachtung bezahlen. Aber das nur nebenbei.

Wie auch immer, Frau Redl sagte mir: „Du hattest eine Begegnung mit Maitreya.“ Ich sagte: „Waaaaaas?“ Mehr konnte ich nicht sagen. Dann sagte sie nur kurz: „Freu Dich!“ Ich wusste immer noch nicht den Zusammenhang. Sie sagte: „Du hattest doch wegen Funchal auf Madeira einen Brief an „Share“ geschrieben.“ „Ach ja“, erwiderte ich. Und sie sagte: „Die alte Frau, die Bettlerin, das war Maitreya.“ Ich schwieg. Dann sagte sie ganz lieb: „Denk drüber nach.“ Dann beendeten wir das Telefonat.

Das findet sich in einer der jüngeren Ausgaben von „Share". Aber nur als Kurzbeschreibung. An dieser Stelle erhält der Leser einen tieferen Einblick in die Details des Vorfalles.

Dennoch: Erst die substantiellen Entsprechungen zwischen Creme und Autoren wie Anrias, Avalon, Bailey, Courtenay und Jurriaanse ließen dieses Buch entstehen. Einen „Schub" gaben mir auch die Lichtkreuze von Slowenien, da ich sie selbst sah. Und die Erfahrungen von London im Sommer 1998, wo ich andere Gesprächspartner hatte als Creme. Das war auch deshalb so, weil ich damals dachte, der Brite sei gerade in den USA. Das war obendrein ein Irrtum, wie ich erfahren sollte. Mir half auch das Gespräch mit Mick Brown. Er ist Journalist beim „Daily Telegraph". Er sagte mir, dass Creme sich bei „Share" sehr um Gewissenhaftigkeit bemühen würde. Das sei sein Eindruck als Journalist. Zudem hatte Brown zwei längere Gespräche mit Creme. Aber er sagte mir, wir Journalisten müssten skeptisch sein. Aber Creme habe ein tieferes Wissen. Ich füge hinzu: Wohl durch die Meister der Weisheit.

Das Wunder zwischen Korbach und Nordenau gibt mir noch eine weitere Möglichkeit zu einer Klarstellung für den Leser:

Wie erwähnt kündigte am Karfreitag 1945 eine Marienerscheinung dem kleinen Wayne (Peterson) an, dass er noch in seinem Leben den Christus sehen werde. 1959 wurde Benjamin Creme von Maitreya und einem Meister behutsam kontaktiert. Wie Glenda Green durch die Jesusgestalt wurde ihm dabei eine Vision gegeben. Gleichzeitig wurde er (telepathisch) gefragt, ob er bereit sei, der Öffentlichkeit Informationen über die Meister zu geben. Dabei wurde er darauf hingewiesen, dass das mit Zeit und Mühen verbunden sein könnte. Er würde auf eine skeptische und (noch) unwissende Öffentlichkeit treffen. Seine Arbeit für die Gruppe der Meister der Weisheit als Menschheitshelfer könne Jahre oder sogar Jahrzehnte in Anspruch nehmen. Daraufhin nahm Creme von der Sache erst einmal Abstand. Er setzte sein normales Leben fort. Das wurde von den Meistern respektiert.

1972 trat der heutige Meister Cremes erneut an ihn heran, behutsam und mit der Wahrnehmung, dass Creme sich so geändert habe, dass er in der Lage wäre, sich nun mehr zu öffnen und die Arbeit für die Meister zu übernehmen. Creme akzeptierte tatsächlich. Der Brite hatte 1997 in München während eines Abendessens nach seinem öffentlichen Vortrag den Mitspeisenden anvertraut, dass er 1972 nicht erwartet hätte, dass es so schwierig werden würde. Die Menschen seien extrem skeptisch. Allerdings hatte er nach den zahlreichen „Wundern" zwischen 1988 und 1997 das Interesse der Medien gewinnen können. Das führte dann Ende November 1997 zu einer ungewöhnlichen Pressekonferenz in Los Angeles. Inzwischen gibt es ja auch schon Politiker und religiöse Repräsentanten, die um die Tragweite der Sache und die Rolle Maitreyas wissen.

Sie haben dabei ihre eigenen bestätigenden Erfahrungen gemacht.

Der Brite sollte nicht der Einzige sein, der kontaktiert wurde. Vier weitere Personen in anderen Teilen der Welt, darunter eine Person in Asien, wurden um Unterstützung gebeten. Auch ihnen wurde klar gesagt, dass dies mit Zeit und Mühen verbunden sei. Daraufhin lehnten sie ab, was natürlich respektiert wurde.

Aber dadurch ist die Verbreitung der Informationen in der Welt gewiss nicht leichter geworden.

Leserinnen und Leser mögen sich daran erinnern, dass auch Wayne Peterson von Maitreya und weiteren Meistern um Unterstützung gebeten worden war (so auch dargestellt im 8. Kapitel des Buches von Thomas Curley). Er zeigte seine Bereitschaft, was auch in den beiden Interviews mit Dick Larson deutlich wird. Und durch sein Buch.

Anhang 2

Die Lichtkreuzvision des Johannes in der Höhle von Gethsemane

Unmittelbar vor Redaktionsschluss möchte ich doch noch eine Stelle aus den frühchristlichen „Johannesakten" zitieren.

Es geht um die Lichtkreuzvision des Lieblingsjüngers Johannes in der Höhle von Gethsemane. Es scheint sich dabei nicht um bloße Symbolik zu handeln, sondern um die konkrete Beschreibung eines realen Wundergeschehens vor fast 2000 Jahren.

Unter der Überschrift „Offenbarung des Kreuzesgeheimnisses" heißt es dort:

„Als ich ihn (Jesus am hölzernen Kreuz, Anmerkung durch Autor) nun leiden sah, hielt ich nicht aus bei seinem Leiden, sondern floh auf den Ölberg und weinte über das Geschehene. Und als er am Freitag (am Kreuz) aufgehängt wurde, war zur sechsten Tagesstunde Finsternis auf der ganzen Erde. Und es stand mein Herr mitten in der Höhle und erhellte sie und sagte: „Johannes, für die Menschen unten werde ich in Jerusalem gekreuzigt und mit Lanzen und mit Rohren gestoßen und mit Essig und Galle getränkt. Mit dir aber rede ich, und was ich rede, höre! Ich habe es dir eingegeben, auf diesen Berg zu gehen, damit du hörst, was ein Jünger vom Meister lernen muss und ein Mensch von Gott.

Und da er das gesagt hatte, zeigte er mir ein festgemachtes Lichtkreuz, und um das Kreuz herum eine große Volksmenge, die nicht nur eine Form hatte; und in ihm war eine Form und gleiches Aussehen. Den Herrn selbst aber sah ich oben auf dem Kreuz, und er hatte keine Gestalt, sondern nur eine Stimme, doch nicht die uns gewohnte Stimme, sondern eine liebliche und gütige und wahrhaft Gott (gehörige), die sprach zu mir: „Johannes, einer muss von mir dieses hören; denn eines bedarf ich, der hören soll. Dieses Lichtkreuz wird von mir euretwegen bald Logos genannt, bald Vernunft, bald Jesus, bald Christus, bald Tür, bald Weg, bald Brot, bald Same, bald Auferstehung, bald Sohn, bald Vater, bald Geist, bald Leben, bald Wahrheit, bald Glaube, bald Gnade – und so (heißt es) für Menschen."

Und weiter:

„Dies ist nicht das hölzerne Kreuz, das du sehen wirst, wenn du von hier hinuntergehst. Auch bin ich nicht der am Kreuz, den du jetzt nicht siehst, sondern (dessen) Stimme du nur hörst. Was ich nicht bin, dafür bin ich gehalten worden …"

Interessanterweise ist die Wesenheit, die dem Johannes in der Höhle von Gethsemane eine Lichtkreuzvision gibt, nicht identisch mit Jesus am hölzernen Kreuz. Gleichzeitig muss die Wesenheit zu außergewöhnlichen „Wundern" befähigt gewesen sein. Es erinnert mich an den Frühchristen Kerinthos und an die Aussage des heilenden Gabriel aus Argentinien in unserer Zeit, Christus und Jesus seien zwei.

Maitreya und der Meister Jesus werden sich sehr bald auch dazu äußern. Das ist nun auch zu erwarten.

Ganz zum Schluss möchte ich aber den Leserinnen und Lesern eine Empfehlung geben: Lesen Sie noch einmal die Worte Maitreyas in der zweiten Hälfte des Kapitels 28 und lassen Sie sie auf sich wirken!

Wenn Sie möchten.

LITERATURVERZEICHNIS

(Zusammenstellung Dezember 2000)

Kernliteratur:

Anrias, David: Los Maestros (Ed. Kier, Buenos Aires 1939)

Avalon, Claire: Wesen und Wirken der Weißen Bruderschaft (Smaragd-Verlag 2000)

Bailey, Alice: Die Wiederkunft Christi (Lucis-Verlag, Genf 1954)

Bailey, Alice: Die geistige Hierarchie tritt in Erscheinung (Lucis-Verlag, Genf 1967)

Bremer, Richard (Journalist): Zeichen einer neuen Zeit – Eine Fülle von Wundern: Zeugen eines Neubeginns? Aspekte Verlag", München 1998)

Carey, Howard R. (Geistlicher): Verborgene Weisheit der Bibel – Von den Gleichnissen und anderen biblischen Erzählungen bis zur Wiederkehr Christi (Neue Aspekte Verlag, München 1995)

Courtenay, Edwin: Reflexionen – Die Meister erinnern sich: Berichte Aufgestiegener Meister über ihre früheren Leben (bes. Seite 36-45), Nietsch-Verlag, Freiburg 1993

Creme, Benjamin: Maitreya's Mission (Volume 3), Amsterdam 1997 (erscheint im Herbst 2001 auch auf Deutsch bei „Edition Tetraeder", Münschen)

Creme, Benjamin: Lehren der zeitlosen Weisheit (Edition Tetraeder, München 1997)

Curley, Thomas: Masters among us (USA 1995)

Green, Glenda: Love without end – Jesus speaks (Heartwings Publishing, Fort Worth, Texas, USA 1995)

Jurriaanse, Aart: Bridges (erscheint 2001 unter dem Titel „Philosophie der Synthese" auch in deutscher Sprache, Neue Aspekte Verlag, München o. J.)

Peterson, Wayne (vor Autorschaft Diplomat der USA): Extraordinary Times, Extraordinary Beings: Experiences of an American diplomat with Maitreya and the Masters (Emergence Press, Henderson, Nevada, USA, voraussichtlich Sommer 2001 in deutscher Sprache beim „Neue Aspekte Verlag"

Pitchon, Patricia: Searching for Maitreya (voraussichtlicher Titel, erscheint 2001)

Weiterführende Literatur:

Batmanghelidj, Feridun: Wasser, die gesunde Lösung – ein Umlernbuch (o. J.)

Bischof, Marco: Biophotonen – das Licht in unseren Zellen (Verlag Zweitausendeins, Frankfurt/Main 1992))

Cervantes, Emilio Diaz: El Agua de Tlacote, Mexiko City 1995

Davidson, John: Das Geheimnis des Vakuums – Schöpfungstanz, Bewusstsein und Freie Energie (o. J.)

Dr. Gadek/D. Seifert: Phänomen Nordenau – eine prospektive Beobachtungsstudie anhand von 515 Patienten (beziehbar über Tommes-Hotel, auch auf Englisch), erschienen Oktober 1998 in Nordenau

Dr. Knapp: Der strahlende Körper

Manning, Jeane: Freie Energie – die Revolution des 21. Jahrhunderts (Omega-Verlag), (US-Originaltitel: „Free Energy – The Energy Revolution“ , 1996)

Pagels, Elaine: Versuchung durch Erkenntnis (darin insbes. das Kap. 4 mit Hinweisen auf bestimmte Stellen in den „Johannesakten“), Frankfurt/Main 1979

Popp, Fritz-Albert: Biophotonen – ein neuer Weg zur Lösung des Krebsproblems

Schmieke, Marcus: Das Lebensfeld – Naturwissenschaftliche Grundlagen einer spirituellen Auffassung vom Leben (1995)

Thietz, Hans-Peter: Akte X – Planet Erde (erschienen Oktober 1999)

Thietz, Hans-Peter: Tatort Erde – Kosmische Energie statt Planetare Katastrophe (Buch von größter Bedeutung), 1996

Wiesendanger, Harald: Das große Buch vom geistigen Heilen (1995)

Zeitschriften:

„Share International“:

Die Zeitschrift existiert seit 1982. Sie wird von Benjamin Creme herausgegeben. Besonders empfehlenswert ist das „Informationsheft 1992“.

In der „Share“-Ausgabe vom September 1999 finden sich vertiefende Informationen über Glenda Green und ihr Buch „Love without end – Jesus speaks“!

Markant ist auch aus mehreren Gründen die „Share“-Ausgabe vom Oktober 2000. Sie enthält außerdem im Teil „Fragen und Antworten“ auch eine Frage und Antwort zum dritten Geheimnis von Fatima (im Wesentlichen Parallele zur Aussage von Giorgio Bongiovanni im Buch von Wayne Peterson). Es sind

Fragen, die Creme während seiner öffentlichen Vorträge in Großbritannien und außerhalb gestellt wurden.

Die deutschsprachigen Ausgaben von „Share" sind über die folgende Anschrift beziehbar: Edition Tetraeder e.V., Postfach 20 07 01, 80007 München. Die etwas ausführlichere Version auf Englisch erhalten Sie über die folgende Adresse: „Share International", P.O. Box 41877, 1009 DB Amsterdam, Niederlande.

Für die Schweiz gilt die folgende Anschrift: „ShareSchweiz" – Abodienst, Postfach, 8050 Zürich

Informationen per Internet:

www.shareintl.org (in englischer Sprache, äußerst systematisch und differenziert)

www.shareinternational-de.org (in deutscher Sprache)

www.TheMiraclesPage.org (neuseeländische Website mit global relevanten Informationen)

www.access.ch/partage/ (französischsprachige Website)

www.akasha.de/~sharepol/ (polnischsprachige Website)

www.shareru.net (russischsprachige Website)

www.neue-aspekte.de (Website des Verlages „Neue Aspekte Verlag", München)

www.stollen-nordenau.de (Website des Tommes-Hotels, unter anderem mit klaren und auch für Laien verständlichen Erklärungen zu den „Freien Radikalen")

„Share" existiert in weiteren Sprachen. Entsprechendes gilt für Websites im Internet, die über Maitreya, den Meister Jesus und weitere Meister der Weisheit und der geistigen Hierarchie sowie über deren Dienst an der Menschheit und ihre Zeichen der Anwesenheit informieren.

Auf ein Video sei an dieser Stelle verwiesen. Es trägt den folgenden Titel:

„Miracles and Visions: Fact or Fiction" (Kiviat Productions, Vidmark Entertainment). Das Video entstand 1996.

In den englischen, deutschen und neuseeländischen Internet-Adressen haben wir am Ende die Angabe „org". Das steht normalerweise für das Wort „organization" (also „Organisation"). Das ist insofern erläuterungsbedürftig, als es sich in Wirklichkeit nicht um eine feste Organisation handelt. Vielmehr geht es um einen über die Jahre natürlich gewachsenen „Organismus" einer Gruppe von Menschen, die andere Menschen weltweit zu informieren versuchen, die die globale Wunderlogik noch nicht wahrgenommen haben. Dies wiederum hängt mit den Medien zusammen, die die Wunder bisher stets isoliert betrachtet haben. Allerdings ist diese zunächst isolierte bzw. isolierende Betrachtungsweise völlig verständlich. Daher sind Bücher in diesem speziellen Falle eine wertvolle Informationshilfe, da sie in konzentrierter Weise zahlreiche Phänomene zusammenfassend präsentieren können. Das kann auf diese Weise im Rahmen kurzer Fernsehberichte nicht geschehen. Das ergibt sich einfach logisch aus den medienmäßigen Rahmenbedingungen. Allerdings könnte sich hier das Video „Wasser des Lebens" als hilfreich erweisen. Es liegt ja ohnehin in sechs Sprachen vor.

Zu den von mir informationsmäßig berücksichtigten Zeitungen und Zeitschriften gehören unter anderem die folgenden:

El Centro (Irapuato, Mexiko), Kokomo Perspective (Kokomo, US-Bundesstaat Indiana), Hinduism Today, The Guardian, Daily Mail, The Daily Telegraph, Dallas Morning News, Washington Post, Los Angeles Times, Arena (Zagreb), Le Monde, Philippines Newsday, Manila Bulletin, Mystery News (Manila), Bild-Zeitung, Der Spiegel, Süddeutsche Zeitung, Neue Zürcher Zeitung, Share International (kontinuierlichste Informationsquelle)

Noch mehr Medienangaben finden sich allerdings in dem Buch „Zeichen einer neuen Zeit" des Journalisten Richard Bremer (vollständiger Titel siehe Literaturverzeichnis unter „Kernliteratur"). Bremers Medienangaben sind unter dem Stichwort „Quellen" in seinem Buch auf den Seiten 172 und 173 nachzulesen.

Über den Autor

Dr. phil. Heinz Kuhberg hat Germanistik, Politikwissenschaft und Philosophie studiert. Insbesondere die philosophischen Seminare haben ihm dabei klar werden lassen, dass Weltbilder eng oder weniger eng „definiert“ werden können. Das vermittelte ihm ein hohes Maß an geistiger Offenheit. Darüberhinaus hegt er ein starkes Interesse für Aspekte des Heilens.

ISBN 3-931652-45-9
Video · 30 min.
35,00 DM

Video

Memo Neupert

Wasser des Lebens

Eine Reise zu außergewöhnlichen Heilquellen

Seit einigen Jahren werden immer mehr Quellen mit außergewöhnlich heilkräftigem Wasser entdeckt. Zeichen einer neuen Zeit? Das Video zeigt Heilquellen in Nadana Village (Indien), Nordenau (Deutschland) und Tlacote (Mexiko) – und Bilder eines Ereignisses in Nairobi (Kenia), das die Erklärung für dieses Phänomen sein könnte: Maitreya, Christus selbst ist in der Welt.

ISBN 3-931 652-82-3
216 Seiten · broschiert
DM 29,90

Bernard Montain

Tinnitus

Neue Wege zur Behandlung

Der Arzt und Naturheiltherapeut Dr. Montain befasst sich ausführlich mit den physischen und psychischen Ursachen von anhaltenden Ohrgeräuschen. Die Tinnitus genannte Krankheit ist eine für die Betroffenen sehr große Belastung. Sie kann zu Kopf-, Schulter- und Rückenschmerzen führen sowie zu chronischer Müdigkeit, Störungen des Menstruationszyklus, Depressionen usw. Bei einer okklusiv-dentalen Ursache des Tinnitus konnte in 8 von 10 Fällen eine Heilung durch die Okklusiv-Therapie erzielt werden.

ISBN 3-931652-81-5
168 Seiten · broschiert
DM 26,90

Kurt Tepperwein

Jung und vital bis ins hohe Alter

Einmal mehr macht uns Tepperwein die Möglichkeiten unserer geistigen Kräfte bewusst: „Wir als Menschen entscheiden, ob wir am Strom des Lebens oder dem des Todes teilnehmen ...“ – und das in jeder Sekunde unseres Lebens. Jugend und Vitalität bis ins hohe Alter können wir erhalten, wenn wir uns dem Wandel und den Gezeiten des Lebens hingeben, wenn die Quelle unserer Energie der Vitalstrom des Lebens selbst ist. Dazu gehört der freie Ausdruck der Seele, die richtige stoffliche, geistige und seelische Nahrung und der richtige Umgang mit unserer Sexualenergie.

ISBN 3-931652-53-X
168 Seiten · broschiert
mit Bildern · DM 24,90

Edith Zeile

Im Herzen SAI BABAS

Die Wissenschaftlerin einer deutschen Universität gerät in den Bann dieses Mystikers, der ihr auf allen ihren Besuchen immer näher kommt, bis sie ihm schließlich gegenübersteht. Zu Hause erlebt sie eine spektakuläre Materialisation von vier Textseiten als Antwort auf einen Bittbrief an Sai Baba, in dem es um ihre todkranke Tochter geht.

Die Autorin lässt den Leser ihre Reisen zu Sai Baba, ihre Enttäuschungen und freudigen Überraschungen miterleben, sodass ihm nicht nur vom Meister, sondern auch von seinen Anhängern ein realistisches Bild vermittelt wird.

Elisabeth Kübler-Ross

Warum wir hier sind

Mit Fotos von Ken Ross

ISBN 3-931 652-72-6
60 Seiten, gebunden
mit 8 Farbbildern
DM 26,90

Warum sind wir Menschen auf Erden? *Warum müssen wir immer wieder inkarnieren?* Warum vergessen wir eigentlich, woher wir gekommen sind? *Was sollen wir in dieser Erdenschule lernen?* Was können wir aus einer Partnerschaft lernen? *Wie kann man mit dem Jenseits in Kontakt kommen?* Wie bereiten wir uns auf ein erneutes Erdenleben vor? *Hat denn alles, was einem im Leben passiert, einen Sinn?* Haben wir uns eigentlich all das, was uns passiert, selbst schon vorher ausgesucht? *Auf all diese Fragen antwortet uns die große Lebensweise Elisabeth Kübler-Ross.*

Elisabeth Kübler-Ross

Sterben lernen - Leben lernen

Fragen und Antworten

ISBN 3-923 781-80-6
21x21 cm, 64 Seiten, gebunden
28 ganzs. Farbfotos, DM 26,80

Was Sigmund Freud für die Psychologie war, ist sicherlich E. Kübler-Ross für die Sterbeforschung. Ihr ist zu verdanken, dass weltweit die neuen Erkenntnisse über Sterbende und deren richtige Betreuung an allen medizinischen Ausbildungsstätten gelehrt werden.
Dieses Buch gibt wichtige Antworten auf Fragen wie: Auf was muss ich achten, wenn ich mit Sterbenden zusammen komme? Wie kann ich Angehörigen eines Sterbenden oder eines soeben Verstorbenen beistehen? Wie gehe ich selbst mit dem Verlust eines mir Nahestehenden um? Unmissverständlich macht die Autorin klar, dass wir die Angst vor dem Sterben und dem Tod erst verlieren müssen, bevor wir wirklich frei sein können zum Leben.

ISBN 3-931652-59-9
216 Seiten · mit Abbildungen
broschiert
DM 29,90

Trutz Hardo

Reinkarnation aktuell

Kinder beweisen ihre Wiedergeburt

In diesem Buch wird berichtet, wie Kinder in überzeugender Weise über ihr vorausgegangenes Erdenleben erzählen und wie Wissenschaftler – allen voran Professor Ian Stevenson – diesen Berichten nachgehen, sie wissenschaftlich überprüfen und zu der Überzeugung kommen, dass die Angaben der Kinder richtig sind. Besonders sind solche Fälle überzeugend, in denen Kinder mit fehlenden Gliedern zur Welt kommen, jedoch genau beschreiben können, wo und wann sie diese in einem früheren Leben verloren hatten, wer ihre Eltern und Verwandten waren und wo sie gewohnt hatten. Die dann wissenschaftlich vorgenommenen Überprüfungen bestätigen genau diese Angaben.

ISBN 3-931652-79-3
160 Seiten · broschiert
DM 24,90

Albert Bodde

Karma & Reinkarnation

Auf der Suche nach Liebe und Logik in der Schöpfung

Albert Bodde erläutert, welche Hilfe die „Gesetze“ von Karma und Wiedergeburt für alle diejenigen leisten, die ihrem Schicksal gegenüber ratlos fragen: „Warum passiert das gerade mir?“ oder „Gibt es überhaupt eine höhere Gerechtigkeit?“ und: „Was kann das Leben denn für einen Sinn haben?“ Der Autor widerlegt einleuchtend und mit stichhaltigen Argumenten die Behauptung, das Gesetz von Karma und Wiedergeburt lasse keinen Raum für die Liebe und die Gnade.

Das Gegenteil ist der Fall!